Kleine Gärten gestalten

Andrea Christmann

Kleine Gärten gestalten

Praktische Lösungen –
auch für den
Reihenhaus-Garten

blv

Die Theorie – ohne geht's nicht

Das Prinzip der Gestaltung

Wir wünschen uns, dass unsere Gärten all unsere Sinne gefangen nehmen, nicht nur das Auge. Deshalb verstärken wir den Klang des Windes und den Duft der Blumen.
Eva Maaser, Der Paradiesgarten

Gärten sind heute wichtiger denn je, besonders für Menschen in der Stadt. In unserem oftmals hektischen Alltag ist der Garten zu einem Ort der Ruhe und Entspannung geworden, in dem man die Jahreszeiten ablesen kann und ein Gespür für Natur vermittelt bekommt. Auch wenn es nur eine kleine Fläche ist, die zur Verfügung steht, kann man sich darin doch wunderbar erholen und zu sich selbst finden.

Ein Paradies auf kleinstem Raum

Das Bild des Gartens wandelt sich kontinuierlich mit den Jahreszeiten. Das macht ihn zu einem besonderen und unverwechselbaren Ort. Heute fallen die Gärten jedoch deutlich kleiner aus als noch vor zwanzig Jahren, die Ansprüche dagegen sind gewachsen: Auf den Wunschlisten vieler Gartenbesitzer stehen ein Teich oder Wasserbecken, eine große Terrasse am Haus sowie viel Platz für Kübelpflanzen und eine großzügige Rasenfläche, die von Bäumen und Sträuchern umgeben ist.
Bei der Gestaltung geht es auch immer darum, dem Garten seinen ganz eigenen Charakter zu verleihen und ihn zu einem sinnlich erfahrbaren Ort zu machen, in dem sich zudem die Persönlichkeit seines Besitzers widerspiegelt. Ob ein Garten harmonisch und gelungen wirkt, ist keine Frage der Größe. Ganz im Gegenteil: Bewusst geplant und angelegt, kann bereits auf wenigen Quadratmetern ein kleines Paradies entstehen.
In einem kleinen Garten hat die Gestaltung der baulichen Elemente stets Vorrang. Wege, Terrassen, Mauern, Pergolen sollten einen geeigneten Platz gefunden haben, bevor man die Pflanzen darauf abstimmt.
Haus und Garten sind immer als Einheit zu betrachten. Deshalb ist es wichtig, sich bei der Auswahl der Baumaterialien für den Garten an den Materialen sowie Farben des Wohnhauses zu orientieren, um einen harmonischen Übergang herzustellen.
Im Hausinneren verschafft man sich in der Regel einen Überblick über die Größenverhältnisse des Raumes und wählt dann entsprechende Möbel aus. Bei der Planung des Außenraumes sollte man ganz ähnlich vorgehen. Selbst wenn die Vorstellung des Gartens als Zim-

Haus und Garten bilden eine untrennbare Einheit. Die Gestaltung des Gartens sollte sich daher auch immer am Erscheinungsbild des Hauses orientieren.

mer übertrieben klingen mag, in einem entsprechenden Umfeld hat sie durchaus ihre Berechtigung. Schließlich bietet der Garten in der Regel genügend Platz zum Sitzen, Essen und Entspannen – nur eben unter freiem Himmel.

Der richtige Stil

Es gibt unzählige Möglichkeiten, einen kleinen Garten zu gestalten. Der Stil ist immer eine persönliche Entscheidung; ob streng formal oder naturnah – es geht nicht um richtig oder falsch, sondern um sowohl als auch. Alles ist möglich, nur sollten die Gestaltungsregeln in ihren Grundzügen befolgt werden. Die Stilrichtungen können harmonisch oder gegensätzlich sein. Allerdings hat man es bei der Umsetzung häufig leichter, wenn man sich schon während der Planungsphase auf einen Stil festgelegt hat. Ein Gartenstil kann **minimalistisch** sein, wie etwa ein Japanischer Garten, oder **architektonisch**, wie ein formaler Garten, aber auch einen **lieblich-ländlichen** Eindruck vermitteln, wie etwa ein Landhausgarten. So kann an jedem Platz durch eine bewusste Planung, deren Grundlage die sinnvolle Verbindung von Schönheit und Funktionalität bildet, ein harmonischer grüner Raum entstehen.

Den Eindruck von Größe erzeugen

Häufig wirken kleine Gärten größer, als sie tatsächlich sind. Mit einigen Tricks lässt sich ihre mangelnde Größe gut kaschieren. Um einen Garten weitläufiger erscheinen zu lassen, gibt es verschiedene Möglichkeiten. Schon durch das Bilden einzelner Räume mit höheren Hecken oder einen geschickt

Mit klaren Formen und eindeutigen Flächen für Sitzplatz und Pflanzbeete wird ein kleiner Garten am sinnvollsten ausgenutzt und wirkt dadurch großzügiger.

platzierten Blütenstrauch etwa ist der Garten nicht gleich auf einen Blick einsehbar und wirkt dadurch interessant und geheimnisvoll. Zudem erscheint er dem Besucher bei seinem Entdeckungsgang größer, als er ist.

In einem kleinen Garten ist die Höhe besonders wichtig. Denn hier, wo die Fläche begrenzt ist, ist die dritte Dimension von großem Nutzen: So kann man bereits mit drei Stufen die Ebene wechseln, zu einem erhöhten oder abgesenkten Ort gelangen und damit einen neuen Raum betreten. Ein Gefühl von Großzügigkeit stellt sich ein. Aber nicht nur ein abgesenkter Sitzplatz oder ein erhöhtes Wasserbecken bringen Weitläufigkeit in den Garten, sondern auch Rankgerüste wie Pergolen und Bögen, die von Kletterpflanzen umschlungen werden. Besonders in einem kleinen Garten sind sie willkommen, wenn für Bäume oder größere Sträucher nicht genügend Platz ist. Auch größere Kübelpflanzen bilden einen reizvollen Blickfang und verschönern so manche Terrasse. Gut verpackt können sie sogar den gesamten Winter draußen bleiben.

Einfach und klar

Richtig gestaltet, können kleine Gärten durchaus großartig wirken. Denn in den oftmals winzigen Refugien liegen große Chancen verborgen. Sie werden häufig nur nicht richtig ausgeschöpft.

Wenn man einige Gestaltungsregeln befolgt, hat man es leichter bei der Planung des Gartens. Die drei Prinzipien lauten: Eindeutigkeit, Besonderheit und Klarheit. Bei der Gestaltung eines kleinen Gartens liegt die Kunst vor allen Dingen darin, den vorhandenen Raum zu ordnen, ihn mit baulichen Elementen und Pflanzen zu

strukturieren und dadurch größer erscheinen zu lassen. Allerdings sollte das Hauptaugenmerk den Pflanzen gelten.
Ein gut durchdachtes Konzept erspart unnötige Zeit und Mühe. Großen Wert sollte man auf eine zurückhaltende Gestaltung sowie klare Formen legen. Bei der Neuanlage nach dem Hausbau oder -kauf hat man hier relativ freie Hand. Soll ein vorhandener kleiner Garten umgestaltet werden, ist es ratsam, die Verbindung zwischen den alten Strukturen und den neuen Elementen herzustellen. Dabei ist es in der Regel einfacher, Pflanzen auszutauschen, als die Grundstruktur zu ändern.

Formen und Farben

Auch sollte man sich auf wenige Baumaterialien beschränken. Ein einheitlicher Bodenbelag aus Naturstein oder Holz wirkt großzügiger als ein bunter Mix aus verschiedenen Formaten und Steinen. Große Natursteinplatten etwa erzeugen ein Gefühl von Weiträumigkeit, während eine Fläche aus Mosaikpflaster die Kleinteiligkeit unterstreicht und beengend wirkt. Eine schlichte und zurückhaltende Bepflanzung mit wenigen Solitären fördert ebenfalls die scheinbare Großzügigkeit.
Und auch die Farben der Blütenstauden spielen eine wichtige Rolle, wenn es darum geht, den Garten größer wirken zu lassen. Blasse Farben wie zum Beispiel die hellblauen Blüten des Rittersporns *Delphinium* 'Perlmutterbaum' vermitteln den Eindruck von Weite. Sie sollten in einem blau-violett gestalteten Staudenbeet bewusst im Hintergrund verwendet werden. Dagegen scheinen sich kräftige Farben wie die gelben und orangefarbenen Blüten der Ringelblume *(Calendula officinalis)* förmlich nach vorne zu drängen. Daher sollten sie in einem Sommerbeet stets in den Vordergrund gesetzt werden.

Die Illusion von Größe

Eine räumliche Tiefenwirkung entsteht auch, wenn der Blick von der Terrasse auf eine Skulptur am Ende des Gartens oder in die umgebende Landschaft gelenkt wird. Vor allem aber sollte man einen kleinen Garten abwechslungsreich anlegen, Akzente setzen sowie Blickpunkte schaffen, um ihn Schritt für Schritt entdecken zu können. Ein geschwungener Weg, der vom Wohnhaus zu einem entfernt liegenden Sitzplatz führt, lässt einen kleinen Garten nicht nur optisch größer erscheinen, sondern macht ihn erlebbar und interessant. Mit Sichtachsen im Garten erzeugt man ebenfalls das Gefühl von Weitläufigkeit. So lässt sich der Blick vom Küchenfenster durch Bögen zum gegenüberliegenden Ende des Grundstücks lenken. Hier kann sich eine Pergola befinden, die das Bild der umgebenden Landschaft einrahmt. Sie wird vom Auge als Teil des Gartens wahrgenommen, wodurch die eigentlichen Grenzen verschwimmen und der Raum weitaus größer erscheint.
Aber auch innerhalb des Gartens kann man mit gezielter Anordnung von Blickpunkten die Grenzen kaschieren. Befindet sich am Ende eines mit Hecken eingefassten Weges eine Skulptur, dann wird das Auge dieses Motiv erfassen und die Umgebung weniger wahrnehmen. Dieser »Tunnelblick« rückt alle weiteren Dinge in den Hintergrund. Wird eine Begrenzung, etwa eine Natursteinmauer, mit Kletterpflanzen berankt, lösen sich die harten Konturen auf, und die Grenze des Grundstücks wird überspielt. Und ein großer Spiegel am Ende des Gartens in einer Hecken-

Durch die bewusste Anordnung von Blickpunkten wird ein Garten nicht nur abwechslungsreicher, man erzeugt dadurch auch die Illusion eines größeren Raumes.

nische erzeugt die Illusion, dass der Raum weiter in die Tiefe führt und dadurch größer ist.
Diese Illusion lässt sich noch verstärken, indem man den Spiegel hinter einem Bogen aufstellt. Der Bogen wirkt wie ein Tor, und dahinter breitet sich der gespiegelte Garten aus. Jedoch darf der Spiegel nicht sofort auffallen, die Ränder sollten mit Pflanzen kaschiert werden. Sehr raffiniert sind auch Wandspaliere mit schräg zueinander laufenden Querstreben. Setzt man dahinter einen Spiegel, scheint der reflektierte Raum ins Unendliche zu führen. Auch ein größeres Wasserbecken ohne Pflanzen wirkt wie ein großer Spiegel, der die Wolken und die Umgebung reflektiert – und ein Gefühl von Weite vermittelt.

Umgestaltung alter Gärten

Möglicherweise sind im Laufe der Jahre einige Gehölze im Garten zu groß geworden und beengen den kleinen Raum. Oder die Terrasse am Haus ist zu klein, um gemeinsam mit der Familie darauf die sonnigen Stunden zu verbringen. Ein großer Baum wirft zu viel Schatten auf das Gemüsebeet. Möglicherweise ist kaum Platz für einen zweiten Sitzplatz, dazu der Geräteschuppen morsch und baufällig. Hier sollte unbedingt etwas verändert werden, um den Garten wieder in Schwung zu bringen. Die Mühe lohnt sich, auch wenn gerade am Anfang die Planung viel Zeit in Anspruch nimmt. Und oft lassen sich bereits mit geringfügigen Veränderungen große Wirkungen erzielen. Will man einen vorhandenen Garten optimal umgestalten, benötigt man unter Umständen bis zu einem Jahr Zeit, um ihn sorgfältig zu beobachten und kennen zu lernen. Bevor man mit der Neu- oder Umplanung des Gartens beginnt, sollte man sich zwei grundsätzliche Fragen stellen und diese im Verlauf des Planungsprozesses nicht aus den Augen verlieren, denn sie werden alle weiteren Planungsschritte bestimmen:
1. »Was ist vorhanden?« Dies betrifft vor allen Dingen die äußeren Gegebenheiten, die Größe und Form des Gartens, die Standortverhältnisse wie Licht und Schatten sowie das Umfeld – ob der Garten offen zur Landschaft ist oder von angrenzenden Gebäuden und Gärten umschlossen wird.
2. »Was soll entstehen?« Hier geht es um die zukünftige Nutzung und die Wünsche, die der Besitzer an sein kleines Refugium stellt. Ob letztendlich alle Wünsche verwirklicht werden können, hängt natürlich davon ab, wie viel man ausgeben möchte bzw. wie viele der Arbeiten man selbst durchführen kann. Zu überlegen wäre auch, ob man den Garten in mehreren Etappen über einen längeren Zeitraum anlegen möchte und erst einmal den Sitzplatz am Haus neu gestaltet oder ob alles auf einmal erledigt werden soll. In jedem Fall empfiehlt es sich, ein Gesamtkonzept zu erstellen, das von jedem Familienmitglied akzeptiert wird.

Gestaltungsregeln

- je schlichter, desto schöner
- wenige unterschiedliche Materialien
- die Umgebung mit einbeziehen
- Blickpunkte schaffen
- Sichtachsen ausbilden
- Grenzen überspielen
- Effekte einsetzen
- Illusionen erzeugen

Das Gartengerüst

Gehölze bilden das Gerüst des Gartens. Häufig besteht es aus Immergrünen, die ihr Laub nicht abwerfen und eine Kulisse bilden, vor deren Hintergrund sich im Verlauf der Jahreszeiten ganz unterschiedliche Pflanzen präsentieren können. Doch auch Laub abwerfende Gehölze können das Gartengerüst bilden und selbst im Winter mit ihren starren oder gewundenen Zweigen äußerst präsent sein. Ein Pflanzengerüst aus immergrünen Gehölzen bietet unter Umständen zu wenig Abwechslung, deshalb ist es besser, sie mit Laub abwerfenden zu kombinieren.
Mit Gehölzen entstehen ganz unterschiedliche Räume im Garten. Den äußeren Rahmen bildet häufig eine Hecke, aber auch eine Mauer erfüllt die Funktion eines Sicht- und Windschutzes sowie der Abgeschlossenheit und markiert die Begrenzung des Gartens. Im Inneren sind es vor allem Bäume, Sträucher und Kletterpflanzen, die das Pflanzenmobiliar bilden. Mit ihrer Größe und Wuchsform schaffen sie nicht nur Räumlichkeit, sondern betonen auch die Höhe im Garten. Bäume spielen eine besondere Rolle im Garten, denn sie haben viele Funktionen: Sie sind Schattenspender, markieren den Endpunkt eines Weges oder bilden den Mittelpunkt des Gartens. Ihre Anordnung ist entscheidend für das Aussehen des Gartens und sollte deshalb als eines der wichtigsten Kompositionselemente betrachtet werden. Ein Baum gehört einfach in jeden Garten. Besonders begehrt sind ausgefallene Bäume wie zum Beispiel die Winter-

Kirsche *(Prunus subhirtella* 'Autumnalis'). Aufgrund ihrer zarten rosafarbenen Blüten, die bereits im November erscheinen, sowie des auffallenden Herbstlaubes, das sich mit Farbtönen von Gelborange bis Violettbraunrot präsentiert, ist sie ein echter Blickpunkt in jedem Garten.

Schöne Strukturen

Heimische Wildsträucher erfreuen sich nicht zuletzt deshalb so großer Beliebtheit, weil sie widerstandfähig sind. Diese Gehölze haben viele Vorteile: Sie sind an unser Klima angepasst, resistent gegen Schädlingsbefall, und sie geben Tieren Schutz und Nahrung. Neben attraktiven Blüten und schmackhaften Früchten bringen sie auch Farbe in den Garten, vor allem im Herbst, wenn sich die Blätter verfärben. Zudem kann das Gerüst aus starren oder gebogenen Zweigen im Winter ein reizvoller Anblick sein. Manche Sträucher sind besonders begehrt im Garten, weil sie sich zu jeder Jahreszeit in einem neuen Gewand präsentieren. Glockenhasel *(Corylopsis pauciflora)* oder Kupfer-Felsenbirne *(Amelanchier lamarckii)* zählen zu den wahren Strauch-Schönheiten, die keine weiteren Zutaten benötigen, um alle Aufmerksamkeit auf sich zu ziehen. Aber erst an einem geeigneten Standort mit den optimalen Lichtverhältnissen kommen die besonderen Strukturen jedes einzelnen Strauches hervor. Auffällige Sträucher sollten sich nicht gegenseitig die Show stehlen. Verwenden Sie sie daher nur in Einzelstellung und gönnen Sie ihnen einen besonderen Platz im Garten.

Gehölze geben dem Garten einen grünen Rahmen. Dazu gehören Bäume, Sträucher und Kletterpflanzen gleichermaßen. Mit ihrem Volumen erzeugen sie ein räumliches Bild, bilden die äußeren Grenzen des Gartens und teilen ihn in unterschiedliche Räume auf. Einzeln stehende Gehölze mit einer malerischen Form setzen Akzente. Auf der Terrasse sitzt man gerne unter der ausladenden Krone eines Trompetenbaumes oder neben einer Gruppe aus duftenden Fliedersträuchern. Für kleine Gärten eignen sich breite und malerische Wuchsformen weniger. Hier wählt man besser kleinkronige Bäume, Kugelbäume oder Hochstämmchen.
Gehölze können auch in Form geschnitten werden, wie etwa der Buchsbaum als Kugel oder die Eibe als Kegel oder Würfel. Diese Pflanzen wachsen auch im Kübel und schmücken Eingangsbereiche und Wege.

Vielseitige Gehölze

Damit der Garten auch im Winter einen Rahmen hat, sollte man Wert auf **immergrüne Gehölze** legen, die obendrein einen wunderbaren Kontrast zu den kahlen Zweigen Laub abwerfender Bäume und Sträucher bilden. Immergrüne Bäume, Sträucher und Hecken kommen in der kalten Jahreszeit besonders zur Geltung. Wenn sich alle anderen Gewächse zurückgezogen haben, geben sie im Garten den Ton an. Und auch die grünen Grenzen des Gartens werden deutlich sichtbar.

Gehölze wie Bäume, Sträucher, Hecken und Kletterpflanzen in unterschiedlichen Größen, Wuchsformen und Charakteren bilden das Gerüst des Gartens.

Als immergrüner Strauch oder Hecke eignen sich hervorragend Eibe *(Taxus baccata)*, Buchsbaum *(Buxus sempervirens* var. *arborescens)* sowie Lebensbaum *(Thuja occidentalis)* und Liguster *(Ligustrum vulgare)*. Immergrüne Bambusse setzen ebenfalls deutliche grüne Akzente. Und Pergolen und Bögen betonen mit immergrünen Kletterern wie Efeu *(Hedera helix)* und Geißschlinge *(Lonicera henryi)* nicht nur deutlich Grenzen oder unterteilen den Gartenraum, sondern schaffen auch im Winter ausreichend grünes Volumen.

Aber auch die Laub abwerfenden **Gehölze mit Früchten** bieten im Winter ein attraktives Schauspiel; schöne Beispiele sind Apfeldorn *(Crataegus laevigata* 'Carrierei') und Eberesche *(Sorbus × arnoldiana* 'Golden Wonder'). **Winterblühende Bäume und Sträucher**, die bereits im Dezember zu blühen beginnen, schaffen einen interessanten Blickpunkt im Garten. Allerdings benötigen sie eine immergrüne Hecke im Hintergrund, um besonders dekorativ zu wirken. Hierzu zählen der Eisenholzbaum *(Parrotia persica)*, der Winter-Schneeball *(Viburnum × bodnantense* 'Dawn') sowie die Zaubernuss *(Hamamelis mollis)*.

Gehölze sind die wesentlichen Gestaltungsmittel eines Gartens und äußerst langlebig. Man sollte ihre zukünftigen Standorte und ihre Anordnung daher immer mit größtem Bedacht planen. Einerseits müssen die Standorteigenschaften berücksichtigt werden, andererseits auch alle gestalterischen Aspekte sowie die rechtlichen Belange wie zum Beispiel der Abstand zum Nachbargrundstück. Es gilt also bereits beim Pflanzen des Baumes seine spätere Größe zu beachten und ausreichend Platz einzuplanen. Die Standorteigenschaften ergeben sich aus den klimatischen Bedingungen, der Beschaffenheit des Bodens sowie dessen Fähigkeit Wasser zu speichern. Zum Beispiel ist eine Birke mit einem sandigen Boden zufrieden, eine Kastanie dagegen würde an diesem Standort kein gutes Bild abgeben.

Gehölze, die, wie der Winter-Schneeball, in der tristen Jahreszeit zauberhafte Blüten hervorbringen, sind als Blickpunkt in einem kleinen Garten unverzichtbar.

Bäume setzen Akzente

Bäume sind in der Gartengestaltung sehr wichtig und besonders beliebte Elemente. Einzeln und frei stehend, stellen diese Gehölze mit ihrer grünen Masse und ihrem von Art und Sorte abhängigen charakteristischen Umriss einen wohlgeformten plastischen Körper dar. In Gruppen oder Reihen angeordnet, haben Bäume eine starke raumbildende Wirkung.

Auch in kleinen Gärten sind Bäume wichtig. Die meisten Gärten sind in der Regel so groß, dass sie zumindest für einen Baum Platz bieten. Je nach Kronenbreite sollten sie einzeln als Solitär gepflanzt werden. Handelt es sich um eine Kugelform, kann man sie auch als Baumpaar oder zu einer Allee angeordnet verwenden. In jedem Fall müssen sie sich gut in den vorhandenen Raum einfügen. In Zweifelsfällen findet sich für **Miniaturbäume** wie den Kugel-Liguster oder ein Rosen-Hochstämmchen mit einer Stammhöhe von ca. 1 m und einem Kronendurchmesser von 50 cm immer noch ein Platz.

Beim Kauf von Gehölzen muss man sich immer vor Augen führen, wie groß das ausgewählte Exemplar im ausgewachsenen Alter sein kann, denn schnell kann es im Garten zu eng, zu schattig und kühl werden, bzw. der Baum wächst nicht mehr. Bäume sind sinnvoll, um einen sehenswerten Ausblick einzurahmen oder einen unattraktiven zu kaschieren, aber auch um Schutz zu bieten und Schatten zu spenden. Manchmal ist es auch der Reiz einer ungewöhnlichen **Wuchsform**, zauberhafter **Blüten** oder einer eindrucksvollen **Laubfärbung** im Herbst. Manche Bäume zeichnen sich besonders durch ihre **dekorative Rinde** aus. Doch auch die Blätter der Bäume unterscheiden sich durch ihre Formen und die Dichte und können sehr interessant aussehen, wie zum Beispiel die Weißrindige Himalaya-Birke *(Betula utilis* 'Doorenbos'). Durch ihre aufgelockerte, lichtdurchlässige Krone fühlt man sich nie beengt, und auch die darunter liegenden Rasen- und Staudenflächen bekommen genügend Licht. Möchte man dagegen bewusst einen schattigen Bereich haben, um Waldstauden wie Farne und Funkien anzupflanzen, eignen sich Bäume mit kompakten Kronen, wie die Magnolie *(Magnolia acuminata)* oder Weiße Maulbeere *(Morus alba)*. Bäume mit interessanten Blattfarben verleihen dem Garten einen ganz besonderen Ausdruck. Hierzu zählen die Weidenblättrige Birne *(Pyrus salicifolia*, siehe Bild rechts), die mit silbergrauen Blättern an einen Olivenbaum erinnert, oder die Blutpflaume *(Prunus cerasifera* 'Nigra'), deren schwarzrotes Laub für farbliche Abwechslung im Grünen sorgt.

Hecken bilden Räume

Mit geschnittenen Hecken entstehen Gartenräume. Wo der Platz beschränkt ist, sollte man sich für die richtigen Pflanzen entscheiden und nur solche wählen, die stark zurückgeschnitten werden können oder nur langsam wachsen. Hierzu zählen Liguster *(Ligustrum vulgare)* und Spierstrauch *(Spirea × cinerea* 'Grefsheim') sowie Eibe und Buchsbaum. Mit schmalen grünen Wänden lassen sich kleine Räume abtrennen und Sträucher sowie Stauden optimal präsentieren. Diese zurückgezogenen Orte können äußerst behaglich wirken. Außerdem entsteht dadurch ein besonderes Klima, das gute Bedingungen für das Gedeihen von Pflanzen schafft.

Hecken haben noch einen weiteren Vorteil, denn sie bilden Blickachsen und fassen Wege ein. Durch streng geometrisch geschnittene Heckenkörper entsteht ein spannungsreiches und geheimnisvolles Raumerlebnis im Garten. Hohe Hecken begrenzen den Garten nach Außen. Im Inneren fassen niedrige Hecken Blumenbeete ein oder umsäumen den Rasen. Bei der Anlage oder Umgestaltung eines Gartens sollten Hecken möglichst gleich am Anfang gepflanzt werden, um frühzeitig Strukturen und Räume zu schaffen, in denen nicht nur faszinierende Solitärpflanzen, sondern auch schöne Skulpturen zur Geltung kommen können.

Mit Hecken lässt sich der Garten optisch erweitern. Eine schmale Öffnung in einer Hecke erzeugt Spannung und inspiriert den Betrachter, den dahinter liegenden Raum zu erkunden. Dadurch erwächst das Gefühl von größerer Räumlichkeit. Unterschiedlich hohe Hecken in einem Garten machen ihn abwechslungsreich. Wird eine niedrige vor eine hohe gesetzt, entsteht eine ganz besondere Raumkomposition, und der Garten wirkt optisch größer.

Kontraste entstehen durch unterschiedliche Blattformen sowie ver-

Mit unterschiedlichen Grüntönen lassen sich ungewöhnliche Effekte erzielen. Dadurch kommen die verschiedenen Formen und Strukturen der Blätter gut zum Ausdruck.

Mit der Anordnung der Heckenkörper und der in Kastenform geschnittenen Baumkronen wird der Garten in Schichten wahrgenommen sowie die räumliche Tiefenwirkung verstärkt.

schiedene Grüntöne. So kommen die dunkelgrünen Nadeln der Eibe vor den hellgrünen Blättern einer Hainbuchenhecke *(Carpinus betulus)* besonders gut zur Geltung.
In architektonischen Gärten sollten Hecken glatte, ebene Oberflächen haben. Diese lassen sich mit immergrünen, kleinblättrigen Pflanzen am besten erreichen. Besonders geeignet sind Buchsbaum und Eibe. Die Geißblatt-Art *Lonicera nitida* ist eine raschwüchsige und preisgünstigere Alternative, muss aber häufiger geschnitten werden. Stauden- und Kräuterbeete werden mit dem kleinblättrigen und weit verbreiteten Buchsbaum *(Buxus sempervirens* 'Suffruticosa') eingefasst. Hecken aus Blut-, Rot- oder Hainbuche können gerade geschnitten werden, sie wirken relativ neutral und eignen sich sowohl für moderne wie auch naturnah gestaltete Gärten.

Horizontale und vertikale Elemente

Die räumliche Wahrnehmung des Menschen orientiert sich an der Vertikalen und Horizontalen eines Koordinatenkreuzes. Alles unterliegt diesem System der Einordnung nach oben und unten sowie nach links und rechts. Wir sind »eingespannt« zwischen Himmel und Erde, bei unseren Bewegungen »erleben« wir den uns umgebenden Raum.

Den Garten »erleben«

Nun sind die Beobachtungen, die wir in der horizontalen Ebene machen, weitaus intensiver als die in der vertikalen. Diese Tatsache prägt unser gesamtes Wahrnehmungssystem. Wir erschließen uns Dinge vor allem die mit den Augen, weshalb unsere Beobachtungen in der horizontalen Ebene intensiver sind und uns dadurch wichtiger erscheinen. Abweichungen von Horizontalität und Vertikalität, wie zum Beispiel schräge Flächen und Kanten, empfinden wir häufig als Provokation, als Angriff auf unsere Sehgewohnheiten und unser Raumempfinden. Aber auch das empfindsame Gleichgewichtsorgan gerät schon bei der geringsten Veränderung leicht ins Wanken.
Im Garten gibt es – verglichen mit einem Wohngebäude – ganz eigene Erfahrungen mit den waagerechten und senkrechten Ebenen. So kann eine wellenförmig gestaltete Rasenfläche hier Spannung erzeugen und dem Garten einen ganz eigenen Charakter verleihen, und auf einem sanft ansteigenden Hügel kann ein besonderer Ort für einen Sitzplatz liegen, der eine neue Perspektive auf das Grundstück eröffnet. Dennoch wird immer wieder großer Aufwand betrieben, in einem geneigten Gelände ebene Flächen zu schaffen, denn durch die horizontale Fläche wird der vorhandene Raum in Besitz genommen und für den Menschen leichter zugänglich: Nur ein ebenes Gelände kann man bewohnen, nur hier kann man einen Tisch und Stuhl aufstellen oder aber auch einen Teich anlegen, eine Pergola errichten.
Im Garten gibt es keine vollkommen ebenen Flächen. In der Regel bilden nur gebaute Dinge horizontale Linien, wie etwa die Oberkante einer Mauer oder die Ausrichtung der Balken einer Pergola. Zwar lassen moderne Bauformen auch wellenförmige und geschwungene Kanten zu, aber es ist immer die

Horizontale, die dem Menschen ein Gefühl der Ruhe und Sicherheit vermittelt. Eine ausgewogene Komposition in einem Gartenraum beinhaltet sowohl horizontale als auch vertikale Elemente, die in einem lebendigen Spannungsverhältnis zueinander stehen.

Flächen und Funktionen

Horizontale Flächen prägen das Bild jedes Gartens und erfüllen vielfältige Funktionen. Während sich Terrassen für das Aufstellen von Tisch und Stühlen anbieten und der Rasen zum Spiel oder einer entspannten Siesta einlädt, sind andere Grünflächen ganz einfach Erholung fürs Auge.

Sitzplätze

Terrassen sollten sich möglichst in unmittelbarer Nähe zum Haus befinden und direkt von der Küche oder dem Wohnzimmer aus zu erreichen sein. Häufig sind Sitzplätze nach Süden oder Westen ausgerichtet, damit man den ganzen Tag Sonne genießen kann. Dabei sollten sie groß genug sein, um einen Tisch mit mindestens vier Stühlen unterbringen zu können. Bequem wird es allerdings erst, wenn die Terrasse zudem genügend Platz für eine Liege, für Kübelpflanzen oder einen kleinen Brunnen bietet. Häufig ist der Garten sehr klein und die Terrasse der einzige Platz, um sich unter freiem Himmel aufzuhalten. Hier gilt es, die Ausstattung des kleinen Raumes bewusst zu planen sowie Bodenbeläge, Gar-

Gestaffelte Ebenen mit unterschiedlichen Oberflächen, wie Holz, Wasser und Rasen, lassen einen schmalen Raum größer wirken.

tenmöbel und Pflanzen sorgfältig auszuwählen. Steht mehr Platz zur Verfügung, kann ein zweiter Sitzplatz angelegt werden. Auch wenn dieser nur zeitlich begrenzt genutzt wird, kann man sich hier je nach Sonnenscheindauer zu unterschiedlichen Tages- und Jahreszeiten und nach Lust und Laune aufhalten.
Werden Sitzplätze nur zeitweise an schönen Nachmittagen genutzt, müssen sie nicht dauerhaft befestigt werden. Schnell sind ein Tisch und eine Bank im Schatten eines Apfelbaums aufgestellt. Mit Holzfliesen lässt sich der Boden befestigen, damit Stuhl- und Tischbeine nicht darin versinken.
Grün ist gut für das Gemüt, denn Grün ist die Farbe, die beruhigt. Vielleicht ist das der Grund, warum eine Grünfläche im Garten für viele besonders reizvoll ist. Im Frühsommer auf der Terrasse zu sitzen und das Auge über den sattgrünen Rasenteppich schweifen zu lassen ist Balsam für die Seele.

Rasen

Jeder Garten lebt von dem spannungsreichen Kontrast zwischen Fülle und Leere, wie es das Wechselspiel zwischen einer hellen, offenen Rasenfläche und einem dichten Staudenflor bietet. Form und Größe hängen vom Stil sowie von der Gesamtfläche des Gartens ab. Rasen strahlt Ruhe aus, verbindet verschiedene Bereiche miteinander und kann einen kleinen Garten optisch vergrößern. Bewusst künstlich gestaltet und mit modernen gartenbautechnischen Methoden angelegt, ist der Rasen ein wichtiges Gestaltungselement in fast jedem Garten. Mit einer Rasenfläche entsteht ein heller und offener Raum, der von Staudenbeeten, Sträuchern oder Hecken umgeben sein kann. Und wer sich die Arbeit mit dem Mähen sparen möchte, entscheidet sich einfach für eine Wildblumenwiese oder einen Kräuterrasen.
Eine klare Form und eine eindeutige Begrenzung des Rasens bilden nicht nur einen schönen Kontrast zu den lebhaften Rändern der Pflanzenbeete, sie erleichtern auch dessen Pflege. Zu diesem Zweck sollte man ein schmales Plattenband am äußeren Rasenrand ausbilden, damit der Mäher sämtliche

Ein zweiter Sitzplatz am Ende eines kleinen Grundstücks macht einen Garten abwechslungsreicher und lässt ihn größer erscheinen. Und je nach dem Stand der Sonne kann man ihn zu verschiedenen Tageszeiten nutzen.

Gräser schneiden kann. In sehr trockenen Sommern leidet der Rasen allerdings und muss ständig gewässert werden. Eine Alternative zu dem pflegeaufwendigen grünen Teppich bildet Kies – besonders dann, wenn man eine einheitliche pflegeleichte Oberfläche schaffen möchte oder nicht genügend Licht bis zum Boden dringt.

Pflanzendecken

Auch bodenbedeckende Pflanzen erzeugen homogene Flächen und verwandeln so manche triste Ecke im Garten in einen kompakten blätter- oder blütenreichen Pflanzenflor. Die genügsamen Pflanzen wirken ähnlich wie eine befestigte Fläche aus Kies oder Rindenmulch und decken die Erde so ab, dass Unkräuter keine Chance haben. Besonders dort, wo Rasen nicht wächst, kommen anspruchslose Bodendeckerarten wie das Kleinblättrige Immergrün *(Vinca minor)* immer noch zurecht. Auch als robuste Unterpflanzung von Gehölzen haben diese sich bewährt, denn wo es häufig schattig und der Boden mager ist, wachsen nur wenige Blütenstars.

Bodendecker sind eine gelungene Alternative zu Stauden und Rasen. Sie breiten sich rasch aus und schützen den Boden dauerhaft vor dem Austrocknen und Verschlammen. Diese Eigenschaft ist besonders hilfreich für die Bepflanzung von Böschungen. Bodendecker halten sich eher mit einem Farbspektakel zurück, erfreuen sich bei aller Bescheidenheit aber großer Beliebtheit. Mit ruhigem Grüntönen setzen sie Akzente zu den aufgeregten und üppigen Blütenbeeten. Und im Winter sind es vor allem die Immergrünen wie Efeu, die das

Thymian ist ein idealer Bodendecker, da er sich rasch zu einem farbigen und duftenden Teppich ausbreitet. Perfekt für Flächen, die nicht betretbar sind.

Bild eines gepflegten Pflanzenteppichs erzeugen.

Mit feinen Strukturen und dekorativem Laub bilden Bodendecker eine dichte grüne Oberfläche aus und heben markante Gehölze besonders hervor. Ein Beispiel ist der Haselwurz *(Asarum)*, der mit seinen runden Blättern eine Fläche schnell bedeckt und etwa die weiß marmorierten Stämme einer Sandbirke schön unterstreicht. Haselwurz ist sehr anspruchslos, allerdings empfindlich gegen Druck. Um kahle Stellen zu vermeiden, sollten diese Flächen deshalb nur selten begangen werden. Gleiches gilt für den Gartenthymian, der im Gegensatz zu vielen grünen Kollegen eine Fläche am Haus in einen farbenprächtigen und duftenden Blütenteppich verwandelt.

Sichtschutz und Begrenzung

Die äußeren Grenzen eines Gartens bieten viele Möglichkeiten der Gestaltung. Besonders in kleinen Gärten sind die Begrenzung und deren Material, Form und Farbe entscheidend für das Raumgefühl. Mauern, Hecken oder Zäune umschließen den grünen Raum und unterteilen ihn. Manchmal bilden sie ein Rechteck oder Quadrat, häufig sind es aber auch verwinkelte Ecken, die den Gartengrundriss prägen. Die äußere Begrenzung sorgt für Abgeschlossenheit und bietet Schutz vor neugierigen Blicken. Hohe Mauern und dichte, immergrüne Hecken fallen auf und verstärken den Eindruck der privaten Atmosphäre.

Begrenzungen können vor- und zurückspringen und Nischen bilden für Sitzplätze, einen Brunnen oder eine Statue. Diese Ecken sollten unbedingt sinnvoll genutzt werden, denn hier können reizvolle Blickfänge geschaffen werden. Sich im Schutz einer hohen Mauer sicher und geborgen zu fühlen ist wichtig. Allerdings darf man sich nicht eingesperrt fühlen, wenn der Blick dadurch nicht mehr nach draußen in die unmittelbare Umgebung schweifen kann. Zu überprüfen wäre deshalb, ob nicht niedrige Begrenzungen noch genügend Schutz und Sicherheit bieten und die Aussicht weniger einschränken. Wenn es allerdings darum geht, unschöne Anblicke zu kaschieren, kann eine hohe Wand genügen, um das Auge in eine andere, sehenswerte Richtung zu lenken.

Werden Mauern geplant, sollte man sich vergewissern, dass man nicht gegen die örtliche Bauordnung verstößt, denn diese legt in der Regel die Höhe, aber auch die Gestaltung von Begrenzungen fest. Unter Umständen darf nicht jedes Material verwendet werden. Will man sich nicht von seinem Umfeld abschotten, sondern den Garten optisch offen halten, bieten sich Zäune aus Metall und Holz an. Sie sind in der Regel nicht so massiv und blickdicht wie Mauern und Hecken, wirken unauffälliger und beziehen die umgebende Landschaft mit in den Garten ein. Als architektonische Elemente sollten Zäune natürlich in Stil und Material mit dem Wohngebäude harmonieren. Mit Kletterpflanzen berankt, fügen sie sich harmonisch in das Ambiente ein und stellen eine Verbindung zum Garten her.

Harmonisch wirkt ein Garten, wenn ein ausgewogenes Verhältnis zwischen horizontalen und vertikalen Elementen besteht. Erst dadurch nimmt man ihn als Raum wahr.

Vertikale Elemente

Jede ausgewogene Raumkomposition beinhaltet neben horizontalen Elementen auch vertikale, da sonst kein räumliches Erleben möglich wäre. Waagerechte Linien vermitteln ein Gefühl von Ruhe und Sicherheit, sie signalisieren Ordnung und Ausgeglichenheit. Ausdrucksstarke vertikale Elemente in einem Garten sind oft bauliche Konstruktionen wie etwa eine Pergola oder eine Mauer. Rechtwinklig geschnittene Heckenkörper nutzen die Höhe in einem kleinen Garten und markieren gleichzeitig seine äußeren Kanten. Durch die Ausgewogenheit von vertikalen und horizontalen Komponenten entsteht erst das Gefühl für einen Raum. Das trägt dazu bei, dass man sich im Garten so richtig wohl fühlt.

Besonders in einem kleinen Garten sollte das Verhältnis von Fläche zu Höhe stets ausgewogen sein. Bei zu hohen und geschlossenen Begrenzungen kann der Garten allzu leicht beengt erscheinen; daher hält man sie besser möglichst niedrig, sodass ein Teil der Umgebung noch sichtbar ist. Baut man im Garteninneren eine Pergola, gewinnt der Garten fast immer an Raum. Gleichzeitig wird die Höhe dafür genutzt, einer Kletterpflanze Platz zum Ausbreiten zu bieten. Aber auch Rankseile und Spaliere erfüllen diese Funktion.

Säulenförmig gewachsene Bäume und kugelförmig geschnittene Gehölze lassen sich ebenso als vertikale Elemente im Garten einsetzen. Kleinkronige Formen eignen sich für kleine Gartenräume generell besser als solche mit breit ausladenden Kronen.

Schichtung und Raumtiefe erzeugen

Freien Raum nehmen wir in Schichten wahr. Diese Vielschichtigkeit macht uns neugierig und lädt zu einem Entdeckungsspaziergang durch den Garten ein. Die Wirkung von Tiefe und Räumlichkeit kennen wir aus der Fotografie und der Malerei. Hier gilt immer die Grundregel, dass ein Bild mehrschichtig aufgebaut sein muss, um eine Tiefenwirkung zu erzeugen. Diese wird durch eine bestimmte Bildkomposition sowie durch die Anordnung von Vorder-, Mittel- und Hintergrund erreicht. So entsteht der Eindruck, dass ein bestimmtes Motiv räumliche Tiefe hat. Ohne diesen Aufbau wirkt jedes Bild flach.
Diese Grundregel gilt auch für die Gestaltung von Gärten. Besonders bei einem kleinen Grundstück ist dieser Effekt von großer Bedeutung, denn hier geht es darum, dem Auge einen weitaus größeren Eindruck zu vermitteln. Die räumliche Wirkung verstärkt sich allerdings erst, wenn das Auge den Garten in Schichten wahrnehmen kann. Der Ausblick von der Terrasse in die Weite einer angrenzenden Landschaft wirkt immer interessant, kann aber noch gesteigert werden, wenn die Horizontlinie durch einzelne Bäume im Vorder- oder Mittelgrund unterbrochen wird und sich mit jedem Schritt durch den Gartenraum eine veränderte Perspektive ergibt. Dadurch hat man das Gefühl, durch einen weitaus größeren Raum zu schreiten, als er in Wirklichkeit ist.

Wie ein gutes Gemälde oder eine Fotografie sollte ein kleiner Garten gestaltet sein. Dadurch wird dem Auge der Eindruck eines weit aus größerem Raumes vermittelt.

Die Perspektive

Die Wiederentdeckung der Perspektive fand in der Renaissance statt. Die Entschlüsselung des Geheimnisses der Perspektive markiert einen Wendepunkt in der Geschichte: Weg von der Überzeugung, dass die Welt eine Scheibe ist, hin zu ihrer Betrachtung als Kugel. In der Malerei ging man von der flächigen Darstellung zu der dreidimensionalen mit fast realistischen Bildern über. Die Perspektive – aus dem Lateinischen für »durchschauen«, »klar sehen« – unterliegt mathematischen Regeln, die heute für uns leicht nachvollziehbar sind: Je weiter die Entfernung, desto kleiner erscheinen die Objekte. Licht und Farben werden heller, verlieren ihre Intensität, je weiter sie in den Hintergrund treten. Parallel zusammenführende Linien treffen sich an einen gemeinsamen Punkt in der Ferne.

Räumliche Tiefe

So lässt sich mit parallelen Heckenbändern und gestaffelt angeordneten Pflanzen der Eindruck einer Vielschichtigkeit, mit gestaffelten schmalen Heckenscheiben räumliche Tiefenwirkung erzeugen. Und so wie eine durch Baumreihen und Hecken angelegte Kulturlandschaft lebendiger und schöner ist als baumlose Wiesen und Felder, ist auch ein mehrschichtig aufgebauter Garten nicht nur spannender, sondern er wirkt auch größer. Ein kleiner, durch Hecken in einzelne Bereiche gegliederter Hausgarten lässt jedes Grundstück viel ausgedehnter erscheinen als ein einziger, das gesamte Grundstück einnehmender Gartenraum.
Mit einfachen Mitteln kann man die Grenzen eines kleinen Gartens auflösen und ihn dadurch optisch vergrößern. Eine geschickte Methode, mehr Raumtiefe zu erzeu-

gen, besteht darin, einen Garten in Räume aufzuteilen. Hecken, kleine Ziegelmauern sowie berankte Bögen machen neugierig auf das dahinter Verborgene. Auch wenn manche Räume sehr klein und lediglich zum Betrachten konzipiert sind, ist der gewünschte Effekt dennoch erreicht.

Optisch vergrößern

Raumtiefe wird durch den gezielten Einsatz der Perspektive erzeugt. So scheint beispielsweise eine Wasserachse, die am Wohnhaus beginnt und sich zum Ende des Gartens hin verschmälert, den Raum zu strecken. Dieser Effekt lässt sich auch erzielen, indem man die Höhen von Mauern und Hecken, die vom Haus aus in den Garten führen, zum Ende hin niedriger werden lässt. Verstärkt wird dies noch, wenn die Abstände von Kübelpflanzen, die in einer Reihe stehen, oder die Abstände von Zaunpfosten immer enger werden. Einfach und wirkungsvoll ist auch die Verwendung von **Spiegelungen.** So kann man am Ende eines schmalen Gartens einen Spiegel in eine Mauer integrieren und dadurch nicht nur räumliche Tiefe vortäuschen, sondern die Illusion eines dahinter liegenden Gartens wecken. Eine ruhige Wasserfläche hat ebenfalls spiegelnde und reflektierende Wirkung und erzeugt einen ähnlichen Effekt.

Am Ende des Laubengangs wird der Blick auf die kunstvoll verzierte Steinamphore gelenkt. Das Auge wird gezielt gelenkt und dadurch die Raumtiefe verstärkt.

So wirkt der Garten größer

- Mit Hecken und Rankgittern den Garten in verschiedene Räume gliedern
- Blicke auf ein schönes Accessoire (Kübel, Skulptur, Brunnen) im Hintergrund lenken
- Ausblicke in die Landschaft schaffen (»geborgte« Landschaft)
- Durch Podeste und Stufen kleine Höhenunterschiede im Bodenprofil erzeugen
- Einheitliche Materialien verwenden, klare Formen der Flächen bevorzugen
- Wenige ausgewählte Pflanzenarten und Blütenfarben verwenden
- Eine Wasserfläche erzeugt Weite und Illusionen
- Rasen strahlt Ruhe aus und verbindet unterschiedliche Bereiche

Blickpunkte schaffen

In einem Garten soll das Interesse der Menschen immer wieder neu geweckt werden, sei es durch Gehölze mit bizarren Wuchsformen, mit attraktiven Rinden oder auffällig gefärbten Früchten. Um sie mit allen Sinnen wahrzunehmen, sollte man gerade Gehölze ganz bewusst einsetzen und einzelne Blickpunkte schaffen. Nur wenn sie sich von ihrer Umgebung abheben, kommt ihr einzigartiger Charakter optimal zum Vorschein.

Ein Garten hat während des gesamten Jahres ein sehr unterschiedliches Erscheinungsbild. Feste Elemente wie zum Beispiel eine Gartenlaube, eine Pergola oder eine Skulptur verändern über die Jahre hinweg ihr Aussehen kaum oder gar nicht – es sei denn, man bereichert sie durch eine auffällige Bepflanzung. Mit attraktiven Kletterpflanzen wie Wildem Wein, Blauregen oder Efeu wird die Neugier geweckt und der Blick auf das verhüllte Objekt gelenkt.

Die größten Überraschungen und schönsten **Blickpunkte** liefern Pflanzen, die durch berauschende Blütenfarben, schöne Früchte und auffällige Herbstfärbungen die Blicke der Menschen anziehen. Viele Pflanzenliebhaber warten geradezu auf den Tag, an dem sich die Blüten der Magnolien öffnen oder Rosen ihre zauberhaften Düfte verbreiten. Ganz gleich, mit welchen Mitteln man die Aufmerksamkeit auf bestimmte Punke im Garten lenkt, die Schmuckstücke sollten stets einen angemessenen Platz erhalten. Große Objekte wie etwa ein Brunnen oder eine Statue brauchen immer einen weiträumigen Hintergrund, um zur Geltung zu kommen. Kleine Gefäße und Skulpturen dagegen sind leicht sichtbar und können in einer schmalen Fläche mit Gräsern oder Bodendeckern arrangiert werden.

Auch **Farben** haben wie bereits erwähnt beträchtlichen Einfluss auf die Wirkung eines Gartens. Der gezielte Einsatz von Farbwirkungen ist ein bekanntes Hilfsmittel, um die Perspektive zu steigern und einen kleinen Raum größer erscheinen zu lassen. Hier gilt es vor allen Dingen zu berücksichtigen, dass warme Farben wie Rot, Orange und Gelb stets näher rücken und stärker präsent sind als blasse und kühle Farben wie Blau und Violett, die eher zurückhaltend sind und den Eindruck von Weite vermitteln. Sie sollten bewusst im Hintergrund verwendet werden, um die räumliche Tiefenwirkung zu verstärken.

Ein Springbrunnen aus Sandstein ist als Blickfang besonders attraktiv. Durch die gestaffelte Anordnung der Pflanzen kommt er besonders gut zur Geltung.

Klare Konturen schaffen

Geometrische Formen wie zum Beispiel kastenförmig geschnittene Hecken, rechtwinklige Mauern oder eine kreisrunde Rasenfläche schaffen im Gartenraum klare Konturen. So können eindeutige Räume entstehen, die wie die Zimmer einer Wohnung nach und nach erschlossen werden.

Rechtwinklige Ordnung

Ein Garten, der auf einen Blick überschaubar ist, wirkt wenig spannungsreich und klein. Daher ist die Aufteilung in verschiedene Gartenbereiche dort besonders sinnvoll, wo nur wenig Platz zur Verfügung steht. Jede Gliederung eines Raumes in verschiedene kleine »Zimmer« lässt ihn größer erscheinen, als er tatsächlich ist. Schon mit einfachen Materialien und schlichten Formen kann man ein ausgewogenes und großzügiges Erscheinungsbild erzeugen. Durch die rechtwinklige Anordnung von Bodenbelägen oder der Kanten eines Weges werden die Flächen deutlich voneinander getrennt. In der Höhe schaffen schmale Mauern und Hecken ähnlich den Wänden einer Wohnung klare Konturen und teilen die Fläche in Räume auf. Auch die Begrenzung einer Pflanzfläche mit Pflasterbändern oder Stahlschienen betont die klare Ordnung. Die Befürchtung, eine geometrische Linienführung könne starr, langweilig und unnatürlich wirken, ist in aller Regel unbegründet. Die meisten Menschen ziehen einen geradlinig geführten Weg einem Zickzackweg vor.

Klare Formen entstehen hier durch die die strenge Symmetrie, die Anordnung der Flächen und Funktionen sowie durch die im Raster angeordneten Buchsbaumwürfel.

Geometrische Formen

Klare Konturen sind nicht von festen Materialien wie Naturstein, Holz oder Stahl abhängig. Als Konturen bezeichnet man auch die Oberkanten von Stützmauern, die Kanten von architektonischen Formschnittgehölzen sowie den Umriss eines kreisrunden Wasserbeckens. Überall, wo eine eindeutige Begrenzung, ein rechtwinkliger Schnitt oder ein starres Material verwendet wird, zeichnet sich eine Kontur ab.

Geschickt geplante Konturen steigern vor allen Dingen den Kontrast zur natürlichen Umgebung und rücken somit ihre Schönheit umso mehr ins Bild. Befindet sich etwa ein Staudenbeet in unmittelbarer Nähe einer Kiesfläche, kann man eine Stahlschiene zum Begrenzen der Pflanzen bzw. des Kieses verwenden. Das hebt die rechtwinklige oder organische Form einer Fläche hervor. Durch im Boden eingelassene Stahlkanten erhält ein Kiesweg, der durch eine Rasenfläche führt, eine exakte Kontur. So werden die Flächen voneinander getrennt, und der Rasen ist obendrein einfacher zu pflegen.

Klare Konturen unterstreichen Kontraste zwischen harten und weichen Flächen sowie geraden und geschwungenen Formen. Durch runde Formen kommt Schwung in den Garten, und damit wird auch die nötige Spannung zu den häufig rechtwinkligen Flächen erzeugt. Geschwungene

Formen wie ein schmales schlängelndes Blumenbeet gelten als weich, aber auch eine Wasserrinne aus Stein, die sich in großen Bögen windet, wird als weiche Form interpretiert. Dagegen werden die äußeren Kanten einer exakt geschnittenen immergrünen Hecke als hart wahrgenommen. In jedem Garten sollte man großen Wert auf ein harmonisches Gleichgewicht aus harten und weichen Formen legen.

Ein schöner Kontrast entsteht beispielsweise dann, wenn sich eine rechtwinklig geschnittene Hecke auf einer ovalen Rasenfläche befindet oder ein quadratisches Holzdeck, das als Sitzplatz dient, inmitten eines organisch geformten Staudenbeetes liegt. Hier bildet die lebendige Vegetation weiche Konturen und schafft Gegensätze zum Material und dessen Form.

Durch einen exakten Schnitt erhalten Laubgehölze und Immergrüne eine markante Form. Die klaren Konturen einer Ligusterkugel, eines Buchsbaumkegels oder zu einem Würfel geschnittene Eiben setzen in einem Garten mit freien, natürlichen Wuchsformen einen deutlichen Akzent.

Einfach und reduziert: Wasser, Stein und Pflanze sind Elemente mit großer Kraft. Die schlichte Gestaltung bietet viel Raum, um sich darin zurückzuziehen.

Exakte Kanten

Paradebeispiel für geometrisch exakte Formen ist der formal oder architektonisch gestaltete Garten. Die Flächen bestehen hier in der Regel aus harten Materialien wie Kies, Klinkerpflaster oder Natursteinplatten, geschnittene immergrüne Hecken und schmale Mauern gliedern den Raum, und niedrige Mauern bilden die Begrenzung von Staudenbeeten. Bei diesem Gartentyp wechseln sich die natürlichen geometrischen Wuchsformen der Pflanzen mit in Form geschnittenen Gehölzen ab. Hier finden wir straff aufrecht wachsende Pflanzen wie Iris *(Iris sibirica)* und Steppenkerze *(Eremurus)* sowie zu Kugeln geschnittene Gehölze wie Steppenkirsche *(Prunus fruticosa* 'Globosus') oder Kugel-Robinie *(Robinia pseudoacacia* 'Umbraculifera'). In Würfelform getrimmte Eiben durchbrechen das Pflaster und säumen den Eingangsbereich, in dessen Mittelpunkt sich gemauerte Podeste für Terrakottakübel mit Buchsbaumkugeln befinden. Dieser Gartentyp ist charakterisiert durch die geometrische Strenge. Nichts ist zufällig, alles ist bewusst geplant und gestaltet. Das Augenmerk liegt auf klaren Formen mit exakten Kanten und Umrissen.

Doch auch ein Garten mit natürlichen Formen, der minimalistisch gestaltet ist, besticht durch seine klaren Konturen. Mit wenigen Elementen, die das Gerüst des Gartens bilden, wirkt er gut strukturiert und lesbar. Beim Betrachten erholt sich das Auge und kann leicht die wesentlichen und kraftvoll wirkenden Dinge erfassen. Wenige und starke Elemente zu verwenden ist auch das Prinzip der **Japanischen Gärten,** die häufig nur aus einer geharkten Kiesfläche bestehen, auf der sich Steine mit großer Symbolwirkung befinden. Ein Garten voll Energie und Raum zum Entspannen. Durch die zurückhaltende Gestaltung soll der Blick auf das Wesentliche gelenkt werden und die Seele zur Ruhe kommen.

Standortverhältnisse berücksichtigen

Der Lieblingsplatz von prächtigen Stauden und bunten Sommerblumen ist in der Sonne. Hier können sie mit ihren leuchtenden Farben um die Wette blühen.

Besonders ein kleiner Garten erfordert ein, bezogen auf seinen speziellen Standort, passgenaues Konzept. In jedem Garten gibt es Bereiche, in denen ein bestimmtes Klima vorliegt. Unter Klima versteht man das Wechselspiel zwischen Niederschlägen, Sonnenscheindauer sowie den Temperaturen. Über einen längeren Zeitraum ergeben sich daraus bestimmte Klimazonen. Nur wenn sich der Garten in einer milden Zone befindet, fühlen sich hier auch frostempfindliche Pflanzen wohl. Nur wenige Meter voneinander entfernt können sich Boden-, Licht- und Windverhältnisse bereits stark unterscheiden. Vor einer nach Süden ausgerichteten Bachsteinmauer ist es zum Beispiel viel heißer als unter der dichten Krone eines Laubbaumes, und auf einer Rasenfläche ist es heller und sonniger als unter einem berankten Pergoladach.

Licht und Schatten

Die Lichtverhältnisse im Garten werden in erster Linie von der Ausrichtung des Grundstücks bestimmt. Ob von Norden nach Süden oder von Osten nach Westen, die Himmelsrichtungen sind immer ein wichtiges Kriterium für die Gestaltung des Gartens und sollten daher im Gartenplan vermerkt werden. Sie bestimmen auch, wo wir in der Morgensonne unser Frühstück einnehmen, wo es mittags heiß wird und wo uns noch am Abend die Sonne wärmt.

Zudem sind die Lichtverhältnisse im Garten ein entscheidender Standortfaktor, da sie das Wachstum aller Pflanzen beeinflussen. Wird der Garten etwa durch Nachbargebäude verschattet, hat man an Blattschmuckpflanzen mehr Freude als an einem Rosenbeet. Die Lichtmenge, die auf die gesamte Gartenfläche fällt, ist wichtig für das ideale Anwachsen und gesunde Gedeihen der hier vorkommenden Pflanzen. Aber auch das Klima und die Eigenschaften des Bodens sind nicht zu vernachlässigende Faktoren, die letztendlich entscheiden, welche Pflanzen auch ohne viel Pflege an ihrem ausgewählten Platz wachsen können.
Gibt es im Garten beispielsweise einen alten Baum, der erhalten werden soll, müssen als Grundlage für das Gartenkonzept die Sonnenstände im Verlauf des Tages und des Jahres aufgezeichnet werden. Nur so kann man die Sonnen- und Schattenflächen ermitteln und geeignete Pflanzen dazu auswählen. Zu beachten sind dabei vor allen Dingen die kurzen Schattenphasen während der Sommermonate und die langen der niedrig stehenden Sonne im Frühjahr und Herbst. Wenn man erst einmal die Bereiche herausgefunden hat, die fast immer in der Sonne liegen, hat man es leichter, geeignete Arten auszuwählen.

Hell und Dunkel

- Prüfen Sie die Lichtverhältnisse im Garten
- Legen Sie im Gartenplan die Himmelsrichtungen fest
- Zeichnen Sie, von Osten beginnend, die Sonnenstände im Verlauf des Tages auf
- Je nachdem, wo die Sonne steht, können Sie die Sonnen- und Schattenflächen bestimmen
- Wählen Sie für die jeweiligen Standorte geeignete Pflanzen aus

Guter Boden

Der Boden im Garten ist wichtig für das optimale Wachstum der Pflanzen. Manche bevorzugen feuchte, lehmige Böden, andere benötigen trockene und sandige Substrate. Allerdings sind die Böden auch vom Kleinklima abhängig, denn an einem vollsonnigen Platz trocknen sie stärker und rascher aus als an einem schattigen und windgeschützten Standort.
Man unterscheidet zwischen drei Hauptbodenarten: Sand, Ton und Lehm. Ton- und Lehmböden können länger und mehr Wasser speichern als sandige. Um welche Bodenart es sich handelt, kann man leicht herausfinden, einfach indem man etwas Erde zwischen den Fingern zerreibt.
Sandboden krümelt und rieselt; man kann ihn bequem bearbeiten, er ist gut durchlüftet und wasserdurchlässig. Das Wachstum der Pflanzen auf Sandboden beginnt im Frühjahr sehr zeitig, da er sich leicht erwärmt. Außerdem können sich Wurzeln darin gut ausbreiten, und der Kompost wird schnell in Humus umgewandelt. Jedoch werden die darin enthaltenen Nährstoffe rasch durch den Regen ausgewaschen, sodass Sandboden häufig gedüngt werden muss. Man kann ihn durch Zugabe humusreicher Gartenerde verbessern.
Tonboden klebt und schmiert an den Fingern. Er ist schlecht durchlüftet und neigt zu Staunässe. Tonige Böden erwärmen sich nur zögernd und brauchen relativ lange, bis sie nach der Schneeschmelze oder nach starken Regenfällen abtrocknen. Tonboden kann Nährstoffe und Regenwasser über einen längeren Zeitraum speichern, wird allerdings, wenn er austrocknet, hart wie Beton und rissig. Durch Zugabe von Sand lässt sich der Boden auflockern und leichter bearbeiten.
Lehmboden klebt ein wenig an den Fingern, lässt sich gut rollen, zerkrümelt aber wieder bei leichtem Druck. Lehmböden beinhalten sowohl Sand- als auch Tonanteile. Durch den Sandteil wird der Boden locker und durchlüftet, der Ton im Boden speichert das Wasser sowie die Nährstoffe.
Wer genauer wissen will, um welche Bodenart es sich in seinem Garten handelt und wie hoch der Gehalt der Nährstoffe ist, kann ihn durch eine **Bodenuntersuchung** kontrollieren lassen. Ein solcher Test empfiehlt sich insbesondere vor der Neuanlage eines Gartens, und zwar jeweils für unterschiedliche Teilbereiche: Mit einem Spaten oder einer Schaufel führt man je Fläche mehrere Einstiche aus. Die verschiedenen Erdproben werden in einem Eimer gut gemischt, eine kleine Menge in ein Glas abgefüllt und für die Untersuchung in ein Labor geschickt. Je nachdem, welches Institut die Bodenuntersuchung durchführt, erhält man ein Protokoll mit dem Säuregehalt des Bodens (pH-Wert), dem Anteil von Phosphor, Kalium und Magnesium sowie entsprechende Düngeempfehlungen.

Den Schatten bevorzugen Pflanzen mit großen, auffälligen Blättern und Blattstrukturen. Besonders reizvoll ist der Mix von unterschiedlichen Grüntönen.

Gestaltungselemente – einfach und wirkungsvoll

Die Gestaltung eines kleinen Gartens sollte einfach und wirkungsvoll sein. Häufig wirken kleine Räume überladen und zu sehr verspielt. Das ist insbesondere dann der Fall, wenn viele verschiedene Elemente, Accessoires sowie buntblättrige Pflanzen ausgewählt wurden, aber auch, wenn unterschiedliche Materialien wie Holz, Ziegel und Beton miteinander kombiniert werden.
In einem kleinen Garten gilt es sich auf die wesentlichen Elemente zu konzentrieren und einfache Muster mit schlichten Materialien auszuwählen. Man sollte sich auf wenige, dafür interessante Pflanzen beschränken und diese in Form von Bäumen und Hecken, Blumen, einem Wasserelement oder Kübelpflanzen zu einem ausgewogenen und harmonischen Bild zusammenfügen. Nur wenn man bewusst dramatische Effekte erzeugen will, darf es auch etwas mehr sein. Manchmal wird erst durch eine Übertreibung und ein Zuviel die gewünschte Wirkung erzielt.
So kann auf einem kleinen Grundstück ein kleines Gartenhäuschen durch auffällige Farbe zum besonderen Blickpunkt werden oder ein größeres Pflanzenbeet mit nur einer Staudenart ein auffälliger Farbklecks im sonst zurückhaltenden Gestaltungskonzept sein. Und leere Tontöpfe, übereinander gestapelt oder zu einer Gruppe mit Pflanzen arrangiert, kommen vor einer alten Ziegelsteinmauer besonders dekorativ zur Geltung.

Das plätschernde Wasser, das aus dem kunstvoll gestalteten Springbrunnen heraussprudelt, beruhigt die Sinne und sorgt für einen Ort der Ruhe und Entspannung.

Alle Sinne ansprechen

Jeder Gartenbesitzer sollte seinem Stückchen Grün stets eine eigene Atmosphäre verleihen. Dafür genügen schon wenige Dinge, die zahlreich zur Verfügung stehen: Licht, Schatten, Wind, Farben, Strukturen, Düfte und Geräusche, dazu der Reiz des kontinuierlichen Wechsels von Tages- und Jahreszeiten. Auf kleinstem Raum geht es nicht nur darum, das Auge immer wieder zu überraschen, sondern auch mit angenehmen Geräuschen und verführerischen Düften den Aufenthalt im Garten zu verschönern. So kann man durch das bewusste Einsetzen von plätscherndem, gurgelndem oder sprudelndem Wasser einen angenehmen Ort der Ruhe und Entspannung schaffen, mit duftenden Stauden und Rosen locken und mit Licht und Schatten sowie blassen und intensiven Farben Kontraste erzeugen. Oder man verwendet Pflanzen, deren Blätter so herrlich rascheln, wenn der Wind hindurchweht.
Will man einen gelungenen Garten schaffen, geht es in erster Linie darum, das bestehende Potenzial zu nutzen, das bedeutet, etwas Vorhandenes freizusetzen und ihm Atmosphäre und Individualität zu verleihen. Hat man ein kleines Gartengrundstück auf dem Land, bieten sich in der Regel schöne Aussichten auf Wiesen und Äcker, einen nahe gelegenen Wald oder einen See. Ein Ausblick in die Landschaft ist ebenso ein Element des Gartens wie ein schönes Solitärgehölz. Das Auge kann sich daran erfreuen. Entscheidend ist nur, dass man das Bild der Umgebung durch einen Rahmen besonders hervorhebt. Dann treten

die Grenzen des Gartens in den Hintergrund, und es entsteht ein größeres Panorama.

Licht und Beleuchtung

Licht verändert einen Garten ständig. Je nach Sonnenstand erscheint er in ganz unterschiedlichen Farbschimmern: vom zarten Leuchten der aufgehenden Sonne über die gleißende Helligkeit in der Mittagsstunde bis hin zum orangeroten Glimmen des Abendlichts.
Bei Tageslicht wirkt ein Gartenraum klar strukturiert; sobald man ihn am Abend mit künstlichem Licht bewusst in Szene setzt, entsteht eine fast mystische Stimmung. Der Garten wird dadurch nicht mehr als Ganzes erfasst, sondern nur schemenhaft, und ins Blickfeld rücken ausschließlich die angestrahlten Pflanzen oder Gegenstände. Interessante Stimmungen entstehen durch natürliches oder künstliches Licht allerdings nur dann, wenn auch Kontraste gegeben sind, d. h. ein dunkler Hintergrund vorhanden ist.
In einem offenen und sonnigen Garten sollten deshalb bewusst auch schattige Bereiche vorhanden sein. Denn erst das Wechselspiel von Licht und Schatten macht einen Garten reizvoll. Bei der Gestaltung eines kleinen Gartens sollte man auch in Hinblick auf dunkle Zonen darauf achten, dass ein eventuell vorhandener alter Baum erhalten bleibt. Man kann natürlich auch kräftige Kletterpflanzen setzen, die möglichst schnell ein Rankgerüst begrünen, um dadurch einen dunklen Hintergrund zu schaffen für die leuchtenden Rosenblüten im Vordergrund.

Mit künstlichem Licht lassen sich einzelne Pflanzen hervorheben. Dadurch richtet man das Auge auf ein schönes Gehölz und lenkt von den Grenzen des kleinen Gartens ab.

Kunstvolle Inszenierungen

Künstliche Beleuchtung erweitert nicht nur die Möglichkeiten innerhalb eines Gartens, sie verwandelt ihn gleichsam in eine Theaterkulisse. So kann man sich wie ein Bühnenbildner fühlen, der Raum und Stimmung beeinflusst. Bei besonderen Anlässen wirken Kerzen, Fackeln und Lichterketten sehr schön.
Aber auch mit moderner Technik kann man verblüffende Effekte erzielen, sodass sich die eigentlichen Grenzen des Raumes oft gar nicht mehr erfassen lassen. Mit künstlichem Licht ist es möglich, ein Gehölz am Ende des Grundstücks oder eine Gräserbepflanzung spektakulär zu inszenieren. Durch einen hellen Schein im Hintergrund erscheint jeder Gegenstand größer, als er tatsächlich ist. Richten Sie einmal mit Hilfe eines im Boden versenkten Strahlers den breiten Lichtstrahl in die Krone eines Laubbaumes. Das Licht überzieht jedes einzelne Blatt und hüllt es in einen zauberhaften Glanz.
Ein Spotstrahler hingegen, den man auf einem im Boden versenkten Betonfuß aufschraubt, erzeugt ein schmales Lichtband. Dieses lässt sich zum Beispiel auf eine Hecke oder eine Mauer ausrichten. Eingehüllt von einem zarten Schein, nimmt man das derart angestrahlte Motiv nur schemenhaft im Dunkeln wahr. Eine perfekte Inszenierung, die den Blick vom Haus in den Garten lenkt. Am besten wirkt **indirekte Beleuchtung**, die nicht blendet und deren Lichtquellen nicht auszumachen sind. Auch Wasserflächen lassen sich so eindrucksvoll in Szene setzen.

Bäume und Sträucher

Hinsichtlich ihrer Verwendungsmöglichkeit kommt Gehölzen in einem kleinen Garten eine besondere Rolle zu. Denn hier gilt es Blickpunkte zu schaffen, um von der wahren Größe abzulenken.

Solitärgehölze

Solitärgehölze zeichnen sich aus entweder durch eine malerische Silhouette, einen auffälligen Fruchtschmuck oder Herbstfärbung, schöne Blüten oder Düfte, besondere Blattfarben oder eine auffällige Rinde. Häufig kommen mehrere Aspekte zusammen. Die Kupfer-Felsenbirne etwa *(Amelanchier lamarckii)* wird nicht nur aufgrund ihrer Wuchsform, sondern auch wegen ihrer auffälligen Herbstfärbung geschätzt und sie bietet mit ihrer reichen Blüte und roten Früchten zusätzlichen Anreiz. Auch der Zeitpunkt der Blüte kann den besonderen Wert eines Solitärgehölzes ausmachen, wie etwa der Winter-Schneeball *(Virburnum bodnantense* 'Dawn'), der ab November den ganzen Winter hindurch blüht.

In einem kleinen Garten sollten Bäume bis maximal 15 m Höhe und Sträucher bis zu einer Höhe von 5 m verwendet werden. Breite und Wüchsigkeit der Pflanzen sind ebenfalls wichtige Kriterien, damit ein schmaler Raum nicht beengt wirkt. Auch der Standort für ein Gehölz entscheidet über seine Wirkung und Ausstrahlung im Garten; so sollte etwa ein größerer Strauch nicht in eine Ecke gepflanzt werden, da er diesen Winkel besonders hervorhebt. Aufgelockerter und harmonischer wirkt es, wenn er über die Ecke hinaus gesetzt wird.

Die Ballhortensie *(Hydrangea arborescens* 'Annabelle') zählt zu den auffälligsten Blütengehölzen. Für sie gibt es auch in einem kleinen Garten immer Platz.

Blütenreich und duftend

Zahlreiche Gehölze haben sich ihrer wunderschönen Blüten oder ihres fantastischen Duftes wegen einen Platz im Garten verdient. Ihre Blühwilligkeit, Schattenverträglichkeit und die Tatsache, dass sie auch in verwelktem Zustand noch über längere Zeit einen schönen Anblick bieten, machen etwa Hortensien als Kübelpflanze oder im Beet besonders wertvoll. Ballhortensien *(Hydrangea arborescens* 'Annabelle' oder 'Grandiflora') sind ideale Blütengehölze für den Garten. Flieder und Rosen dagegen empfehlen sich als wichtige Duftgehölze, auch der Falsche Jasmin *(Philadelphus coronarius)* verströmt einen süßlichen, jasminähnlichen Duft. Eine Rarität ist der nach Zimt riechende Gewürzstrauch *(Calycanthus floridus)*.

Laub- und Fruchtschmuck

Auch aufgrund ihrer Blattfarben können Gehölze einen besonderen Blickpunkt schaffen, denn sie bieten ein breites Spektrum an Grüntönen, von Gelbgrün über Silbergrün, bis Purpur an. Von bemerkenswerter Schönheit ist beispielsweise die Weidenblättrige Birne *(Pyrus salicifolia)*, ein kleiner eleganter Baum mit silbergrauem Laub, der sich auch für den Vorgarten eignet. Intensive Herbstfärbungen haben neben dem Eisenholzbaum *(Parrotia persica)* auch viele **Zierobstgehölze.** Für das Herbst- und Winterbild im Garten kommen zudem Bäume mit schmuckvollen Früchten in Frage. Neben Eberesche *(Sorbus aucuparia)* und Apfeldorn *(Crataegus laevigata* 'Carrierei') sind es vor allem speziell auf Fruchtschmuck gezüchtete

Kleine und schwachwüchsige Laub- und Obstbäume					
Name	**Blütezeit**	**Wuchshöhe (m)**	**Kronenbreite (m)**	**Wuchsform**	**Eigenschaften**
Blut-Pflaume *Prunus × cerasifera* 'Nigra'	April	5–7	3–6	rundlich bis kegelförmig	dunkelrotbraune Rinde, leuchtend rosa Blüten
Weidenblättrige Birne *Pyrus salicifolia*	April/Mai	4–6	bis 6	rundlich	sehr zahlreiche weiße Blüten in Dolden, grüne Birnen
Eberesche *Sorbus × thuringiaca* 'Fastigiata'	Mai/Juni	5–7	2,50–3,50	kegelförmig	weiße Schirmrispenblüten, orangerote Zierfrüchte, lange haftend
Eingriffliger Weißdorn *Crataegus monogyna* 'Stricta'	Mai/Juni	bis 6	bis 3	säulenförmig	weiße Schirmrispenblüten, dunkelrote, essbare Früchte
Gold-Trompetenbaum *Catalpa bignonioides* 'Aurea'	–	8–10	5–8	kugelförmig	gelb-grüne herzförmige Blätter, leuchtend gelbe Herbstfärbung
Hängende Nelken-Kirsche *Prunus serrulata* 'Kiku-shidare-zakura'	April/Mai	bis 6	3–4	Hängeform	gefüllte rosa Blüten in dichten Büscheln, sehr zahlreich
Mehlbeere *Sorbus × arnoldiana* 'Golden Wonder'	–	7–10	bis 5	breit kegelförmig	Herbstfärbung leuchtend gelb bis orangerot, Früchte dunkel-orange
Vielblütiger Apfel *Malus floribunda*	Februar	4–8	4–8	breitgewölbt, malerisch	sehr reich blühend, Herbstfärbung orangerot
Weißrindige Himalaya-Birke *Betula utilis* 'Doorenbos'	Mai	8–10	5–7	trichterförmig aufrecht	mehrstämmiger Baum, weiße Rinde
Winterkirsche *Prunus subhirtella* 'Autumnalis'	November/ Dezember; März/April	bis 5	bis 5	breit aufrecht	rosa Blüten im Winter, auffällige Herbstfärbung, gelborange bis braunrot
Zierapfel *Malus* 'Evereste'	Mai	4–8	3,50–5,50	säulenförmig	kleine orange-rote Äpfel, zieren bis in den späten Winter am Baum
Zierkirsche *Prunus × hillieri* 'Spire'	April	5–8	2–3	säulenförmig	üppige Blütenfülle in Rosa, prachtvolle Herbstfärbung
Prunus serrulata 'Amanogawa'	April/Mai				gefüllte, hellrosa Blüten, leicht duftend
Apfelbaum 'Jubiläumsapfel'	Mai	3–4	2–3	rundlich	alte Apfelsorte, weitgehend resistent gegen Krankheiten

Zierapfelsorten wie Malus 'Evereste' oder 'John Downie', die für Farbe im Garten sorgen. Ihr reicher orangeroter Fruchtbehang ist außerordentlich dekorativ.

Kleinkronige Bäume

Gehölze geben einem Garten auch dann noch Gestalt, wenn sich die Stauden im Winter zurückgezogen haben und alle Sommerblumen verblüht sind. Auch im winterlichen Zustand bieten gerade Solitärgehölze mit ihrer Form und den Aststrukturen einen reizvollen Anblick. Nicht zu vergessen die Farbe der Rinde. Das Weiß der Birkenstämme ist besonders schön bei der Himalaya-Birke *(Betula utilis* 'Doorenbos'), die stets einen beeindruckenden Kontrast zu dunklen immergrünen Gehölzen wie Buchsbaum und Eiben bildet.

Für kleine Gärten eignen sich vor allem Bäume mit runden, säulen- oder kegelförmigen Kronen, denn diese fügen sich gut in den vorhandenen Raum ein. Hierzu zählen die Säulenkirsche *(Prunus serrulata* 'Amanogawa'), die Kugel-Robinie *(Robinia pseudoaccacia* 'Umbraculifera') sowie der Kugel-Ahorn *(Acer platanoides* 'Globosum'). Außerdem gibt es ein breites Spektrum von Bäumen, die nicht größer werden als 10–12 m, darunter viele Arten von Eberesche *(Sorbus)*, Birke *(Betula)* und Apfel *(Malus)*.

Über Jahre gewachsene Bäume können in einem kleinen Garten eine wahre Bereicherung sein. Wenn die Kronen aber über die Grundstücksgrenzen hinausragen, kann es manchmal Ärger mit dem Nachbarn geben. Hier gilt es rechtzeitig die Zweige zu entfernen. Vorsorglich sollte man sich vor dem Pflanzen von Bäumen und Sträuchern bei der Stadt oder Gemeinde über die Grenzabstände für Gehölze erkundigen. Die Bundesländer regeln dies in den Nachbarrechtsgesetzen. Meist variieren die Mindestabstände der Bäume je nach Art zwischen 50 cm und 1 m, ab Stammmitte gemessen – und vorausgesetzt, man wählt kleinkronige aus.

Ein kugelförmiger Laubbaum eignet sich hervorragend, um den Mittelpunkt eines kleinen Grundstücks zu betonen.

Kleine Obstbäume

Ein Laubbaum sollte in keinem Garten fehlen, denn im Gegensatz zu vielen Nadelgehölzen lassen sich an ihm sehr schön die Jahreszeiten ablesen. Attraktiv sind vor allem Obstbäume, da sie nicht nur durch ihre zahlreichen Blüten im Frühjahr auf sich aufmerksam machen, sondern später im Jahr mit frischen Früchten den Aufenthalt im Garten versüßen.

Kleinwüchsige Obstbäume wie **Spindelbüsche** sind ideal für kleine Gärten, denn sie werden nicht größer als 2,5 m und sind für Menschen geeignet, die saftige Früchte auf Augenhöhe genießen und beim Ernten wenig Arbeit haben möchten. Bei diesen Bäumen erspart man sich sogar das Erklimmen der Leiter. Spindelbüsche gibt es von Apfel und Birne. Sie benötigen wenig Platz im Garten,

Auch bei kleinstem Raum braucht man nicht auf süße Äpfel verzichten. Dafür eigenen sich Spalierobstbäume oder Spindelbüsche.

Sträucher für kleine Gärten

Name	Blütezeit	Höhe (in m)	Wuchsform	Eigenschaften
Deutzie *Deutzia × hybrida* 'Mont Rose'	Juni	1,50–2	geschlossen aufrecht	große malvenrosa Schalenblüten
Hortensie *Hydrangea arborescens* 'Annabelle'	Juni–September	1–3	breitbuschig, aufrecht	große, rahmweiße Schirmrispen, frosthart, gedeiht im Schatten von Bäumen
Japanische Zaubernuss *Hamamelis japonica* 'Zuccariniana'	März	3–4	straff trichterförmig, aufrecht	primelgelbe Blüten, prachtvolle Herbstfärbung gelb bis orangerotgelb
Kupfer-Felsenbirne *Amelanchier lamarckii*	April	4–8	mehrstämmig	weiße Blüten, rote Früchte, kupferrotes Laub, leicht verpflanzbar, windfest
Perückenstrauch *Cotinus coggygria*	Juni/Juli	bis 3	breitbuschig	perückenartige Fruchtstände, Herbstfärbung orangerot bis scharlachrot
Schnee-Spiere *Spiraea arguta*	April/Mai	1,50–2	dichtbuschig, sehr feintriebig	weiße, große Doldentrauben
Rhododendron *Rhododendron brachycarpum*	Juni/Juli	bis 2,50	breit aufrecht, kompakt	immergrün, rahmweiße Blüten, hellgrüne Blätter
Teppich-Hartriegel *Cornus controversa*	Juni	5–8	hoher Strauch mit waagerechten Astpartien	attraktive weiße Schirmrispen, blauschwarze Früchte, purpurrotes Herbstlaub
Winterblüte *Chimonanthus praecox*	Dezember–März	2–3	sparrig verzweigt	glockige, hellgelbe Einzelblüten, stark duftend
Winter-Schneeball *Viburnum × bodnantense* 'Dawn'	November–März	bis 3	dichtbuschig	weißlich rosa Blüten, stark duftend, Laub rot bis dunkelviolett
Zaubernuss *Hamamelis × intermedia*	Dezember–März	bis 4	locker trichterförmig	gelbe Blüten, Herbstfärbung gelb bis orangerot
Zwerg-Blutpflaume *Prunus × cistena*	Mai	2–2,50	breitbuschig	zahlreiche rosa Blüten, Früchte dunkelrot, essbar

man kann sie einzeln oder in Reihe in einem Abstand von 2 m pflanzen. Bereits im zweiten Jahr nach der Pflanzung tragen sie die ersten Früchte. Viel Pflege ist auch nicht nötig: Etwa alle fünf Jahre schneidet man die vergreisten Äste zurück. Wem die Arbeit mit dem Pflücken zu viel wird, verwendet man am besten Zierarten, die den Obstsorten in Sachen Blüte in nichts nachstehen.

Mauern, Hecken und Zäune

Menschen haben ein natürliches Bedürfnis, sich zu schützen und ihren Lebensraum zu begrenzen; sei es durch eine Hecke, einen Zaun oder eine Mauer. Sie möchten sich von der äußeren Umgebung abschirmen und suchen den Schutz vor neugierigen Blicken.

Mauern begrenzen und schützen

Mauern definieren Grenzen, schaffen Räume und bieten Sicht- und Windschutz. Führt eine Straße am Grundstück vorbei, lässt sich der Lärm der vorbeifahrenden Autos durch den Bau einer höheren Mauer reduzieren. Ob aus Beton oder Naturstein – Mauern können durch eine entsprechende Anordnung ein Grundstück gliedern, ein abfallendes Gelände staffeln und den Garten größer erscheinen lassen.

Mauern sind in ihrem Erscheinungsbild äußerst vielfältig; das Spektrum reicht von Trockenmauern aus übereinander geschichteten Schiefersteinen bis hin zu einer glatt verputzten Betonwand. In ihrer Gestaltung kommen die verschiedenen Stile zum Ausdruck. Eine weiß gekalkte Mauer versprüht mediterranes Flair, während eine Mauer aus unterschiedlich großen Steinen rustikal und ursprünglich wirkt und sich besonders für einen ländlich inspirierten Garten eignet. Mauern betonen die Höhe im Garten und schaffen Kontraste, die zwischen den natürlichen Formen der Pflanzen zum Ausdruck kommen. Hier führt ein Nebeneinander von harten und weichen Elementen immer wieder zu spannenden Bildern.

Die Errichtung einer Mauer ist häufig mit baurechtlichen Belangen verbunden. Ist sie an einer Grundstücksgrenze vorgesehen, müssen die gesetzlich vorgeschriebenen Grenzabstände berücksichtigt werden. Hierzu geben die Nachbargesetze der einzelnen Bundesländer weitere Informationen. Die beste Lösung: Man einigt sich mit seinem Nachbarn und baut eine gemeinsame Mauer direkt auf der Grundstücksgrenze. So genießen beide Sichtschutz.

Hinter hohen Mauern befindet sich, ganz zurückgezogen, dieser kleine Garten. Durch die Gestaltung mit Immergrünen und in Form geschnittenen Gehölzen gibt es innerhalb der Grenzen reichlich Abwechslung.

Hecken gliedern und markieren

Hecken schaffen im Gegensatz zu Mauern eine weiche und sehr wandlungsfähige Begrenzung, vor allem dann, wenn Laub abwerfende Gehölze zum Einsatz kommen. Geschnitten und entsprechend ausgerichtet, können sie die Form einer rechteckigen Rasenfläche unterstreichen oder eine Böschungskante betonen. Hecken werden nach Wuchsform und Pflege in zwei Gruppen unterteilt: die **frei wachsende** und die **regelmäßig zu schneidende Hecke.** Während frei wachsende Hecken hauptsächlich aus Wild- oder Ziergehölzen wie Schlehe, Feld-Ahorn oder Weißdorn bestehen und viel Platz in Anspruch nehmen, verwendet man für geschnittene Hecken Pflanzen wie Rotbuche, Eibe oder Liguster. Frei wachsende Hecken benötigen eine Breite von etwa 3 m bei einer Wuchshöhe von 3–5 m, einer geschnittenen Hecke genügt ein schmaler Pflanzstreifen von 0,6–1,00 m, bei einer Höhe von bis zu 2 m.

Frei wachsende Hecken eignen sich nicht für einen kleinen Garten. Daher kommen nur geschnittene Hecken aus Laub- und Nadelgehölzen sowie Immergrünen in Frage. Sie müssen mindestens einmal im Jahr zurückgeschnitten werden. Diese Formbarkeit hat allerdings viele Vorteile: So können die Oberkanten schnurgerade, aber auch sehr kunstvoll wellenförmig oder zu einem Zackenmuster gestaltet werden. Allerdings sollte man bedenken, dass ein ungewöhnlicher Abschluss der Heckenoberkante mit dem Gesamtbild des Gartens harmonieren muss. Manche Heckenpflanzen wie Eibe, Buchsbaum oder Liguster lassen sich relativ schmal halten und eignen sich daher besonders gut für einen kleinen Garten. Bei einer Höhe von etwa 1,20–1,40 m kann man sie auf eine Breite von 30 cm schneiden. Besonders dort, wo ein Raum stark begrenzt ist und sich ein Zaun zu starr und leblos darstellen würde, ist eine natürliche immergrüne Grenze genau die richtige Wahl. Mit ihren tiefgrünen Nadeln bildet beispielsweise eine Eibenhecke einen herrlichen Kontrast zu lebhaft bunten Stauden und dem hellen Grün einer Rasenfläche; zudem verleiht sie dem Garten auch im Winter Lebendigkeit.

Durch die Spiegel am Zaun hat man das Gefühl, wie durch Fenster in die Landschaft zu blicken. Diese Illusion fesselt das Auge und lenkt von der starren Grenze ab.

Zäune trennen und verbinden

Es gibt Zäune aus Gusseisen, Edelstahl, Zink oder Holz. Je nach der Architektur des Wohnhauses sollte die Gestaltung des Zaunes schlicht, verschnörkelt, filigran, ländlich oder verspielt ausfallen. Ein Holzzaun aus senkrechten Latten kann zum Beispiel in einem dörflichen Garten die Verbindung zur angrenzenden Landschaft bilden. Ein schmiedeeiserner Zaun auf einer Sockelmauer eignet sich für eine Reihenhaussiedlung. Ein Zaun mit vertikalen Edelstahlstreben passt gut zu einem modernen oder architektonischen Garten. Natürlich kann man sich auch an den Nachbargärten orientieren oder sich dort Anregungen holen. Berücksichtigen sollte man immer die Proportionen wie Höhe und Breite, die Anordnung der Latten oder Streben sowie die Art der Konstruktion und natürlich das Material.

Gartenräume mit Hecken gestalten				
Name	**Wuchshöhe (in m)**	**Wuchsbreite (in cm)**	**Eigenschaften**	**Pflege**
Raumbildende hohe Hecken				
Blutbuche *Fagus sylvatica* 'Atropunicea'	1,20–4	30–100	Blätter schwarzrot, glänzend, Herbstfärbung gelbbraun bis orange	alle Gartenböden; Rückschnitt im August, im Winter Verjüngungsschnitt
Eibe *Taxus baccata*	1–1,50	30–100	immergrün, dicht, langsam wachsend, leicht zu formen, verträgt kräftigen Rückschnitt	feuchte, nährstoffreiche Böden, Rückschnitt im September
Hainbuche *Carpinus betulus*	2–4	30–100	sommergrün, Laub bleibt bis zum Austrieb im Frühjahr, schnellwüchsig, verträgt kräftigen Rückschnitt	Rückschnitt im August, Verjüngungsschnitt im Winter
Lebensbaum *Thuja occidentalis, Thuja pilicata* 'Atrovirens'	1,50–5	30–100	immergrün, schnellwüchsig, verträgt keine Trockenheit im Winter	feuchte, nährstoffreiche Böden, Rückschnitt im September
Liguster *Ligustrum vulgare* 'Atrovirens'	1,20–4	30–100	wintergrün, Blätter metallisch glänzend, im Winter violettbraun, kompakter Wuchs	alle Gartenböden, sehr anpassungsfähig, Rückschnitt im Sommer
Rotbuche *Fagus sylvatica*	1,20–4	30–100	sommergrün, gedeiht im Schatten von Bäumen, ideal für Torbögen	alle Böden, Rückschnitt im August, im Winter verjüngen
Scheinzypresse *Chamaecyparis lawsoniana*	1,50–4	30–100	schnell wachsend, in unterschiedlichen Grüntönen erhältlich	feuchte, nährstoffreiche Böden, Rückschnitt im September
Raumbildende mittelhohe Hecken				
Buchsbaum *Buxus sempervirens* var. *arborescens*	0,50–1,50	20–40	immergrün, wächst langsam, verträgt Trockenheit im Sommer	kalkhaltige Böden, Rückschnitt im September, Verjüngungsschnitt im Winter
Feld-Ahorn *Acer campestre*	1–3	30–100	sommergrün, Laub abwerfend, frosthart und windfest	kalkreiche, nicht zu feuchte Lehmböden, Schnitt im August
Stechpalme *Ilex aquifolium*	1–2,50	30–100	immergrün, Blätter glänzend, dornig-gezähnt	lehmige und sandige Böden; Schnitt im September mit der Handschere

Gartenräume mit Hecken gestalten (Fortsetzung)				
Name	**Wuchshöhe (in m)**	**Wuchsbreite (in cm)**	**Eigenschaften**	**Pflege**
Kirschlorbeer *Prunus laurocerasus*	1–2	40–100	immergrüne, glänzende Blätter, duftende weiße Blütenkerzen	lehmige und sandige Böden; Schnitt im September mit der Handschere
Kornelkirsche *Cornus mas*	1,20–2	30–100	sommergrün, Herbstfärbung gelblich bis orangerot	humose Lehm- und steinige Böden, Schnitt im Sommer
Liguster *Ligustrum vulgare*	1–2	30–100	sommergrün, robust, gedeiht im Schatten von Bäumen, rasch wachsende Art	trockene bis feuchte Böden; Rückschnitt im August
Weißdorn *Crataegus monogyna*	1,20–2	30–100	sommergrün, Herbstfärbung gelb	trockene bis feuchte Böden; Rückschnitt im August
Niedrige Hecken, Einfassungshecken				
Berberitze *Berberis thunbergii* 'Atropurpurea'	bis 0,60	bis 20	dichte, sommergrüne Hecke mit purpurnen Blättern, verträgt zeitweise Trockenheit	Rückschnitt im August, gelegentlich verjüngen
Böschungsmyrte *Lonicera pileata*	bis 0,80	bis 30	immergrün, tiefgrün glänzend, schattenverträglich	alle Gartenböden; Rückschnitt im Frühherbst
Buchsbaum *Buxus sempervirens* 'Suffruticosa'	0,30–1	15–30	immergrün, wächst langsam, verträgt Trockenheit im Sommer, langsam und gedrungen wachsend	kalkhaltige Böden; Rückschnitt im September
Zwerg-Liguster *Ligustrum vulgare* 'Lodense'	0,50–0,70	20–30	Blätter tiefgrün, im Winter bronzegrün	trockene bis feuchte Böden, sehr anpassungsfähig, Rückschnitt im Sommer

Ein Zaun bildet nur eine Barriere nach außen. Je nach Bauart und dem Material wirkt er im Vergleich zur dichten Mauer leicht und transparent. Setzt man zum Beispiel die Latten weit genug auseinander, kann die Umgebung wirkungsvoll in den Garten mit einfließen. Dieses Wechselspiel zwischen Abgrenzen und Einbeziehen ist besonders für kleine Gärten sinnvoll. Durch die optische Verbindung zur Umgebung wirkt er größer.

Breite horizontale Latten lassen den Blick über die ganze Länge des Grundstücks schweifen, während senkrechte Bretter diesen Eindruck leicht verzögern. Mit dem Variieren des Abstands der Planken kommt zudem ein ganz eigener Rhythmus ins Spiel. Der sich daraus bildende Schatten schafft einen reizvollen Nebeneffekt.

Man sollte den Zaun in seiner jeweiligen Materialbeschaffenheit belassen und auf Farben verzichten. Denn für Farbe sorgen die Pflanzen, die in jedem Garten ohnehin die Stars sind und vor einem schlichten Hintergrund am besten zur Geltung kommen. Deshalb sollte die äußere Begrenzung beispielsweise ein Staketenzaun aus imprägnierten und preisgünstigen Hölzern wie Fichte und Kiefer sein.

Besonders dekorativ wirken bewachsene Zäune. Gestaltungshinweise dafür finden Sie auf den Seiten 64 und 142.

Treppen und Stufen

Treppen öffnen den Garten und gewähren Zugang, sie stellen bei Höhenunterschieden nicht nur die Verbindung zwischen Haus und Garten her, sondern verbinden auch unterschiedliche Gartenebenen miteinander. Mit dem Wechsel der verschiedenen Geländeniveaus werden ganz unterschiedliche Ausblicke in den Garten ermöglicht. Die Betrachtungsebene verändert sich mit jedem Schritt, und so taucht der Besucher in verschiedene Räume mit ganz unterschiedlichen Stimmungen ein. Schon ein geringfügiger Niveauunterschied, sei es durch eine höher gelegte Terrasse oder ein abgesenktes Wasserbecken, erzeugt eine wirkungsvolle Spannung.
Das Erscheinungsbild einer Treppe wird vor allem durch das Material und die Ausführung der Stufen bestimmt. Als Material für den Außenraum eignen sich Naturstein, Ziegel, Beton, Holz und Stahl. Treppen sollten grundsätzlich möglichst breit und bequem zugänglich sein – nicht nur aus praktischen Gründen, sondern weil die Treppe an sich ein Gestaltungselement ist.
Stufe für Stufe erschließt sich dem Spaziergänger der Gartenraum. Manchmal genügen bereits wenige Schritte, um einen anderen Standpunkt einzunehmen und eine neue Perspektive auf den Garten zu gewinnen. Weil lange, durchgehende Treppen erdrückend wirken können, sollte man sie durch regelmäßige Absätze, so genannte Podeste, auflockern.

Höhen überwinden

Stufen verändern die Sicht des Betrachters auf den Gartenraum. Die starke waagerechte Gliederung von Stufen bildet einen hervorragenden Kontrast zu den weichen Konturen der angrenzenden Pflanzenbeete oder einer Rasenfläche. Der Rhythmus von Stufen wird von ihrer Bauart und dem Steigungsverhältnis bestimmt. Als Steigungsverhältnis bezeichnet man die Überwindung eines Höhenunterschiedes.
Ist insgesamt nur wenig Platz vorhanden, wirken Stufen oft unbequem und unsicher. Hat man dagegen eine großzügige Fläche zur Verfügung, kann man flache und tiefe Stufen anlegen, die bequem zu begehen sind. Natürlich bestimmen auch die zur Verfügung stehenden Materialien den Rhythmus und das Erscheinungsbild von Stufen. So wirken Blockstufen aus massivem Stein rustikal, stabil und wuchtig, Legstufen aus Auftrittsplatten auf einer Unterlage dagegen elegant. Der Schattenwurf der

Auf den Stufen der Treppe lassen sich jede Menge Kübelpflanzen unterbringen, und die Fassade bietet üppig blühenden Kletterrosen viel Platz zum Ranken. Dadurch erscheint die Fläche vor dem Haus größer als sie tatsächlich ist.

leicht überragenden Platte unterstreicht den linearen Effekt.
Mit einer oder mehreren Stufen kann man den Wechsel von Ebenen im Garten deutlich betonen und dem Besucher signalisieren, dass sich etwas verändert und ein anderer Raum betreten wird. Stufen sind also nicht nur dazu da, einen vorhandenen Höhenunterschied auszugleichen.

Optisch vergrößern

Bei einem ebenen Grundstück kann man sie bewusst als Gestaltungselement einsetzen, um mehr Spannung sowie eine stärkere räumliche Tiefe zu erzeugen und um den Garten optisch zu weiten. Allerdings dürfen Stufen die Bewegungsfreiheit nicht einschränken und sollten nur dann verwendet werden, wenn sie die Gartennutzer nicht behindern. Wichtig: Die Oberflächen sollten rau sein, Holz geriffelt, damit man an schattigen Plätzen nicht durch Moose oder Flechten, die darauf wachsen, ausrutscht.
Gerade in kleinen Gärten sollten einzelne Bereiche zumindest um eine Stufenhöhe voneinander abgesetzt werden. Der Gartenraum wirkt dadurch größer, reizvoller und weniger beengt als eine durchgehend ebene Fläche. Eine Holzterrasse etwa kommt erst richtig zur Wirkung, wenn sie ca. 15 cm über dem Rasen »schwebt«, und ein kleiner Sitzplatz wirkt reizvoller, wenn er eine oder drei Stufen erhöht angelegt wird. Mit versetzt übereinander angeordneten Holzdecks kann man ebenfalls mehrere Ebenen und einen zurückgezogenen Sitzplatz schaffen, der von hohen Blütenstauden umgeben ist. Dadurch entsteht ein besonderer Ort.

Über zwei Stufen gelangt man in einen anderen Gartenbereich. Dadurch wird der Garten abwechslungsreich und man hat das Gefühl, mehrere Räume zum Durchwandeln zu haben.

Ein Garten am Hang

Von einem Garten am Hang spricht man dann, wenn Ebenen zur Nutzung von Pflanzbeeten oder Sitzplätzen nur durch Geländeeinschnitte und Aufschüttungen entstehen können. Um das Gelände zu begehen und es zum Beispiel für ein Wasserbecken nutzbar zu machen, müssen Stützmauern gebaut werden. Dadurch ergeben sich zwangsläufig Treppen, Stufen oder Rampen.
Ein Garten am Hang hat viele Vorteile und bietet individuelle Chancen für die Gestaltung. Durch die Höhensprünge werden perspektivische Wechsel erzeugt, die je nach Standort und Bewegungsrichtung die räumliche Wahrnehmung des Gartens verändern.
Ein kleiner Garten am Hang stellt immer eine besondere Herausforderung dar, denn hier ist alles anders als in der Ebene. Das Geländerelief macht den Hanggarten zu einem unverwechselbaren Ort. Die ausgeprägte Höhenstaffelung ermöglicht interessante Gestaltungsthemen und bietet Plätze für spezielle Pflanzenarten. Die Pflanzen dafür müssen allerdings nicht nur ausdauernd und langlebig sein, sondern auch ein weit und tief reichendes Wurzelsystem entwickeln können, um mit einem feinmaschigen Netz von Wurzeln den Boden zu durchdringen und dadurch das Gelände im Laufe der Zeit zu stabilisieren. Neben dem ästhetischen und gestalterischen Aspekt dient die Bepflanzung vorwiegend der Sicherung des Hanges.
Über Treppen, Stufen und Rampen kann ein Hang erschlossen werden. Auch Rasenstufen sind möglich, die das Gelände weich abgestuft erscheinen lassen. Holzdecks eignen sich ebenfalls für eine Terrasse am Hang; sie müssen allerdings auf entsprechend hohen Pfosten und Balken errichtet werden.

Wasser

Gartenkunst bedeutet immer auch, etwas zu inszenieren, und kein anderes Element wird so leidenschaftlich und aufwendig inszeniert wie Wasser. Die Gärten der Villa d'Este in Tivoli bei Rom gelten als Paradebeispiel für die kunstvolle Präsentation von rauschendem Wasser. Früher diente dieses Schauspiel der Selbstdarstellung seines Besitzers. Bis heute plätschert es hier aus zahlreichen Springbrunnen und ergießt sich donnernd in Kaskaden. Wasser fasziniert die Menschen seit je und zieht sie magisch an. Ob sprudelnd, gurgelnd oder einfach still – Wasser erfrischt und belebt in jeder Form die Sinne und den Garten. Besonders an heißen Sommertagen ist das kühle Nass ein willkommender Genuss. Bereits der Anblick einer ruhigen Wasserfläche genügt, um sich erfrischt zu fühlen. Zudem gleicht eine große Wasserfläche einem Spiegel; manchmal sieht man die Wolken, und manchmal glitzern die Sonnenstrahlen darin.

Miniteiche

Wasser ist ein beliebtes und wichtiges Element in der Gartengestaltung. Deshalb sollte man auch dort, wo wenig Platz vorhanden ist, nicht auf Wasser verzichten. Denn die reflektierende Oberfläche wirkt beruhigend, holt das Licht in den Garten und erzeugt die Illusion eines weit größeren Raumes. Ist der Garten winzig, passt ein Wassergarten in Miniaturformat auch in eine schattige Ecke auf der Terrasse. Und wer möchte, kann den Bottich mit schönen Seerosen bepflanzen. Aber auch ohne Pflanzen lassen sich herrliche Effekte erzeugen. So bringen Springbrunnen, Wasserspiele und Quellsprudler mit sprudelndem und plätscherndem Wasser eine besondere Stimmung in den Garten.
Bewegtes Wasser beruhigt die Seele und verleiht einem Ort mit seinem herrlichen Glitzern sowie dem Versprühen feinster Wassertropfen Lebendigkeit und einen ganz besonderen Charme. Es kann in hohem Bogen in die Höhe schießen und eine Fontäne bilden oder aus speienden Figuren strömen – das macht es so einzigartig.

Die ruhige Wasseroberfläche wirkt wie ein Spiegel, in dem sich Himmel und Umgebung abbilden. Dadurch hat man das Gefühl, sich in einem weitaus größeren Raum zu befinden als es tatsächlich der Fall ist.

Still und beruhigend

Aber auch ruhendes Wasser hat seinen ganz besonderen Reiz. Ein schmales Wasserbecken kann einen länglichen Garten strecken und ihn optisch größer wirken lassen. Wasserrinnen fügen sich selbst auf kleinstem Raum ein. Gut platziert, können sie die Form eines schmalen Gartens hervorheben und ihn damit erweitern. Eingefasst in Edelstahl oder Stein, unterstreicht ein Wasserband eine klare Linienführung. Hierfür eignen sich Pflanzen mit einem straff aufrechten Wuchs wie *Iris sibirica*, die den architektonischen Charakter dieses Gestaltungselementes stark hervorhebt. Für einen natürlich angelegten Bachlauf eignet sich dagegen ein üppiger Bewuchs mit Wasser begleitenden Stauden wie Sumpfdotterblume *(Caltha palustris)*, Blumenbinse *(Butomus umbelatus)* und Blutweiderich *(Lythrum salicaria)*, die den ländlichen Charakter betonen.

Bewegt und lebendig

Wasser in Bewegung besitzt eine enorme Faszination. Das Sprudeln, Plätschern und Gurgeln bringt Lebendigkeit in jeden noch so kleinen Garten. Wasserstellen an einer Mauer sind besondere Blickfänge, vor allem wenn entsprechende Pflanzen die Atmosphäre unterstreichen. Wo nicht ausreichend Platz zur Verfügung steht, sollte man sich für eine schlichte und zurückhaltende Bepflanzung entscheiden. Dafür empfehlen sich vor allem Kletterpflanzen wie Efeu oder Wein. Sie haben nicht nur eine optisch reizvolle Wirkung, sondern eignen sich auch sehr gut zum Kaschieren von Rohren und Leitungen.

Einen Platz für einen Wandbrunnen findet sich immer. Am besten in einer kleinen Gartennische und mit Pflanzen umrahmt.

Ein Wandbrunnen an einer schönen Natursteinmauer sieht immer gut aus. Er ist zwar keine Zapfstelle für frisches Trinkwasser oder zum Gießen der Pflanzen, erzeugt aber mit seinem Plätschern eine angenehme Atmosphäre im Garten. Dafür muss man den Brunnen lediglich mit Wasser befüllen und eine Tauchpumpe installieren, um einen geschlossenen Wasserkreislauf herzustellen, wozu wiederum ein Stromanschluss nötig ist. Über einen Schalter stellt man die Pumpe dann je nach Bedarf an und füllt regelmäßig Wasser nach.

Mittelpunkt im Garten

Nicht nur am Ende einer Sichtachse oder an einer Wegekreuzung stellt ein Brunnen immer einen besonderen Blickfang im Garten dar. Auch eine Nische in einer Hecke, die seitlich von Kübelpflanzen eingerahmt wird, bildet ein stilvolles Ambiente für einen Springbrunnen. Ein Springbrunnen mit Fontäne ist ein echter Klassiker. Heiter klingt das Plätschern des Wassers, wenn es in die Brunnenschale fällt. Ist diese voll, läuft es über den Rand und rieselt in feinen Tropfen zu Boden, wo es zwischen den leicht benetzten Kieselsteinen hindurchrinnt und versickert. Danach muss es wieder nach oben gepumpt werden, um aus der Fontäne erneut aufsteigen zu können.

Ein Springbrunnen bildet häufig den Mittelpunkt eines Gartens und sollte daher an einem besonderen Platz stehen. Als klassischer Standort bietet sich eine kleine Rasenfläche an, die von hohen Stauden umgeben wird. Ein kleiner Brunnen mit Pumpenschwengel wirkt sehr nostalgisch und ist ein geeignetes Accessoire für einen naturnah gestalteten Garten. Er findet in der Nähe eines Gartenhauses, aber auch in einer schattigen Ecke unter einer Baumkrone einen geeigneten Platz. Hier kann man herrlich entspannen und dem Wasser nah sein. Wer auf Wasser im Garten nicht verzichten möchte, jedoch aus Sicherheitsgründen und mit Rücksicht auf Kinder keine offene Wasserfläche haben will, sollte sich für einen Sprudelstein entscheiden. Das Wasser lässt sich auch so herrlich genießen, denn man kann es sehen, hören und fühlen – ohne Gefahr für kleine Kinder. Sprudelsteine lassen sich jedoch nicht auf einem Balkon realisieren, denn sie benötigen ein unterirdisches Wasserbecken.

Möglichkeiten für Wasser in kleinen Gärten

- Miniwassergärten in Kübeln
- Wandbrunnen
- Quellsteine
- Brunnentröge
- Vogeltränken

Pergolen und Bögen

Pergolen und Bögen sind zur Strukturierung eines kleinen Gartens gut geeignet, denn sie verbinden, trennen und geben dem grünen Raum Volumen und Höhe. Vor allem in den sonnigen Monaten des Jahres ermöglichen sie das Spiel mit Licht und Schatten. Sie bilden Tunnel, an deren Ende sich ein Lichtpunkt oder ein besonderer Blickpunkt befindet.

Durchblicke schaffen

Mit einer Pergola kann man eine Aussicht hervorheben oder den Blick über eine Wegachse, die durch einen Garten führt, zu einem Aussichtspunkt lenken. Ihre Stützen und Balken bilden quasi den Rahmen, der das dahinter liegende Motiv einer Landschaft hervorhebt. Auf der Terrasse fühlt man sich unter dem Dach einer Pergola geborgen. Hier findet man Schutz vor intensiver Sonne und neugierigen Blicken. In einem neu angelegten Garten schafft eine Pergola bereits eine angenehme Atmosphäre, auch wenn die Pflanzen noch sehr klein sind und die Stützen und Balken noch nicht umschlungen haben.

Bögen schmücken Eingänge und Übergänge. Sie schaffen reizvolle Durchblicke und ermöglichen das genussvolle Wandeln durch die grünen Räume. Bögen markieren Übergänge zwischen verschiedenen Gartenteilen wie Vor- und Hauptgarten oder Gemüse- und Ziergarten. Dabei vermitteln sie Einblicke in den Garten und Ausblicke in die Landschaft und machen eine interessante Gliederung des Gartens möglich.

Die Stützen der Pergola geben Pflanzen Halt zum Emporranken und schaffen Durchblicke auf interessante Gehölze im Garten.

Im kühlen Schatten

Im alten Ägypten zog man an Pergolen Weinreben und nutzte sie als schattige Durchgänge zum Haus. Heute wachsen häufig Wilder Wein und duftende Kletterpflanzen an ihren Sprossen. Berankte Pergolen sind ein beliebtes Gestaltungselement und laden zu heiteren Aufenthalten im Garten ein. Überspannt eine Pergola eine Terrasse am Haus, wird dieser luftige Raum, besonders an warmen Tagen, zum erweiterten Wohnzimmer.

Eine Pergola verbindet das Haus mit dem Garten, spendet kühlen Schatten oder überdacht einen Sitzplatz unter freien Himmel. Im Grunde besteht sie nur aus einem einfachen Gerüst aus Holz oder Stahl; erst mit den schlingenden Pflanzen entwickelt sich im Laufe der Jahre ein geschlossenes Dach aus zahlreichen Blüten und Blättern, das ein schattiges Plätzchen in den Sommermonaten bereithält.

Die Pergola kann ein architektonisches Rückgrat im Garten bilden. Führt sie vom Haus aus über einen Weg durch den Garten, entsteht ein linear ausgerichteter Innenraum. Betont sie dagegen das Ende des Grundstücks, wirkt ihr Volumen als Raumkante und setzt deutliche Grenzen. Ursprünglich lag der Zweck einer Pergola vor allem in der Schaffung eines angenehm beschatteten Weges. Sie ist daher auch ein wichtiges Element des mediterranen Gartens. Wein und Kletterrosen bilden seither den traditionellen Bewuchs; erst später kamen andere Rankpflanzen wie Blauregen *(Wisteria sinensis)* oder Geißblatt *(Lonicera caprifolium)* hinzu.

Befindet sich eine Pergola am äußeren Ende des Gartens, wird der Blick automatisch auf die dahinter liegende Landschaft gelenkt und somit in den Garten einbezogen. Dadurch entsteht Weite. Eine Pergola sollte eine Höhe von mindestens 250 cm (ohne Berankung) haben, damit man unter dem Dach leicht hindurchschauen kann, aber auch Platz hat, um in einem großzügigen Raum entspannen zu können.

Ein- und Ausblicke gewähren

Er gehört einfach in jeden kleinen und romantischen Garten: der Rosenbogen. Ein mit zauberhaften

Kletterpflanzen für kleine Gärten				
Name	**Blütezeit**	**Wuchshöhe (in m)**	**Standort**	**Bemerkungen**
Anemonen-Waldrebe *Clematis montana* 'Rubens'	Mai/Juni	bis 8	Sonne bis Halbschatten	rosa Blüten erscheinen am Holz, außerordentliche Fülle, benötigt Kletterhilfe
Chinesischer Blauregen *Wisteria sinensis*	Mai/Juni	8–15	Sonne bis Halbschatten	violettblaue Traubenblüten, erscheinen vor den Blättern, duftend, Früchte giftig! Stabile Kletterhilfe erforderlich
Efeu *Hedera helix*	–	8–10	sonnig bis schattig	immergrün, verträgt tiefen Schatten, frosthart, Haftwurzler, keine Kletterhilfe nötig
Fingerblättrige Akebie *Akebia quinata*	April/Mai	6–10	sonnig bis halbschattig, geschützte Lage	violettbraune Blüten, duftend, starker Schlinger stabile Kletterhilfe!
Geißblatt *Lonicera × brownii* 'Dropmore Scarlet'	Juni–Oktober	2–5	lichter Schatten bis Halbschatten	leuchtend rote Röhrenblüten, sehr frosthart, benötigt Kletterhilfe
Hopfen *Humulus lupulus* 'Aureus'	Juli/August	5–20	sonnig bis schattig	Laub abwerfend, goldgelbe Blätter, einjährige Pflanze, Kletterhilfe!
Kiwi *Actinida chinensis*	Juni	über 7	sonnig, geschützte Lage	cremeweiße Doldenblüten, Kiwifrüchte ca. 5 cm lang, benötigt Kletterhilfe, reichlich wässern
Kletter-Hortensie *Hydrangea petiolaris*	Mai/Juni	bis 7	halbschattig bis schattig	weiße Blüten, verträgt tiefen Schatten, Haftwurzler, daher keine Kletterhilfe nötig
Kletterrosen			sonnig bis halbschattig	Kletterhilfen notwendig
'New Dawn'	Juni–August	3–4		weißlich-rosa Blüten
'Sympathie'	Juni–August	3–4		samtig dunkelrote Blüten
'Veilchenblau'	Juni–Oktober	bis 5		purpurviolette Blüten, duftend
Prunkwinde *Ipomoea purpurea*	Juli–Oktober	2–3	sonnig bis halbschattig	violette Schalenblüten, Spalier oder Spanndrähte nötig
Trompetenblume *Campsis radicans*	Juli–September	bis 10	sonnig, geschützte Lage	orange Röhrenblüten, ca. 7 cm lang, Haftwurzler, keine Kletterhilfe nötig
Wilder Wein *Parthenocissus quinquefolia*	–	8–15	sonnig bis halbschattig	Laub abwerfend, rotes Herbstlaub, Haftwurzler, keine Kletterhilfe erforderlich

Blüten umrankter Bogen ist die liebenswürdigste Geste, Besucher zu begrüßen. Bögen sollten immer auffällig, imposant und so großzügig gestaltet sein, dass man einfach und bequem zu zweit darunter hindurchgehen kann. Dabei dürfen sie nicht die Grenzen eines kleinen Gartens sprengen, sondern müssen sich wohl proportioniert einfügen. Am reizvollsten wirken Rosenbögen mit duftenden Kletterrosen.

Man kann Bögen auch unbepflanzt lassen. Aus einem Material mit schöner Oberfläche gestaltet, werden sie zu architektonischen Elementen, die einen Kontrast zu den weicheren Formen der Pflanzen bilden. Setzt man mehrere Bögen hintereinander und berankt sie mit Klettergewächsen, entsteht ein Laubengang, der einen Weg beschattet und zu einem schönen Ort am Ende des Gartens führt. Bögen können auch mit Heckenpflanzen gestaltet sein. In einer Hainbuchenhecke bildet der Bogen das Tor zum Garten oder signalisiert im Vorgarten den Eingang zum Wohnhaus. Am Ende des Gartens gelegen, lenkt der Heckenbogen den Blick in die umgebende Landschaft. Ein Bogen aus Holz mit Rosen berankt, kann einen Sitzplatz überspannen. Bögen sollten stets so breit sein, dass man sie bei der Gartenarbeit auch mit einer Schubkarre oder einem Rasenmäher mühelos durchfahren kann. Eine Breite von mindestens 1,50 m sowie eine Höhe von mindestens 2,20 m sind empfehlenswert. Der Bogen kann aus Holz, Stein oder Gusseisen geformt sein. Bei einer schlichten Konstruktion sollte man viel Wert auf Kletterpflanzen legen, die üppig wachsen und zahlreiche Blüten ausbilden, damit der Bogen fast das ganze Jahr berankt ist. Hierfür eignen sich Kletterrosen, aber auch Blauregen und Klettertrompete *(Campsis radicans)*. Bögen aus verzinktem Eisen werden aus Rund- oder Flacheisen in gebogener Form hergestellt und wirken luftig, romantisch und verspielt. Holzkonstruktionen dagegen gibt es in der Regel nur aus Rund- und Kanthölzern. Hierbei muss ein Abstand zum Boden von mindestens 5 cm eingehalten werden, damit das Holz nicht von unten aufweicht und fault. Sollen Bögen von Kletterrosen oder Brombeeren berankt werden, müssen sie leiterartige Querbalken als Rankhilfe haben, damit sich die Pflanzen leichter hindurchweben können.

Ähnlich wie ein Tor markiert der mit Rosen berankte Bogen den Eingang zum Garten. Von hier aus führt er die Besucher auf dem Weg vorbei an Staudenbeeten und Gehölzen hinüber zum Sitzplatz am Haus.

Sichtachsen und Wege

Auch ein kleiner Garten sollte stets so angelegt sein, dass er seinem Besucher immer Überraschungen bietet. Es geht hauptsächlich darum, das Auge zu fesseln und das Interesse zu wecken. Diese Art der Komposition ist enorm wichtig für die Gestaltung jedes Gartens und erfordert einen bewussten Umgang mit Räumen, Flächen und Gegenständen, um etwas Aufregendes zu kreieren.

Den Blick lenken

Lange Aussichten mit schmalen Blickfeldern strecken einen kleinen Garten und bestimmen seinen Rhythmus. Achsen, die den Blick lenken oder den Besucher durch einen Garten führen, sind Gestaltungselemente, die man nicht greifen kann, die aber dennoch wichtiger Teil der Gesamtkomposition sind. In der einfachsten Form kann dies ein Trampelpfad sein, der über die Rasenfläche zu einem entfernt liegenden Sitzplatz führt, es können aber auch mehrere Stufen sein, die verschiedene Gartenbereiche miteinander verbinden.

Anfang und Ende

Achsen haben immer einen eindeutigen Anfang, in der Regel am Haus oder von einem Zimmer aus beginnend, sowie ein Ende, das sich auf dem Grundstück befindet. Je nach dem Umfeld des Gartens kann dieser Fixpunkt jedoch auch in der sich daran anschließenden Landschaft liegen, etwa ein alter Baum auf einem Hügel.

Der schmale Weg ist gleichzeitig Sichtachse. Dadurch wird der Blick vom Garten auf den Sitzplatz am Haus gelenkt.

Achsen verbinden oder trennen. Sie können aus Pflanzen – beispielsweise einer Baumallee oder zwei parallel verlaufenden Hecken – bestehen, aber auch gebaut sein, wie etwa ein Laubengang oder ein Wasserband.
Hat man nur ein kleines Gartengrundstück, gilt es, den verfügbaren Raum bestmöglich zu nutzen. Gerade weil die Fläche begrenzt ist, sollte man – sofern es das Umfeld zulässt – auch die unmittelbare Umgebung mit in das Blickfeld einbeziehen. Das kann ein interessanter Baum in Nachbars Garten ebenso sein wie der Blick in die bewaldete Landschaft.
Wo auch immer sich eine geeignete Ansicht oder ein reizvoller Ausblick bietet, sollte dies genutzt und für das Auge zu einem Teil des Gartens werden. Gibt es keine attraktive Aussicht, kann man dies kaschieren: durch geschickt platzierte Elemente wie etwa eine Reihe mit Bambuspflanzen, die auf der Terrasse Sichtschutz bieten, oder eine berankte Pergola über einem Sitzplatz, die neugierige Blicke aus den darüber liegenden Fenstern abschirmen.
Überprüft werden sollte auch immer die Möglichkeit, den eigenen Garten mit dem des Nachbarn zu verbinden. Ideal ist es, wenn beide Parteien Interesse und Freude daran haben, dass sich die Grenzen auflösen und man nicht gleich auf den ersten Blick erkennt, wo der jeweilige Garten endet. Zu diesem Zweck kann man locker verteilt Sträucher mit kleinen Durchlässen pflanzen oder ein schmales Rosenbeet anlegen.

Der berankte Laubengang betont die vom Garten zum Wohnhaus ausgerichtete Wegeachse. Dadurch schweift der Blick nicht ab, sondern wird auf das Haus gelenkt.

Wegachsen

Wegebeziehungen sind notwendig, um einen Garten erlebbar zu machen. Zum vollständigen Raumerlebnis gehört aber auch das Spiel mit Kontrasten aus hell und dunkel, sonnig und schattig, nah und fern, oben und unten. Über einen Weg, der unter einer schattigen Baumkrone hindurch zu einem Blumenbeet führt und als Treppe fortgesetzt in einer Rasenfläche endet, wird der Garten mit allen Sinnen wahrgenommen.
Jeder Weg ist eine gebaute Achse, eine Verbindung zwischen zwei Punkten, die auch nur angedeutet sein können, etwa ein kurz gemähter Rasenpfad in einer Blumenwiese. Um eine größere Raumwirkung zu erzeugen, kann man einen Weg bewusst trichterförmig (konisch) ausbilden. Zu Beginn relativ breit, wird der Weg zum Ende hin immer schmäler. Wird er zusätzlich mit Stahlschienen eingefasst, erscheinen diese wie Gleise, die auf einen Punkt in der Ferne zu führen. Pflanzt man seitlich hohe Hecken, wird diese axiale Wirkung noch verstärkt: Aufgrund des verdunkelten und verengten Raumes wird die Spannung für den Spaziergänger gesteigert, der am Ende des Weges etwas Geheimnisvolles erwartet.
Die bekannteste Form einer Achse ist die klare Sicht und die Führung zu einem bestimmten Punkt, ohne zwischendurch auf Hindernisse zu stoßen oder durch Überraschungen abgelenkt zu werden. Der Blick wird konsequent in zwei Richtungen geführt – auf das Haus bzw. in die Landschaft. Wege müssen nicht immer schnurgerade verlaufen, auch ein geschwungener Pfad kann sehr reizvoll zu begehen sein. In einem kleinen Garten ist die klare Linienführung jedoch am besten geeignet, geht es hier doch vor allen Dingen darum, den begrenzten Raum mit Hilfe der Perspektive

zu erweitern. Neben dem Verlauf der Wegachse spielt der Bodenbelag eine entscheidende Rolle. Kies oder einfach verlegte Natursteinplatten mit dezenten Farben wirken zurückhaltend. Sie lenken nicht ab, sondern bilden eine angenehme Fläche, um die Richtung zu weisen und auf das anvisierte Ziel hinzuführen.

Bepflanzte Achsen

Alleen und Hecken werden in der Gartenkunst als bewährte Gestaltungsmittel eingesetzt und verleihen auch dem kleinsten Gartenraum eine Struktur. Als Führungslinie und Schattenspender zugleich sind die gepflanzten Achsen multifunktional. Abgestimmt auf die Größe des Gartens, sind hier natürlich andere Alleebäume einzusetzen als in der freien Landschaft. Doch bei der richtigen Gehölzauswahl und einem regelmäßigen Rückschnitt der Baumkronen kann auch in einem kleinen Garten eine Allee realisiert werden. Hierfür eignen sich kleinwüchsige Arten wie der Kugel-Tulpenbaum *(Catalpa bignonioides* 'Nana').
Die Allee in einem kleinen Garten ist im Gegensatz zu einer Parkanlage auf die räumliche Wirkung ausgelegt. Bei längeren Alleen sollten die Reihen daher nicht parallel, sondern konisch zusammenlaufen, um die Entfernung und die Länge stärker zu betonen und den Garten zu strecken.

Bodenbeläge

Befestigte Plätze und Wege sind wichtig für jeden Garten. Bei der Wahl der Materialien sollte man gerade bei kleineren Grundstücken besonders auf interessante Linienführungen sowie Proportionen achten – und diese sinnvoll umsetzen.
Hartes Material besitzt viele Vorzüge. Mit Struktur und natürlichen Farben bildet es einen dezenten Kontrast zu den sanften Formen der Pflanzen. Und eine gelungene Gestaltung hängt stets von einer Kombination von weichen und harten Elementen bzw. Belägen ab. Die Qualität der Materialien sowie deren Oberfläche spielt eine wichtige Rolle in einem kleinen Garten, wo es darum geht, eine möglichst zurückhaltende, aber großzügige Fläche herzustellen. Hierfür kommen vor allem Natursteine und Hölzer in Frage. Sie bleiben über einen langen Zeitraum attraktiv, stabil und erfüllen ihre Funktion.

Ziegel und Klinker

Ziegelsteine werden in warmen Rottönen angeboten. Das Material ist porös und wasserdurchlässig, dadurch wirken die Steine weich. Ihre Oberflächen überziehen sich

Der Bodenbelag aus rötlichem Ziegel sowie das lebendige Muster der Steine erzeugen im Zusammenspiel mit der Bepflanzung ein stimmungsvolles Ambiente.

Große Platten aus Sandstein sind ein geeigneter Bodenbelag, um mit Pflanzen und Accessoires die romantische Idylle eines Landhausgartens zu unterstreichen.

mit der Zeit mit einer dünnen Moosschicht, was interessant aussehen, jedoch bei Nässe sehr rutschig werden kann. Ziegelsteine können so verlegt werden, dass – je nach Art des Materials und des Verlegemusters – ein relativ geordneter, jedoch lebendiger Eindruck entsteht. Klinkersteine werden im Vergleich zu Ziegelsteinen bei höheren Temperaturen gebrannt. Das Material ist daher dichter und härter als Ziegel und nimmt auch keine Feuchtigkeit auf. Die Steine haben eine glatte Oberfläche und sind häufig in dunklen Farben wie etwa beige oder schwarz-purpurn erhältlich. Einige Materialien wie Sandstein kann man innerhalb eines Verbandes sehr gut mit Ziegelsteinen mischen. Solche Flächen wirken äußerst lebendig und sind ideal für einen schmalen Weg durch ein Blumenbeet.

Naturstein

Naturstein ist in vielen Farben und mit ganz unterschiedlichen Oberflächenstrukturen erhältlich – von Sandstein bis Granit. Der Farbton kann je nach Gesteinsart oder sogar innerhalb eines einzelnen Steins unterschiedlich ausfallen. Eine Fläche aus Natursteinplatten wirkt daher sehr natürlich und lebhaft. Weiche Steine wie Sandstein oder Schiefer sind durch die unterschiedliche Verwitterung häufig besonders attraktiv. Andere Steine wie zum Beispiel Granit und Quarzit besitzen glitzernde Einschlüsse. Naturstein eignet sich hervorragend für Trittplatten, die man locker in den Rasen verlegt. Kopfsteinpflaster wirkt zwanglos, man kann die Ränder unregelmäßig gestalten und es bis in die bepflanzten Beete auslaufen lassen. Das Pflaster aus Naturstein ist relativ leicht zu verlegen und eignet sich für Wege, Zufahrten und Terrassen oder Innenhöfe. Es sollte immer in einem Verband verlegt sein, umso stabiler und langlebiger ist die Fläche.

Tipp

Naturstein ist ein langlebiges Material, aber leider relativ teuer. Künstliche Steine aus Beton sind erheblich preisgünstiger und sehen in den Steinfarben Granit oder Sandstein oftmals täuschend echt aus.

Beton

Beton ist eine Mischung aus Zement, Sand und Kies, die in Verbindung mit Wasser dickflüssig ist und sich in fast jede Form gießen lässt. Häufig wird Beton als langweilig abgestempelt, muss aber nicht immer mausgrau aussehen. Durch Zusatzstoffe können verschiedene Effekte erzielt werden, und durch die Zugabe von speziellen Pigmenten wird die Farbe verändert.

Eine interessante Struktur entsteht durch Wegwischen oder Abwaschen der feinen Bestandteile kurz vor dem Erstarren, sodass die enthaltenen Steine an der Oberfläche sichtbar werden. Man kann die Oberfläche glatt trocknen lassen oder raut sie auf, indem man mit einem Besen über den frischen Beton streicht. Raue Oberflächen setzen mit der Zeit und bedingt durch die Feuchtigkeit eine grünliche Patina an.

Holz

Holz ist ein natürliches und sehr vielseitiges Material. Es ist ein ideales Gestaltungselement für den Garten und für ganz unterschiedliche Zwecke geeignet. Da Holz leicht zu verarbeiten ist, eignet es sich hervorragend als Terrassenbelag. Damit ein Holzdeck lange hält, sollten Unterkonstruktion sowie der Belag aus Harthölzern wie etwa Eiche, Lärche oder Tropenholz bestehen. Preisgünstiger sind imprägnierte Hölzer wie Kiefer und Fichte. Egal, welche Farben die Hölzer bei der Verarbeitung haben, mit den Jahren verwittern ihre Oberflächen. Sonne und Regen bleichen sie aus und lassen sie rasch silbrig grau werden. Will man die ursprüngliche Farbe erhalten und das Material vor Nässe schützen, muss man den Belag vorher gründlich säubern und danach regelmäßig einölen.

Granit, Kies und Holz eignen sich zum Befestigen von Wegen und Plätzen. Sie bilden herrliche Kontraste zu den Pflanzen.

Kies

Kies ist ein sehr lebhaftes Material. Es bildet einen schönen Kontrast zu den Pflanzenflächen und verbindet die natürlichen Elemente im Garten mit den gebauten sowie dem Haus.

Die Steine, die aufgrund ihrer Herkunft abgerundete Formen haben, werden in verschiedenen Farben und Größen angeboten – vom glatten, runden Perlkies bis zu großen Kieselsteinen aus Granit, die leicht glitzern. Kies erzeugt eine offene und einheitliche Oberfläche, was ihn besonders für kleine befestigte Flächen im Garten attraktiv macht. Er ist vielseitig einsetzbar, leicht einzubauen und ein langlebiges Material. Zudem ermöglicht er die Verbindung von harten und weichen Materialien, weil auch Pflanzen darin wachsen können.

Kleine Gärten optimal gestalten

Den Garten erkunden

Möglicherweise haben Sie ein Fachwerkhaus mit kleinem Grundstück auf dem Lande geerbt oder sich eine Eigentumswohnung in der Stadt mit einem winzigen schattigen Innenhof gekauft. Die Terrasse sowie eine Menge an Gehölzen, Stauden und die Rasenfläche teilen den Garten auf, und die Pflanzen stehlen sich gegenseitig die Schau. Alles wirkt zugewachsen, der kleine Raum ist völlig überfüllt, die Funktionen sind festgelegt. Hier muss dringend etwas getan werden.

Der gegenteilige Fall ist die komplette **Neuanlage** eines Gartens **nach dem Hausbau** bzw. dem Erwerb eines Eigenheims von einem Bauträger. Hier haben Sie in der Regel bei der Gestaltung völlig freie Hand. Doch gerade auch solche Grundstücke gilt es vor der Planung genau zu erkunden.

Ist ein Garten klein, geht es vor allen Dingen darum, Raum zu schaffen. Keine Enge, sondern viel Licht und Luft. Ziel ist es, die vorhandenen Elemente zu einem neuen Ganzen zusammenzufügen. Viele Menschen glauben, einen kleinen Garten zu gestalten sei einfacher als einen großen. Dabei ist es weitaus schwieriger. Denn es geht darum, auf sehr begrenztem Raum viele Funktionen unterzubringen.

Ein Gefühl für den Raum entwickeln

In einem kleinen Raum kann man sich manchmal ziemlich beengt fühlen. Wer einen schmalen Reihenhausgarten mit einer Größe von 6 × 12 m besitzt, hat in der Regel genügend Platz, um einen größeren Sitzplatz einzurichten, einen mittelgroßen Strauch zu pflanzen sowie eine kleine Rasenfläche anzulegen. Ist der Garten dagegen nur etwa 3 m breit, sollte man ihn als verlängertes Wohnzimmer betrachten. Um diese kleine Fläche sinnvoll zu nutzen, ist es ratsam, in einem kleineren Maßstab zu arbeiten. Das bedeutet allerdings nicht, dass man ihn mit Miniaturobjekten ausstattet. Ein Garten, der wie ein Setzkasten angelegt ist, kann leicht überfüllt aussehen. Mit kleinen Dingen und Zwergpflanzen voll gestellt, kommt er kaum zur Geltung. In erster Linie sollte jeder Garten seinen Besitzern Raum für den Aufenthalt unter freiem Himmel und zum Entspannen bieten. Die Pflanzen sollten auffallen, etwa durch einen bizarren Wuchs, duftende Blüten oder aufgrund ihrer interessanten Blattformen.

Wie ein Garten letztendlich aussehen soll, hängt natürlich von den Ansprüchen seiner Nutzer ab. Bevor man beginnt, den Gartenraum zu (ver)planen, sollte man ein Gefühl für dessen Größe entwickeln.

Hier ist genügend Platz für einen angenehmen Aufenthalt im Freien und eine abwechslungsreiche Bepflanzung mit kleinkronigen Bäumen sowie schönen Stauden und Gräsern.

Hohe Hecken verhindern, dass man den Garten von außen leicht einsehen kann. Dahinter fühlt man sich geschützt vor neugierigen Blicken und zu viel Wind.

Oft legt man sich viel zu früh auf eine bestimmte Gestaltung fest. Vorstellungen vom Garten und bestimmte Ansprüche an ihn sollten mit allen Personen, die ihn nutzen möchten, abgestimmt werden. Am besten erstellt jedes Familienmitglied eine Liste mit seinen Wünschen und Ideen. Denn der Garten soll schließlich allen gerecht werden.

Manche Dinge müssen allerdings als gegeben akzeptiert werden und sind nicht veränderlich: die Größe des Grundstücks, dessen Belichtung, die Bodenverhältnisse, das Kleinklima und die Grenzen. Hier geht es darum, daraus ein schlüssiges und interessantes Konzept zu entwickeln und eventuelle Nachteile zu kompensieren. Besonders in der Stadt wirken kleine Gärten manchmal wie versunken zwischen den hohen Gebäuden oder werden von hohen Mauern eingezwängt. Die Grundstücke sind häufig von allen Seiten einsehbar und zudem stark verschattet.

Beobachten und erkennen

Bevor man beginnt, den Garten zu planen, sollte man ihn besser kennen lernen und sich seine Größe bewusst machen – egal, ob man den grünen Raum neu anlegt oder einen bereits vorhandenen Garten neu oder umgestalten möchte.

Diese Beobachtungen sollten Sie notieren, denn sie sind wichtig, um den optimalen Ort für einen Sitzplatz zu finden. Notieren Sie, wo es im Garten sonnig und warm bzw. kühl und schattig ist. Und damit es später beim Kaffeetrinken nicht zieht, ist es auch wichtig, die Windrichtung auszumachen. Gegebenenfalls lässt sich ein geeigneter Schutz in Form einer Hecke oder Mauer errichten.

Mehrere Rundgänge sind erforderlich, um sich einen Überblick zu verschaffen, was an Gartenelementen und Pflanzen vorhanden ist. Hat ein Grundstück ein stärker abfallendes Gelände, kann man es mit Stützmauern in unterschiedliche Ebenen aufteilen und über Treppen und Stufen zugänglich machen. In einem kleinen Garten ist diese Staffelung ohnehin erwünscht, weil sie ihn nicht nur spannungsreicher macht, sondern ihn auch größer erscheinen lässt. Man sollte sich die Notwendigkeit einer solchen Umgestaltung jedoch gründlich überlegen, denn die Arbeiten für den Bau einer Mauer oder Treppe können eine Menge Geld verschlingen. Und vielleicht ist ein leicht abschüssiger Garten gar nicht so uninteressant? Überhaupt spielen die Kosten natürlich eine erhebliche Rolle bei der Gestaltung. Andererseits ist hier investiertes Geld immer gut angelegt.

Wer seinen Garten über einen längeren Zeitraum hinweg immer wieder beobachtet, bekommt einen besonderen Bezug zu ihm. Und mit einem guten Gespür für die Gegebenheiten vor Ort hat man es dann viel leichter, seine Vorstellungen zu formulieren. Diese sollte man aufzeichnen. Hilfreich sind auch Fotos, die man zu unterschiedlichen Tages- und Jahreszeiten macht. Am Anfang ist es viel Zeit und Arbeit, die man in die Planung und die spätere Umsetzung investiert. Aber am Ende wird man dafür belohnt und braucht den Garten dann (fast) nur noch zu genießen ...

Bei Neuanlage bedenken

Bei einem neu erworbenen und leeren Neubaugrundstück ist es häufig einfacher, die Wünsche zu formulieren, als bei einem älteren Garten. Stellen Sie daher sämtliche Wünsche und Vorstellungen, die Sie von Ihrem zukünftigen Garten haben, auf einer Liste zusammen.

Vorgehen bei älteren Gärten

Jeder Garten ist einzigartig. Die Charakteristik eines Ortes bestimmt auch die Art und Weise, wie er gestaltet wird. Man sollte einen Garten stets so planen, dass er sich harmonisch in die Umgebung einfügt. Will man seinen Garten umgestalten, sollte man folglich zunächst herausfinden, wo seine Stärken und wo seine Schwächen liegen. Eine Checkliste sowie eine maßstabsgerechte Skizze sind dabei äußerst hilfreich und erleichtern die spätere Planung.

Einzigartigkeit bewahren

Die charakteristischen Merkmale, die Atmosphäre, der unvergleichliche Charme des Gartens sollten nach Möglichkeit erhalten bleiben.

Häufig sind es die subtileren Elemente, auf die es letztendlich ankommt. Nicht greifbar und doch vorhanden: Wenn etwa die Sonnenstrahlen durch die lichten Kronen eines knorrigen Apfelbaumes dringen und die Schneeglöckchen in sanftes Licht tauchen. Aber auch ein Gehölz mit seiner malerischen Krone schafft eine besondere Atmosphäre im Garten.
Anhand einer **Bestandsaufnahme** sollte man das gesamte Garteninventar registrieren. Bei sehr alten Bäumen sollte man auch die Standsicherheit prüfen und im Zweifel einen Fachmann zu Rate ziehen.
Entscheidungen kann man nicht von heute auf morgen treffen, manchmal braucht es eine gewisse Zeit, bis einem klar wird, was im Garten erhalten bleiben soll und welche Dinge entfernt werden können. Auch wenn man sich in einem kleinen Gartenraum schnell durch einen großen Baum erdrückt fühlt, kann er doch eine wahre Bereicherung darstellen. Manchmal wird einem das erst bewusst, wenn das Gehölz gerodet ist und man an einem heißen Tag im Sommer das schattige Plätzchen unter der schützenden Krone vermisst.
Außerdem ist ein altes Gehölz nicht nur Mittelpunkt und Hauptblickfang im Garten, sondern bietet auch Lebensraum für Tiere und Kletterspaß für Kinder.

Vor- und Nachteile abwägen

Die Stärken und Schwächen gilt es gegeneinander abzuwägen. In der

Gehölze mit besonderen Wuchsformen schaffen eine spezielle Atmosphäre in älteren Gärten, die man nach Möglichkeit erhalten sollte.

Anhand des 6 × 12 m großen Reihenhausgartens werden die Gestaltungsprinzipien verdeutlicht. Nach der Bestandsaufnahme wird das Garteninventar in einen Plan eingezeichnet. Auch schöne Bäume, die in den Nachbargärten stehen, werden mit in das neue Konzept einbezogen.

Liste kann man sie leicht gegenüberstellen und sich später für das Für oder Wider entscheiden. Was hat der Garten zu bieten?, steht auf der einen Seite der Tabelle, Was soll verändert werden?, auf der anderen. Natürlich muss alles auf die Größe des Grundstücks abgestimmt sein. Ein größerer Teich kann einen kleinen Garten völlig einnehmen, und dann bleibt kaum noch Platz für eine Rasenfläche oder einen Schuppen für die Spielgeräte.

In jedem Garten sollte in erster Linie immer genügend Platz für einen Sitzbereich sein. Um die richtigen Pflanzen auszuwählen, muss man klären, wo es während des Tages je nach Sonnenstand sonnige und schattige Flächen gibt. Wo ist der Garten einsehbar und wo braucht man Sichtschutz? Zeichnen Sie einen Plan, in dem sämtliche Pflanzen markiert sind, die zu groß geworden sind und den kleinen Raum verschatten. Später muss man sich entscheiden, auf welche man verzichten kann oder an welchen Platz sie umgesetzt werden können. Eine geschnittene oder frei wachsende Hecken sollte im Plan in Länge × Breite ebenso eingezeichnet werden wie die Durchmesser der einzelnen Baumkronen und der Sträucher, einzeln oder als Gruppe. Eventuell vorhandene Stauden- und Rosenbeete sowie die Rasenfläche werden ebenfalls in Länge und Breite angegeben. Sodann müssen alle Einrichtungen wie Schuppen oder Spielgeräte gekennzeichnet werden. Klären Sie, ob diese genügend genutzt werden. Auch Mauern, die den Garten verschatten und ihn dadurch beengen, sowie Flächen mit Mosaikpflaster, die ihn kleiner wirken lassen, gehören eingezeichnet und sollten im Rahmen der Umgestaltung möglichst entfernt werden.

Der Plan bildet die Grundlage für die Umgestaltung des Gartens. Darin sind die Gehölze, Pflanzen sowie Bauwerke vermerkt, die beseitigt werden sollen. Außerdem werden Himmelsrichtungen bzw. Sonnenstände vermerkt, um Licht- und Schattenzonen zu ermitteln.

Kleine Maßnahmen – große Wirkung

Mit einer solchen Skizze samt Bestandsliste verschafft man sich einen guten Überblick – viele Dinge werden einem dadurch auch erst wieder bewusst. Manchmal wird eine Pflanze allzu schnell entfernt, deshalb sollte man sich im Zweifelsfall über ihren Wert Gedanken machen und gegebenenfalls in einer Baumschule oder Gärtnerei nachfragen. Sehr langsam wachsende Gehölze wie zum Beispiel der Zimtahorn *(Acer griseum)* brauchen mehrere Jahre, um eine besondere Wuchsform auszubilden. Dagegen entwickeln sich viele Sträucher wie der Schmetterlingsstrauch *(Buddleja davidii)* sehr rasch und werden schnell groß.

Ramblerrosen sind lang- und weichtriebige Kletterrosen, die rasch kahle Stämme erklimmen und mit ihrer üppigen Blüte lichte Baumkronen verzieren.

Viele Gehölze kann man mit einem Rückschnitt stutzen, wenn sie zu groß geworden sind, andere verlieren ihre typische Form, wenn man sie zurückschneidet. In kleinen Gärten sollte man daher nur großwüchsige Gehölze und Pflanzen erhalten, die sich durch einen Schnitt leicht bändigen lassen und die ihr Aussehen dadurch nicht verlieren.

Einige Gehölze mögen über die Jahre zu groß, zu breit, zu morsch oder zu kahl geworden sein und im Herbst sehr viel Laub verlieren. Manchmal muss man auch konsequent sein und einen großen morschen Baum fällen. Ist er aber erst

einmal verschwunden, staunt jeder über den großzügigen Raum, der entstanden ist und neue Chancen der Gestaltung eröffnet.
Bäume, die vital sind und deren Standsicherheit nicht gefährdet ist, können ausgelichtet oder zurückgeschnitten werden. Sind Gehölze ausgelichtet beziehungsweise durch Rückschnitt verjüngt, wirken sie häufig kahl. Dann kann man darunter liegende Flächen mit interessanten Begleitpflanzen wie kleinen Sträuchern oder Schattenstauden beleben. Besonders anspruchslose Bodendecker und Blumenzwiebeln kommen mit einem solchen Standort gut zurecht. Und wer sich an dem Anblick der entlaubten Stämme stört, pflanzt schattenverträgliche Kletterpflanzen wie Efeu oder Kletter-Hortensie. Muss man sich in einem eingewachsenen Garten von alten Gehölzen verabschieden, hat man die Chance, einen Wunschbaum zu pflanzen. Der sollte allerdings in einer angemessenen Qualität und Größe ausgewählt werden, damit der Kontrast zu den älteren Bäumen und Sträuchern nicht zu groß ist und damit den Gesamteindruck des Gartens stört.

Vorüberlegungen

- Erhalten Sie so gut es geht das vorhandene Gartengerüst
- Überlegen Sie, was erhalten und was verändert werden soll
- Berücksichtigen Sie dabei auch den Pflegeaufwand
- Beschränken Sie die Umgestaltung auf gezielte punktuelle Maßnahmen
- Beginnen Sie Ideen zu sammeln und auf ihre Durchführbarkeit zu prüfen

Wünsche und Vorlieben einbringen

Jeder Gartenbesitzer hat seine Wünsche an den Garten und ganz konkrete Vorstellungen von den Elementen und Pflanzen, die darin vorkommen sollen. Während der Eine bei der Gartenarbeit erst so richtig Entspannung findet, wünscht sich ein Anderer einen Teich oder möglichst pflegeleichtes Grün.

Die meisten Menschen betrachten ihren Garten als grünen Außenraum, in dem sich die ganze Familie aufhalten und jeder sich ungezwungen bewegen kann. Besonders an warmen Sommertagen wird das Leben vom Wohnzimmer nach draußen verlagert. Hier wird gespielt, dort gegrillt. Doch ein Garten bietet noch mehr: zum Beispiel die Möglichkeit, Gemüse, Obst und Kräuter anzubauen.
Natürlich kann jeder seinen Garten so gestalten, wie er ihn haben

Die Terrasse am Haus sollte möglichst großzügig bemessen sein, um es sich darauf so richtig bequem zu machen. Schließlich genießt man im Sommer die freien Tage gerne mit Freunden im Garten.

möchte. Ist jedoch nur begrenzt Platz vorhanden, sind die Anforderungen an diesen kleinen Ort häufig zu hoch. Viele Menschen wollen in ihrem Garten eine Menge an Funktionen und Mobiliar unterbringen. Dabei ist es besser, sich auf eine zurückhaltende Gestaltung zu konzentrieren. Einfach und ausgewogen wirkt beispielsweise die Schlichtheit eines grünen Rasens, auf der ein alter Fliederbusch steht, oder eine großzügige Holzterrasse mit Oleander im Kübel. Ganz gleich, ob es sich um einen kleinen Garten in der Stadt oder in einer Reihenhaussiedlung handelt – die optimale Gestaltung hängt immer von dem Umfeld und den örtlichen Gegebenheiten ab.
Sich in den Garten zurückzuziehen hat für die meisten Menschen einen hohen Stellenwert. Selbst im kleinsten Innenhof ist noch genügend Platz für ein paar Stühle und einen Tisch zum Verweilen, sei es an einem milden Frühlingstag oder einem lauen Sommerabend.

Sich beschränken

In einem kleinen Garten ist man naturgemäß gezwungen, sich zu beschränken. Umso gründlicher sollte man vorher überlegen, wie man ihn künftig nutzen möchte. Ob als grünes Zimmer mit schönen Gartenmöbeln, als Raum für interessante Pflanzen oder als steinernen Hof. Die Ausstattung muss den Anforderungen gerecht werden. Legt man das Augenmerk auf das Wesentliche, kann man sich leichter von überflüssigen Dingen trennen. Dabei sollten alle rein praktischen Erwägungen dem persönlichen Stil entsprechen.
Weil in einem kleinen Garten der Platz beschränkt ist, muss man sich unter Umständen zwischen einem interessanten Solitärgehölz und einem Sitzplatz entscheiden. Ist der Geräteschuppen wirklich wichtig, oder genügt ein kleiner Schrank auf der Terrasse? Will man lieber ein großes Blumenbeet oder eine Rasenfläche mit einem kleinen Sitzplatz? Ist genügend Platz für einen Teich vorhanden, oder genügt nicht ein Miniaturteich in einem alten Holzfass, um sich an Wasser, Sumpfpflanzen und Libellen zu erfreuen? Sollen die Mülltonnen im Vorgarten untergebracht werden? Und ist der Grillplatz wirklich erforderlich, wenn man eine Terrasse am Haus hat?

Eine großzügige Terrasse am Haus ist ideal, denn sie bietet viel Platz für Kübelpflanzen und einen kleinen Holzschrank, in dem Werkzeug, Sämereien und andere Gartenutensilien verstaut werden können.

Häufig müssen funktionale Dinge im Garten untergebracht werden, etwa Stauraum für Kinderspielzeug. Auch wie viel Zeit man der Pflege widmen kann und möchte, spielt beim Stil des neuen Gartens eine große Rolle. Dieser Aspekt bestimmt heute immer mehr jegliche Planung. Wenn alle Fragen beantwortet sind, hat man es leichter, die weiteren Schritte zu planen.

Inspirationen suchen

Beim Betrachten von Fotografien unterschiedlicher Gestaltungsformen kommt man seinen Vorstellungen, wie der Garten aussehen soll, ein Stückchen näher. Wer beispielsweise streng gegliederte Gärten mag, kann sich an historischen Vorbildern in England orientieren. Hier bieten Gärten wie Sissinghurst oder Hidcote Manor gelungene Beispiele für kleine gestaltete Gartenräume mit ganz unterschiedlichen Pflanzenthemen. Auch was die Pflanzenarten betrifft, gibt es nicht allzu viele Abweichungen, denn das Klima, wenn auch durch den Golfstrom etwas abgemildert, entspricht in etwa dem unserer Breitengrade.
Man muss sich nicht streng an einen Stil halten, ob mediterran oder Cottage-Garten, manchmal ist gerade der Mix von verschiedenen Stilrichtungen und Pflanzen interessant. Gut gelungen wirkt ein Garten dann, wenn sich alles harmonisch und wie selbstverständlich einfügt. Anregungen zu Gärten und deren Gestaltung kann man sich auch auf den jährlich stattfindenden Landesgartenschauen holen, oder Sie lassen sich auf Messen zum Thema Haus und Garten inspirieren. Dann haben Sie es leichter bei der Planung.

Einen Gartenplan erstellen

Ein gut durchdachtes Konzept erspart viel Zeit und Enttäuschungen. Wenn Sie Ihren Garten ausgiebig beobachtet haben, können Sie damit beginnen, die Wünsche und Ideen aller Gartenbenutzer auf einer Liste zu sammeln. Danach sollten die Prioritäten in Bezug auf die Größe des vorhandenen Raumes abgewogen werden, denn alle Vorstellungen können meist nicht umgesetzt werden, wenn nur wenig Platz zur Verfügung steht. Zeichnen Sie anschließend die Ideen auf ein Blatt Papier und versuchen Sie, Räume für verschiedene Funktionen – zum Beispiel einen Sitzplatz, eine Rasenfläche oder Staudenbeete – zu planen. Beschränken Sie sich auf wenige Elemente sowie auf Pflanzenarten, die sich nicht so stark ausbreiten und wenig Pflege benötigen.
Einen Garten auf dem Papier sinnvoll darzustellen bedeutet, ihn aus der Perspektive eines Vogels zu zeigen. Die Grundlage hierfür bilden in der Regel Unterlagen, die für den Bau des Wohngebäudes erstellt wurden und in denen das Gebäude sowie die Grundstücksgrenzen eingezeichnet sind. Lassen Sie den Bauplan in einen praktikablen Maßstab von 1:100 in einem Kopierladen vergrößern. Falls Sie keinen Plan haben, können Sie die Gartenränder auch einfach abschreiten und die Maße notieren. Genauer wird es mit Hilfe eines Maßbandes. Auch Blickbezüge in die umgebende Landschaft zu einem besonderen Aussichtspunkt oder ein eindrucksvoller Baum auf dem Grundstück des Nachbarn sollten mit in den Plan eingezeichnet werden. Alles, was nach der Baumaßnahme des Wohnhauses an Mobiliar und Pflanzen hinzugekommen ist, wird im Plan maßstabsgerecht ergänzt. Dafür eignet sich am besten ein 30-cm-Lineal. Dieses hat den Maßstab 1:100, was bedeutet, dass 1 m Länge im Garten 1 cm auf dem Papier entspricht.

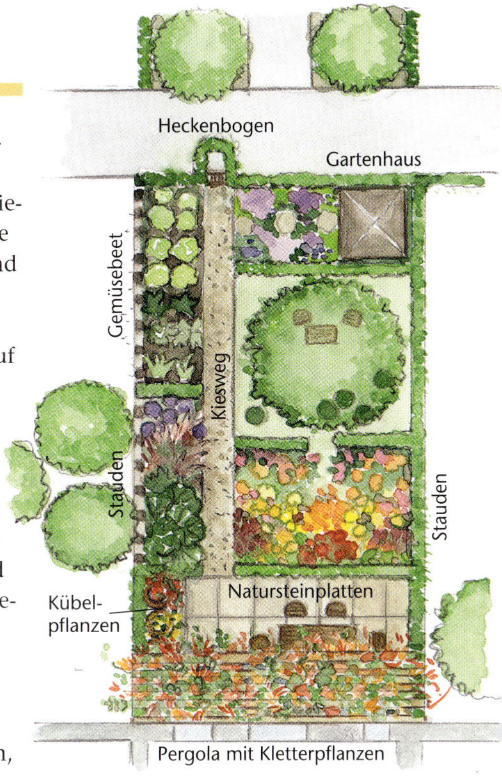

Aus der Wunschliste sind die wichtigsten Maßnahmen in den Plan eingeflossen, und auf dem Papier ist ein neuer Garten entstanden. Durch niedrige Hecken wird der schmale Reihenhausgarten in kleine, unterschiedlich gestaltete Räume aufgeteilt. Dies macht ihn optisch größer und zudem abwechslungsreicher. Als Blickpunkt ist ein Blütenbaum, eingerahmt durch den Heckenbogen, mit in den Garten einbezogen.

Wem der Anbau von Gemüse im Garten wichtig ist, sollte dies bereits bei der Planung berücksichtigen, dann hat man es bei der Umgestaltung leichter.

Beginnen Sie damit, die Grundstücksgrenzen, die äußeren Kanten der Bebauung sowie eventuell bestehende Terrassen und Wege in den Plan einzuzeichnen. Auch die vorhandenen Strom- und Wasseranschlüsse am Haus und im Garten müssen vermerkt werden. Bei einem weiteren Rundgang werden sämtliche Gehölze (Kronendurchmesser) und Pflanzflächen (Länge × Breite) ausgemessen und eingetragen. Dabei kennzeichnet man am besten gleich, welche Pflanzen auf jeden Fall erhalten bleiben sollen und welche entfernt werden müssen. Diese Vorarbeit ist notwendig und hilfreich bei der späteren Gestaltung.

Der Grundriss des Wohngebäudes ist ebenfalls ein wichtiger Bestandteil der Gartenplanung. Aus ihm kann man die Lage sowie die Nutzung der jeweiligen Innenräume, ob Küche, Wohn- oder Esszimmer, ablesen. Der Bauplan enthält die genaue Lage der Terrassentür, der Fenster sowie der einzelnen Räume. Schließt zum Beispiel die Küche oder das Esszimmer an die Terrasse an, sollte man in Hinblick auf die Blickführung in den Garten den Esstisch entsprechend ausrichten. So lässt sich der Blick aus dem Wohnraum weit in den Garten lenken.

Abwägen und entscheiden

Der Bestandsplan ist die Grundlage für das Gestaltungskonzept des Gartens. Sobald Sie alles in den Bestandsplan eingezeichnet haben, kopieren Sie ihn am besten gleich mehrfach, um bei Bedarf mehrere Varianten mit unterschiedlichen Gestaltungsideen zu erstellen. Als Erstes gilt es, wichtige Elemente sinnvoll auf dem Gartengrundstück unterzubringen – von der Terrasse bis zum Carport, von der Umgrenzung bis zum Hausbaum. Dabei müssen Sie immer wieder abwägen, ob der Platz zum Beispiel für eine hohe und breite Hecke ausreicht oder ob stattdessen nicht besser ein blickdichter Zaun aus Flechtwänden gesetzt werden sollte.

Bei der Neuplanung eines Gartens sollte man sich auf einen Stil festlegen: Egal, ob man sich für einen naturnah gestalteten oder einen architektonischen Garten entscheidet – wichtig ist, dass man den Versuchungen jedes anderen Stils widersteht. Das verlangt natürlich etwas Disziplin und mag zunächst schwierig erscheinen, hat aber den Vorteil, dass klare Strukturen den Charakter Ihres Gartens leiten. Manchmal wird durch nachträgliche Pflanzungen oder ergänzende Bauelemente der Stil eines Gartens verwischt und der Schwerpunkt

der Gestaltung aufgelöst. Bleiben Sie konsequent bei der Umsetzung eines Gestaltungskonzeptes, wenn es darum geht, einen kleinen interessanten Garten entstehen zu lassen. Gerade wenn der Raum begrenzt ist, müssen immer wieder Entscheidungen getroffen werden: etwa, ob sich eine Pergola über der Terrasse am Haus harmonisch einfügt oder ob es nicht sinnvoller ist, eine platzsparende Markise als Sonnen- und Sichtschutz zu verwenden. Vor allen Dingen müssen Sie den Pflanzen, die ja die wesentlichen Gestaltungselemente des Gartens sind, genügend Raum einräumen. Einem Baum oder größeren Strauch sollte immer ausreichend Platz zur Verfügung stehen. Bei der Umgestaltung eines Gartens können einzelne Bereiche, die erhalten bleiben sollen, mit ergänzenden Pflanzen hervorgehoben werden. Steht zum Beispiel ein größerer Laubbaum im Garten, werden häufig die darunter liegenden Flächen verschattet. Hier kann man schattenverträgliche Stauden oder Bodendecker wie Funkien, Farne oder Efeu zwischen die Wurzeln pflanzen. Aber auch Zwiebelblumen wie Schneeglöckchen fühlen sich hier wohl.
Wenn Sie sich für eine der Entwurfsvarianten entschieden haben, können Sie damit beginnen, diese auf ihre Durchführbarkeit hin überprüfen. Zudem sollten Sie schon in diesem Stadium auch eine grobe Kostenkalkulation erstellen.

Haus und Garten – eine Einheit

Haus und Garten bilden eine untrennbare Einheit, auch wenn sich der Garten als Wohnraum im Freien naturgemäß sehr von einem Zimmer im Wohnhaus unterscheidet – seine Decke ist der Himmel, und das Aussehen seiner Wände sowie des Mobiliars wechselt mit jeder Jahreszeit.

Häufig kann man die Gliederung eines Gartens am Erscheinungsbild des Wohnhauses orientieren. Auch bei der Gestaltung eines Innenraums verschafft man sich erst einmal einen Überblick über die Größe der einzelnen Räume, bevor man entsprechend dazu die Möbel auswählt. Bei der Gestaltung des Gartens sollte man ähnlich vorgehen. Auch wenn die Vorstellung von einem Wohnraum im Grünen für manche merkwürdig klingen

Der Garten scheint in den Wohnraum überzugehen. Bei Dunkelheit wird der Eindruck, dass Haus und Garten eine Einheit bilden, durch die Beleuchtung zusätzlich verstärkt.

Von den Zimmern im Erdgeschoss aus hat man einen direkten Zugang zum Garten. In der warmen Jahreszeit wird der Garten als erweiterter Wohnraum genutzt.

mag: Wenn man den Garten als Raum begreift, hat man es leichter, ihn zu gestalten bzw. einzurichten. Wie Innenräume im Haus, so benötigt auch der Garten Bodenbeläge, Sitzmöbel, Licht und Dekoration. Sind beide Räume ähnlich gestaltet, ist der Übergang von drinnen nach draußen fließend. Der Garten bietet dann buchstäblich zusätzliche Wohnfläche. Das ist von unschätzbarem Wert. Und mit dem Erleben der Jahreszeiten werden zusätzlich alle Sinne angesprochen.

Von drinnen nach draußen

Die meiste Zeit des Jahres hält man sich im Haus auf. Daher sollte man bei der Planung des Gartens auch die Gestaltung der Innenräume einbeziehen und überlegen, welche Fenster oder Glastüren einen interessanten Ausblick bieten. Denn schöne Ausblicke lenken die Aufmerksamkeit vom Wohnraum in den Garten und stellen eine Verbindung zwischen Innen und Außen her. Welcher Raum direkt an die Terrasse anschließt, sollte man mit einbeziehen – und die Möbel bei Bedarf umstellen, damit man einen freien Blick in den Garten genießen kann. Leben Kinder im Haus, ist es für sie ideal, von der Küche direkt nach draußen laufen zu können.

Jedes gut durchdachte Gartenkonzept beginnt bereits bei der Planung der Innenräume des Wohnhauses. Denn hierbei spielen die Hauptaufenthaltsorte, die Lieblingsplätze, die Positionen des Mobiliars sowie die Lebensgewohnheiten der Bewohner eine wichtige Rolle. Wünscht man sich eine reizvolle Aussicht aus dem Wohnzimmer, oder soll der Blick aus dem Küchenfenster direkt auf den Spielbereich der Kinder fallen? Vielleicht soll es auch Geheimnisvolles geben, das heißt der Garten nicht sofort einsehbar sein. Außerdem gibt es viele verschiedene Perspektiven: Je nachdem, wo man sich aufhält, ob in der Küche, im Parterre oder im Arbeitszimmer des oberen Geschosses, immer sieht man ein anderes Bild.

Pflanzen verbinden Haus und Garten

Ein Garten stellt die Verbindung zwischen dem Wohnhaus und der Umgebung dar. Gerade bei einem kleinen Grundstück ist es deshalb wichtig, dass das Gebäude sowie die umgebende Landschaft optisch mit in den Garten einbezogen werden und dieser dadurch erweitert wird. Es kann auch der Bezug zum benachbarten Grundstück sein, wo sich dem Auge ein interessanter Blickpunkt bietet.

Für einen kleinen Garten spielt der Bezug zum Wohnhaus eine besonders große Rolle. Die Architektur, aber auch die Materialien der Fassade beeinflussen maßgeblich die Atmosphäre des Gartens. Harmonisch wirken Gärten immer dann, wenn sie im Gleichklang mit der Form und dem Stil des Hauses stehen. So hat etwa ein altes Bauernhaus einen ganz anderes Flair und anderen Bezug zum Garten als ein Bungalow.

In unmittelbarer Umgebung des Gebäudes kommt es nicht nur auf eine geschickte Kombination der Pflanzen an, sondern auch auf die Materialien und Muster der Beläge

von Terrasse und Wegen. Der erste Schritt, ein kleines Grundstück eng mit dem Wohngebäude zu verknüpfen, kann die Pflanzung eines Strauches in unmittelbarer Nähe des Hauses sein; denselben Zweck erfüllen Kletterpflanzen, die an der Fassade emporranken. Pflanzen dienen auch dazu, den Garten von der Umgebung abzuschirmen oder ihn zur Landschaft hin zu öffnen. Um einen kleinen Garten in unterschiedliche Bereiche aufzuteilen, bieten sich reizvolle Übergänge etwa durch berankte Torbögen an, die gleichzeitig unterschiedliche Räume etwa für einen Brunnen oder Sitzplatz schaffen.
Befindet sich eine Terrasse direkt am Haus, kann man sie durch eine Hecke von der dahinter liegenden Rasenfläche oder einem Staudenbeet trennen. Und wenn man einem Teil des Gartens hinter einer verglasten Tür in der Breite des Wohnraums mit Kübelpflanzen abgrenzt, scheint sich dieser in den grünen Raum fortzusetzen.
Wird die Terrasse mit einer Pergola überdacht, verstärkt sich der Eindruck, dass dieser Teil des Gartens zum Wohnhaus gehört. Eine Verbindung zwischen Innen und Außen stellen auch Bodenbeläge her. Sie müssen nicht einheitlich sein, es genügt bereits eine ähnliche Farbe oder Struktur. Zum Beispiel passt ein heller Teppich im Wohnraum zu einem Weg aus Quarzkies, und ein rotbraun gefliester Boden ähnelt einer gepflasterten Fläche aus Ziegelsteinen.

Blickpunkte schaffen

In einem Garten soll das Interesse der Besitzer immer wieder neu geweckt werden. Vor allen Dingen spielen abwechslungsreiche Pflanzen dabei eine wichtige Rolle.
Um diese mit allen Sinnen wahrnehmen zu können, muss man sie wohlüberlegt einsetzen und einige zum besonderen Blickpunkt machen.

Neugierde wecken

Pflanzen verändern sich mit jedem Tag und zu jeder Jahreszeit. Feste Elemente dagegen, wie zum Beispiel die Gartenlaube, eine Pergola oder eine Skulptur, verändern sich über das Jahr hinweg nicht. Will man sie als Blickpunkt durch eine auffällige Bepflanzung mit Kletterpflanzen wie Wildem Wein, Blauregen oder Efeu bereichern, wird die Neugier geweckt und der Blick auf das verhüllte Objekt gelenkt. Jedes Blickfeld, das die Augen nicht

Ein schmaler, schattiger Durchgang wirkt spannend und weckt die Neugier. Deshalb sollte sich an dessen Ende nach Möglichkeit immer ein interessantes Objekt befinden.

gleich entdecken, lockt sie, möchte erkundet werden und lädt zu einem Gang durch den Garten ein. Mit Stufen wächst die Spannung noch weiter. Und je mehr man sich nähert, umso erwartungsvoller wird man, bis sich schließlich das neue Blickfeld eröffnet. Überraschungseffekte lassen sich durch Tore, Bögen und Pergolen zusätzlich steigern. Ein Torbogen, der zwei Gartenräume voneinander trennt, schafft eine spannungsvolle Atmosphäre, die sich über die Verengung des Raumes beim Durchwandeln mitteilt. Durch identisch

Schmale Hecken teilen den Garten in Räume auf. Dadurch wirkt er größer. Mit dem Heckenbogen am Ende des Grundstücks wird der Baum des Nachbarn als Blickpunkt in den Garten einbezogen.

Eine Tür zu einem anderen Garten? Leider nur eine Illusion, erzeugt durch einen großen Spiegel. Dadurch wirkt der kleine Raum spannungsreich und vergrößert.

gestaltete Bögen wird das Prinzip der Wiederholung genutzt und das Auge bis zum Ende eines Weges gelockt. Ein zwischen zwei Bereichen integriertes Tor oder eine schmale Öffnung zwischen zwei Heckenscheiben fordert den Betrachter immer auf, die Räume nach und nach zu durchschreiten. Äußerst verlockend ist auch ein Fenster in einer Mauer, das den Blick in das dahinter liegende Gartenzimmer lenkt. Die Spannung lässt erst dann wieder nach, wenn alles bis in den letzten Winkel hinein erkundet ist. Reizvoll ist auch der Kontrast zwischen Licht und Schatten. Das Besondere daran ist das Wechselspiel aus dunklen und hellen Zonen. In einem offenen und sonnigen Garten sollte man deshalb auch immer schattige Bereiche gestalten. Zusätzlicher Gewinn ist, dass man so auch eine möglichst große Vielfalt an Pflanzen genießen kann.

Überraschungsmomente

Zu Blickpunkten, die zwar beständig, aber nicht immer präsent sind, zählen auch interessante Gartenmöbel. Sie sind nur im Sommer ein schöner Blickfang, da sie im Winter im Keller verstaut werden. Dagegen können sich ausgefallene Steine oder Wurzeln erst im Winter, wenn der Garten zur Ruhe gekommen ist und viele Pflanzen verblüht sind, von ihrer Umgebung abheben.
Die größten Überraschungen und schönsten Blickpunkte im Garten sind die Pflanzen. Jede einzelne hat eine bestimmte, von Natur aus gegebene charakteristische Wuchsform oder Silhouette, oder sie wurde in Form gezogen bzw. geschnitten. Vertikale Strukturen, zu denen Gehölze und Stauden mit aufrechtem Wuchs gleichermaßen zählen, lassen das Auge verharren und stellen ideale Blickfänge dar. Eine ähnlich dominierende Wirkung haben Stauden wie Schwertlilien *(Iris germanica)* mit steifen, schwertförmigen Blättern oder Montbretien *(Crocosmia masoniorum* 'Lucifer'). Eine einzelne, straff aufrecht wachsende Pflanze kann mitunter streng wirken. In kleinen Gruppen aus drei Pflanzen zusammengesetzt fügen sich solche Pflanzen jedoch viel harmonischer ins Gartenbild ein.

Mit Pflanzen inszenieren

Inszenierungen im Garten sind wichtig. Bei der Bepflanzung kann man diese Effekte durch architektonische Pflanzenarten erzielen, die sich etwa durch eine eindrucksvolle Wuchsform auszeichnen. Allerdings sollte man mit solchen Elementen sparsam umgehen, denn häufig übersieht das Auge zu viele unterschiedliche Dinge und Ereignisse. In erster Linie geht es darum, Pflanzen eine Bühne zu geben. Solitärgehölze fordern ihren ganz besonderen Platz im Garten. Wenn man in ihrer unmittelbaren Umgebung Kontraste setzt oder gegensätzliche Formen und Konturen verwendet, erhöht dies die Spannung.
Sorgfältig ausgewählt und eingesetzt, erzielen Pflanzen eine spektakuläre Wirkung. Überraschende Momente bietet ein Garten vor allem dann, wenn etwas im Verborgenen liegt und erst beim Näherkommen von den Augen entdeckt wird. Schon einfache Effekte können kleine Gärten beleben und größer wirken lassen. Dabei ist es wichtig, dass Akzente nur ganz vereinzelt eingesetzt werden. So können bewusst verwendete punktuelle Maßnahmen große Wirkungen erzielen. Die zauberhaften weißen, glockenförmigen Blüten des Maiglöckchenbaumes *(Halesia carolina)* beispielsweise kommen im Frühjahr nur dann richtig zur Geltung, wenn man ihn vor dem Hintergrund einer immergrünen geschnittenen Hecke präsentiert. Dagegen würden ihre Konturen verwischen, wenn man eine zeitgleich blühende Kolkwitzie *(Kolwitzia amabilis)* mit rosaweißen Blütendolden daneben pflanzt.
Für eine interessante Einzelstellung von Bäumen und Sträuchern bietet sich idealerweise der äußere Rand der Terrasse am Haus oder eine Übereckstellung vor einer Hecke am Ende des Gartens an. So hat man auch vom Fenster des Wohnzimmers aus immer einen guten Blick auf seine Lieblingspflanzen. Größere dekorative Gehölze wie der große Federbuschstrauch *(Fothergilla major)* sollten zu jeder Jahreszeit besonders hervorstechen, ob während der Blüte im Frühjahr oder während der Laubfärbung im Herbst.

Mit schönen Pflanzen kann man kleine Räume eindrucksvoll inszenieren: ob vor einer immergrünen Hecke oder an den Rändern eines hohen Wasserbeckens.

Blickpunkte setzen mit Solitärpflanzen

Name	Blütezeit	Höhe (in cm)	Wuchsform	Eigenschaften	Verwendung
Bartblume *Caryopteris × clandonensis* 'Heavenly Blue'	August/ September	bis 100	straff aufrecht	tief dunkelblaue Blüten in Büscheln an den Trieben, graugrüne Blätter, aromatisch duftend	schön zu Rosen und Fackellilien
Blut-Berberitze *Berberis thunbergii* 'Atropurpurea Nana'	Mai	60	flachkugelig, dichtbuschig	Blätter dunkelpurpurbraun, Herbstfärbung leuchtend scharlachrot	lässt sich gut zur Kugel schneiden
Garten-Eibisch *Hibiscus syriacus*	Juni–September	150–200	straff aufrecht	große attraktive, malvenähnliche Einzelblüten	ideal vor einer Ziegelsteinmauer, da Wärme liebend
Gefüllter Schneeball *Viburnum opulus* 'Roseum'	Mai/Juni	100–150	kugelförmig	weiße, ballförmige Blüten, Herbstfärbung weinrot bis dunkelrot	als Hochstämmchen entlang einem Weg, an den Eckpunkten eines Wasserbeckens
Großer Federbuschstrauch *Fothergilla major*	Mai	150–250	oval bis kegelförmig aufrecht	weiße Ährenblüten, nach Honig duftend, Herbstfärbung goldgelb bis rot	vor dunklem Hintergrund einer immergrünen Hecke
Maiglöckchenbaum *Halesia carolina*	April/Mai	bis 600	breite, abgerundete Krone	auffallende weiße glockenförmige Blüten, die flügelartigen Früchte bleiben über den Winter hängen	kommt vor dem dunklen Hintergrund einer immergrünen Hecke besonders gut zur Wirkung
Japanischer Etagen-Schneeball *Viburnum plicatum* 'Mariesii'	Mai/Juni	150–200	breitwüchsig	Blätter sommergrün, im Herbst dunkelweinrot bis violett, cremeweiße Schirmrispen	perfekt vor einer Blutbuchenhecke
Kugel-Liguster *Ligustrum vulgare* 'Delavayanum'	–	100–150	kugelförmig	immergrüne Blätter	als Hochstämmchen zur Betonung eines Eingangsbereiches oder Brunnens
Schneeflockenstrauch *Chionanthus virginicus*	Juni	300–500	breitbuschig aufrecht	weiße, überhängende 20 cm lange Rispen, duftend	passt hervorragend vor eine dunkelgrüne Laubhecke
Schönfrucht *Callicarpa bodinieri* 'Profusion'	Juni–August	200–300	aufrecht	zahlreiche lila Blüten, rotviolette beerenartige Steinfrüchte	vor dem dunklen Hintergrund immergrüner Gehölze besonders attraktiv

Die Umgebung einbeziehen

Die Umgebung ist ein ideales Mittel, einen kleinen Gartenraum größer wirken zu lassen. Ob sich ein Garten in einem dörflichen Umfeld befindet oder mitten in der Stadt, sollte auch immer Auswirkungen auf seine Gestaltung und auf seinen Stil haben.

Eine Pergola markiert auf einer Seite des Gartens dessen Grenze. Ähnlich wie ein Bilderrahmen betont sie schöne Motive in der umgebenden Landschaft.

Schöne Aussichten

Von einem Garten in eine wunderschöne Landschaft zu blicken – sei es in ein kleines Tal oder auf die Silhouette eines Hügels – ist etwas ganz Besonderes. In vielen Gärten könnte man ganz unterschiedliche Aussichten genießen, wenn sie nicht von einer hohen Mauer oder durch ein ungünstig platziertes Gartenhäuschen versperrt würden. Gerade in einem kleinen Garten sollte man solche Hindernisse nach Möglichkeit beseitigen und ein größeres Panorama schaffen, denn die Aussicht stellt ein besonders wichtiges Element der Gartengestaltung dar.

Wenn sich der Garten in der Stadt befindet und von unschönen Fassaden oder hohen Zäunen umgeben ist, muss man auf die Aussicht verzichten und stattdessen die Wände mit blühenden Kletterpflanzen färben. In solchen Fällen ist ein interessanter Blickfang im Inneren des Gartens von besonders großer Bedeutung für das Raumgefühl. Häufig ist dieses Objekt auch der Ruhepol des Gartens; es braucht nicht ungewöhnlich zu sein, ein in Form geschnittenes Gehölz oder eine große Tonvase eignen sich gleichermaßen. Auch edle Gartenmöbel sind interessante Blickfänge, die den grünen Raum verschönern, ebenso Skulpturen und Übertöpfe. Sie sollten jedoch zurückhaltend eingesetzt werden, um die Pflanzen nicht zu überbieten oder mit ihnen zu wetteifern. Ideal sind größere Objekte mit ausgewogenen Proportionen und einer schlichten Eleganz, zum Beispiel ein elegant verzierter Terrakottakübel oder ein massiver Brunnen aus Sandstein.

Blickfelder rahmen

Ausblicke in eine schöne Landschaft oder auf die Bäume der benachbarten Grundstücke sind für einen Garten ein zusätzliches Element. Durch ihre bewusste Einbeziehung wird die gesamte Atmosphäre aufgewertet. Die Japaner nennen diese Technik *shakkei* (geborgte Landschaft). Lockert man die Begrenzungen durch Pflanzen auf, treten sie in den Hintergrund, und die umgebende Landschaft oder die Bäume der Nachbargärten scheinen zum eigenen Garten zu gehören. Auch wenn das Gelände hinter dem Haus abfällt, verliert man die Begrenzungen leicht aus dem Auge. So genießt man einen besonderen Ausblick und fühlt sich frei.

Ein weites Blickfeld ist gut und vermittelt dem Gartenbesitzer eines kleinen Refugiums ein Gefühl von räumlicher Weite. Am wirkungsvollsten zeigt es sich, wenn man ein interessantes Motiv mit einem entsprechenden Rahmen hervorhebt. Ähnlich wie bei einem gerahmten Bild wird der Blick auf den Inhalt gelenkt. Allerdings sollte der Rahmen relativ schlicht sein und nicht in Konkurrenz zum Bild stehen, da die gewünschte Wirkung sonst nicht erzielt wird. Um das Auge beispielsweise auf ein Blickfeld hinter der Gartenbegren-

Mit einem niedrigen Zaun lässt sich leicht über die Grenze zum Nachbarn blicken, mit einem Tor kann man sie öffnen.

zung zu lenken. Eine runde Öffnung in einer Mauer, eine als Bogen geschnittene Öffnung in einer Hecke oder ein von Kletterpflanzen umrankter Torbogen aus Gusseisen erzeugen diesen Effekt.

Eine senkrechte, schmale Öffnung in einer geschnittenen Hecke steigert die Neugier des Gartenbesuchers. Besonders in einem formal gestalteten Garten ist es wichtig, die Symmetrie zu wahren und sie zu nutzen, um einen Rahmen am Ende der Blickachse aufzustellen. So hat man von der Terrasse am Wohnhaus über den geradlinigen Weg durch den Garten, der gleichzeitig die Sichtachse bildet, einen direkten Ausblick in die angrenzende Landschaft. Doch auch eine asymmetrische Anordnung ist möglich. Um ein Blickfeld einzurahmen, kann die äußere Begrenzung aus einem Lattenzaun und einer daran anschließenden immergrünen Hecke bestehen. Dazwischen überspannt ein Spalier das Gartentor und rahmt ein Motiv in der Umgebung ein. Die Wirkung, die hier geschaffen wurde, ist jedoch im Vergleich zur symmetrischen Ausrichtung geschwächt, denn das Auge erfasst nicht sofort das Blickfeld.

Auch eine Pergola, die am Ende eines schmalen Reihenhausgartens entlang der gesamten Breite des Grundstücks verläuft, ermöglicht durch die zwischen den Stützen liegenden Fenster ganz unterschiedliche Blickfelder und bietet gleichzeitig interessanten Kletterpflanzen Platz.

Grenzen auflockern

Wo immer sich ein flüchtiger Blick auf eine Aussicht hinter den Gartengrenzen erhaschen lässt, sollte man nicht zögern, ein Zaun-, Mauer- oder Heckenelement herauszunehmen und die Umgebung mit in den Garten einzubeziehen. Der Effekt, der durch ein solches Auflockern der Grenzen entsteht, ist enorm und bereichert die Atmosphäre des kleinen Refugiums – ganz besonders natürlich, wenn es sich um einen Garten am Waldrand oder am Ufer eines Sees handelt.

Um die Umgebung mit in den Garten einzubeziehen, müssen harte Begrenzungen wie etwa ein heller Zaun oder eine weiß gekalkte Mauer so zurückhaltend wirken, dass die äußeren Grenzen verschwimmen und man sie nicht so stark wahrnimmt. Mit Farben oder Pflanzen kann man ihre Wirkung verändern. Werden sie beispielsweise in einen dunklen Rot- oder Braunton gestrichen, fügen sie sich wie selbstverständlich in die Umgebung ein. Noch schöner ist es, wenn man Begrenzungen mit Sträuchern und Stauden kaschiert oder mit Kletterpflanzen beranken lässt. Allerdings muss für die Pflanzen ein Streifen von mindestens 1 m vorhanden sein; lediglich Schling- und Rankpflanzen kommen mit weniger Platz zurecht und benötigen nur einen ca. 30 cm breiten Streifen offenen Boden. Die meisten Arten von ihnen müssen allerdings an einer Stütze in Form eines Spaliers oder eines Rankseils befestigt werden, damit sie sich daran entlanghangeln und emporwachsen können.

Auch mit einem Heckenbogen am Ende des Grundstücks lassen sich Grenzen auflockern und Blickpunkte einbeziehen (siehe den Beispielgarten in der Grafik Seite 60).

Die Höhe im Garten nutzen

Eine ausgewogene Komposition des Gartenraumes beinhaltet neben horizontalen Elementen wie etwa einer Rasenfläche, einem Holzdeck oder Pflanzflächen auch vertikale Elemente, zum Beispiel Gehölze, eine Pergola oder eine Laube. Nur so gibt es einen Raum bzw. ein räumliches Erleben. Optimal ist es jedoch nur, wenn ein ausgewogenes Verhältnis zwischen Fläche und Höhe besteht.

In dem schmalen Reihenhausgarten steht wenig Fläche zur Verfügung, daher muss die Höhe genutzt werden, um ihn mit Gehölzen und Kletterpflanzen zu gestalten. Durch die Dreidimensionalität kann man ihn gut als Raum wahrnehmen.

Waagerechte Linien signalisieren Ordnung und Ausgeglichenheit. Vertikale Elemente dagegen betonen die Höhe, erzeugen Spannung. Ausdrucksstarke vertikale Elemente in einem Garten sind häufig bauliche Konstruktionen, zum Beispiel ein Rankgerüst oder eine Mauer. Aber auch Pflanzen wie säulenförmig gewachsene Bäume sowie geschnittene Hecken bringen Höhe in den Garten.
Gerade bei kleinen Grundstücken ist es wichtig, ein **Spannungsverhältnis zwischen Fläche und Höhe** zu erzeugen, gleichzeitig aber auch ein stimmiges Verhältnis zwischen Länge, Breite und Höhe. Bei hohen geschlossenen Gartenmauern kann der Garten klein und beengt erscheinen. In einem 6 m breiten Reihenhausgarten etwa wirkt eine 2 m hohe Mauer sehr massiv, verschattet leicht die ebene Fläche und lässt den Raum kleiner erscheinen, als er ist. Ideal ist für Mauern eine Höhe von 1,20 m; sie bietet meist genügend Sichtschutz und wirkt dabei nicht erdrückend.

Generell gilt: Je dichter die äußere Umfriedung ist, umso niedriger sollte sie sein.

Bäume betonen die Höhe

Ideale Gehölze für kleine Gärten sind speziell gezüchtete Wuchsformen der Baumkronen, die wenig Platz in Anspruch nehmen. Hierzu zählen säulenförmige wie Zierapfel *(Malus* 'Van Eseltine') und Zierkirsche *(Prunus serrulata* 'Amanogawa'), kegelförmige wie Weißdorn *(Crataegus monogyna* 'Stricta') und Esche *(Sorbus × thuringiaca* 'Fastigiata') sowie kugelförmige wie Kugel-Ahorn *(Acer platanoides* 'Globosum') und Kugel-Trompetenbaum *(Catalpa bignonioides* 'Nana'). Zum Begrünen eignen sich auch Hochstämmchen, die es als Rosen- und Flieder-Hochstamm *(Syringa meyeri* 'Palibin') oder Schneeball-Hochstamm *(Viburnum opulus* 'Roseum') gibt. Sie werden im Handel mit Stammhöhen zwischen 80 und 140 cm angeboten.

Den vertikalen Raum nutzen

Es gibt verschiedene Möglichkeiten, das Element der Senkrechten im Garten hervorzuheben und gleichzeitig nutzbar zu machen – Pergolen, Pavillons und Gartenlauben sowie einfache Rankgerüste. Sie sind schnell gebaut und erfreuen den Gartenbesitzer das ganze Jahr über.

Pergolen, Bögen und Rankseile

Rankgerüste gliedern einen Garten in verschiedene Bereiche, bieten interessante Durchblicke, aber vor allem betonen sie die Höhe des Raumes. Besonders in kleinen Gärten sind Pergolen und Bögen hervorragend geeignet, um die Höhe attraktiv zu nutzen. Pergolen und

Gerade auf kleinster Fläche ist ein Rankbogen gut geeignet, um einer Kletterrose Platz zum Auszubreiten zu bieten.

Bögen sind Raumteiler und bilden gleichzeitig Verbindungsgänge bzw. Durchgänge zum Haus. Schöne Pergolen können als architektonische Skulptur sogar unberankt bleiben.

Pergolen sind ordnende Elemente im Garten und sollten mit Bedacht eingesetzt werden, denn ein kleiner Garten kann durch eine Pergola allzu leicht überfüllt wirken. Eine einreihige Pergola eignet sich zum Beispiel fabelhaft als Raumteiler zwischen verschiedenen Gartenzonen oder als Eingangspforte im Vorgarten. Eine zweireihige dagegen kann einen Weg überspannen und zu einem Schatten spendenden Laubengang werden. Allerdings sollten hierfür nur Hauptverbindungswege ausgewählt werden, die einen eindeutigen Ziel- und Bezugspunkt haben. Aufgrund ihrer Bauart bildet die Pergola das Rückgrat des Gartens mit unterschiedlichen Funktionen. Durch die Konstruktion hat man bei Pergolen sowie Bögen das Gefühl, wie durch Fensterrahmen in die Umgebung zu blicken. Beide markieren mit ihrem Volumen deutlich die Grenze zwischen dem Garten und der umliegenden Landschaft. Auch Rankseile sind eine gute Möglichkeit, um die Vertikale im Garten zu unterstreichen. Sie werden senkrecht an die Fassade des Gebäudes gespannt, damit Kletterpflanzen daran emporranken können. Eine Auswahl geeigneter Kletterpflanzen finden Sie in der Tabelle Seite 41.

Pavillons und Gartenlauben

Pavillons und Gartenlauben stellen neben dem Wohnhaus etwas Gebautes dar und nutzen die Höhe im Garten. Grüne schattige Lauben oder Pavillons, die von rankenden Kletterpflanzen eingehüllt sind, schaffen einen Gegenpol zur Architektur des Wohnhauses. Sie befinden sie sich häufig am Ende des Gartens. Hier markieren sie nicht nur die äußere Grenze, sondern bringen Höhe in den Raum, an den sich die offene Landschaft anschließt. Damit haben sie zugleich die Funktion eines Blickpunktes, der schon von weitem auf sich aufmerksam macht.

Die wichtigste Aufgabe dieser prägnanten Kompositionselemente ist jedoch, einen geschützten und in den Garten eingebetteten Aufenthaltsbereich zu schaffen. Ein kleines Refugium, das an heißen Sommertagen Schatten und Kühle bietet und auch bei einem warmen Sommerregen den Aufenthalt im Freien ermöglicht.

Doch Laube oder Pavillon sollen nicht nur ein schützendes Dach bieten, sondern zugleich die Blicke auf sich ziehen. Zu diesem Zweck kann auch eine **Attrappe** verwendet werden: Eine Laube in verkleinertem Maßstab, ca. 1,50 m hoch und 1,00 m breit, wird direkt an einer Mauer im rückwärtigen Gartenteil befestigt und im Inneren mit einem dunklen Grün gestrichen; außen erhält sie ein helles Grün, was die räumliche Tiefe verstärkt. Von weiten wird man das Gefühl haben, dass darin mehrere Menschen Platz finden.

Neben dem Wohnhaus ist die Gartenlaube e geeigneter Ort, an den man sich an heißen Sommertagen entspannt zurückziehen kann

Weite im Raum schaffen

Die Kunst der Gestaltung eines kleinen Gartens besteht nicht zuletzt darin, die Raumwirkung innerhalb einer vorgegebenen Grundstücksform zu beeinflussen und dadurch den Raum zum Beispiel größer erscheinen zu lassen.

Gartenformen sinnvoll ausnutzen

Ist ein Garten **breiter als tief**, kann dies zunächst Schwierigkeiten bei der Gestaltung bereiten. Um ihn größer erscheinen zu lassen, empfiehlt es sich, einen Blickfang zu platzieren, aber nicht unmittelbar gegenüber dem Wohnhaus. Vielmehr sollte man das Auge auf eines der seitlichen Enden des Gartens lenken, um so die größtmögliche Entfernung ins Spiel zu bringen.

Grundstücksformen nutzen
Man sollte stets versuchen, den Zuschnitt des Gartens möglichst sinnvoll zu nutzen, etwa indem man versucht, die Grenzen aufzulösen, die Umgebung einzubeziehen, Blickpunkte anzuordnen, sodass das Auge bewusst gelenkt wird und somit das Gefühl für einen größeren Raum entstehen zu lassen. Weiteres siehe im Text Seite 68.

Ein **quadratisches Grundstück**, das häufig als rechtwinklige Schachtel empfunden wird, wirkt sehr statisch. Hier gibt es zwei Möglichkeiten, den Gartenraum sinnvoll zu nutzen bzw. ihn zu erweitern. Zum einen kann man von dem Grundstückszuschnitt profitieren und rechtwinklige oder quadratische Formen verwenden, da diese den begrenzten Platz besonders gut ausnutzen. Zum anderen lässt sich die geometrische »Schachtel« kaschieren, indem man innerhalb der Begrenzungen mit weichen, fließenden Formen arbeitet. Ein einfaches Mittel ist eine ovale Rasenfläche, die von Staudenbeeten und Sträuchern eingerahmt oder von einem Heckenbogen aus Hainbuche umgeben wird.

Dreieckige Grundrisse gibt es vorwiegend im städtischen Bereich, wo sich Gärten vielfach aus dem zusammensetzen, was vom Grundstück übrig blieb. Die Spitze des Dreiecks macht häufig den Reiz dieses Zuschnitts aus. Liegt diese direkt im Blickfeld, neigt das Auge dazu, sich wie gebannt daran festzuhalten. Wenngleich vieles dafür spricht, die Spitze durch einen unmittelbar in der Ecke platzierten Blickfang zu unterstreichen, könnte man auch an einer Seite einer bandförmigen Bepflanzung beginnen. Dadurch ist für das Auge der kleine begrenzte Raum nicht gleich erfassbar.

Lange, schmale Gärten sind ideal, um Räume zu schaffen oder die Fläche durch Raumteiler wie Hecken und Mauern oder ein Gebäude zu gliedern. Schritt für Schritt gelangt man dann von einem Gartenzimmer zum anderen. Jedes hat ein eigenes Thema und eine besondere Atmosphäre. Aufgrund des Zuschnitts sollten die Räume in Rechtecke oder Quadrate unterteilt werden, so nutzt man die Größe des Grundstücks am besten aus. Das Grundstück erscheint dann viel größer als ein einziger Raum. Nacheinander öffnen und schließen sich die einzelnen Gartenräume, Licht und Schatten, Enge und Weite wechseln einander ab. Geschwungene Formen von Wegen oder Hecken schaffen Dynamik und vermitteln ein Gefühl der Weiträumigkeit.

Kurze, breite Gärten wirken beengter, als sie tatsächlich sind. Um ihnen mehr Tiefe zu geben und sie größer wirken zu lassen, sollte man eine harte Begrenzung mit Pflanzen mildern und durch eine Öffnung in Mauer oder Zaun die

Mit schmalen Hecken lassen sich kleine, lange Grundstücke aufteilen, um den Garten zu strukturieren und ihn unterschiedlich zu nutzen. Dadurch können Räume für Pflanzen, einen Sitzplatz oder ein Wasserbecken entstehen.

Landschaft mit in den Garten einbeziehen. Vom Küchen- oder Wohnzimmerfenster überblickt man bei einem kleinen Grundstück in der Regel den gesamten Garten. In diesem Fall sollte sich der Blickpunkt nicht auf der gegenüberliegenden Seite des Hauses befinden, sondern an einer der seitlichen Grenzen. Vom Haus aus kann man ihn dann nur schemenhaft erkennen, wird aber dazu verlockt, in den Garten zu gehen, um ihn genauer zu betrachten. Auf diese Weise gelingt es, die Illusion von Weiträumigkeit zu erzeugen.

Mehr Garten durch Raumteiler

Raumteiler schaffen geschützte Sitzbereiche und unterteilen den Garten in kleine Zimmer, die jeweils einen ganz bestimmten Zweck erfüllen und einen eigenen Charakter haben. So können ein lauschiger Sitzplatz, ein kleines Gemüsebeet und ein Spielbereich für die Kinder entstehen. Mit der Gliederung des Gartens erzielt man ganz unterschiedliche Effekte, die sowohl ästhetisch als auch nützlich sind. Schön, wenn beides zusammenpasst und miteinander harmoniert. So könnte zum Beispiel ein Spalier mit Rankpflanzen eine Arbeitsecke abteilen.
Raumteiler können aus verschiedenen Materialien bestehen: aus harten, baulichen wie etwa einer Mauer oder weichen, pflanzlichen wie einer immergrünen geschnittenen Hecke oder einem großen Strauch. **Laubengänge** bilden fantastische Raumteiler, die sich auch für kleine Gärten eignen. Ihr besonderer Reiz liegt darin, den Gartenfreund zu einem Spaziergang anzuregen. Hier kann man von einem zum anderen Ort schweifen, ein Gefühl der Geborgenheit spüren und gleichzeitig unterschiedliche Einblicke in den Garten bekommen. Ein Laubengang ist ideal für Kletterpflanzen, und besonders die duftenden machen den Gang zu einem einmaligen Erlebnis. An seinem Ende sollte sich dem Auge stets ein interessanter Blickpunkt bieten, etwa eine Statue, eine ungewöhnliche Vase oder ein Brunnen mit plätscherndem Wasser.

Tiefe Räume

Eine geschickte Methode, um mehr Raumtiefe zu erzeugen, besteht darin, nicht den ganzen Garten auf einmal sichtbar werden zu lassen. Dazu sind Durchblicke in Mauern und schmale Öffnungen in Hecken sehr hilfreich, denn sie locken das Auge an und machen Lust, den Garten zu erkunden. Tore und berankte Bögen machen neugierig auf das, was sich dahinter verbirgt. Wie groß oder klein der angedeutete Raum auch sein mag und selbst wenn er kaum Möglichkeit zum Aufenthalt bietet – der Effekt ist immerhin geschaffen.
Räumliche Tiefe entsteht durch den gezielten Einsatz der Perspektive. Hecken, Mauern oder ein Laubengang scheinen den Garten zu strecken. Die Wirkung lässt sich noch steigern, indem man die Abstände der Kübelpflanzen verringert, sowie durch Wege führende Linien, die im Fugenbild des Belages sichtbar werden. Auch aufgestellte Spiegel schaffen optische Vergrößerungen. Sie wirken am besten, wenn man sie am Ende eines Weges vor einer Mauer oder Hecke platziert und mit Pflanzen geschickt in den Garten einbindet.

Pflanzen sollten gemäß ihrer Größe und Wuchsform sowie nach Blütenfarben gestaffelt angeordnet werden, um eine kleine Fläche optisch zu erweitern.

Pflanzen anordnen

Im Wald wachsen Pflanzen nach Größe gestaffelt: Bäume bilden in der obersten Etage das schützende Laubdach, dann folgen die heimischen Sträucher und Stauden, und in der untersten Etage befindet sich ein dicker Teppich aus bodendeckenden Arten.

Staffelung – wie in der Natur

Von der Natur kopiert, kann man diese Staffelung für den Aufbau eines Pflanzplanes übernehmen und die Gehölze und Stauden entsprechend setzen. Diese Anord-

nung lässt sich auf jede Gartensituation übertragen: Zuerst die Bäume, dann Sträucher und Hecken sowie die winterharten Stauden und zum Schluss die Bodendecker – mit denen man auch den Pflegeaufwand im Garten deutlich reduzieren kann.
Häufig besteht die äußere Begrenzung eines Gartens aus einer Hecke, die in der Regel kaum höher als 2 m ist. Deshalb sollte die restliche Bepflanzung, mit Ausnahme eines Baumes, nicht darüber hinauswachsen, damit der Garten einen geschlossenen Eindruck vermittelt. Sträucher werden gern als Hintergrund oder Sichtschutz eingesetzt, denn ihre Form und Struktur bleiben ganzjährig erhalten. Will man Sträucher pflanzen, ist es ratsam, Dreier-Gruppen einer Pflanzenart mit unterschiedlichen Höhen auszuwählen.
Im Gegensatz zu Gehölzen ziehen sich die meisten Stauden im Winter zurück, wachsen dafür aber im Frühling und Sommer umso rascher heran. Diese Pflanzen sind unverzichtbar in einem Garten; als Blickpunkte sorgen sie auch am hinteren Beetrand für reichlich Aufmerksamkeit und Kontrastwirkung und fügen sich zudem in die kleinsten Flächen ein.

Einfacher hat man es, wenn man sich eine sinnvoll gestaltete Pflanzenanordnung im Querschnitt vorstellt: Hinten stehen die hohen Sträucher oder ein mittelgroßer Baum, vorne niedrige Sträucher, Stauden und Bodendecker.
Spannung entsteht in einer Pflanzfläche, sobald man eine größere Pflanze in die Mitte setzt, die aus der übrigen Bepflanzung herausragt. Wollen Sie also eine relativ ebene und unspektakuläre Fläche mit Bodendeckern wie zum Beispiel Efeu auflockern, kann das durch Ergänzung mit einer Buchsbaumkugel geschehen.
Bei einer gestaffelten Anordnung von Gehölzen und Pflanzen erscheint ein kleiner Garten nie voll gestopft. Im Gegenteil, er gewinnt zusätzlich an Raum. Und außerdem erzeugt der Rhythmus der Pflanzenhöhen eine gewisse Dynamik und sorgt für Abwechslung.

Pflanzenansprüche berücksichtigen

Beim Durchblättern der Kataloge findet sich eine Blütenschönheit neben der nächsten. Jedoch blühen Sträucher und Stauden nur eine begrenzte Zeit im Jahr. Für die überwiegende Zeit des Jahres zählen andere Merkmale wie die Wuchsform und die Form der Blätter sowie deren Größe, Farbe und Struktur. Deshalb sollte man sich nicht vom momentanen äußeren Erscheinungsbild einer Pflanze blenden lassen und sie in der Baumschule oder Gärtnerei eingehend betrachten.
Um möglichst lange Freude an Ihren Pflanzen zu haben, stellen Sie am besten auf einer Liste Ihre Favoriten zusammen und überprüfen deren Ansprüche mit den Gegebenheiten vor Ort. Ob sommergrün oder immergrün: Hat man wenig Platz im Garten, sollte man ausschließlich Gehölze wählen, die sich nicht zu stark ausbreiten, nicht allzu hoch wachsen und möglichst zu jeder Jahreszeit einen interessanten Blickpunkt bieten – sei es aufgrund ihrer üppigen Blüten im Frühjahr, der leuchtend orangeroten Früchte oder der flammenden Blätter im Herbst, wie sie zum Beispiel der Zierapfel *(Malus floribunda)* bietet.

Feine Strukturen und helle Farben

Staudenbeete müssen nicht immer aufwendig bepflanzt sein, um beeindruckend zu wirken. Vielfach ist eine schlichte Bepflanzung sogar wirkungsvoller. Wo immer die Illu-

Das große Staudenbeet erscheint dem Auge durch die Höhenstaffelung und die Anordnung der Blütenfarben größer als es ist. Die niedrigen Pflanzen mit den warmen Farbtönen stehen vorne, die kühlen Blautöne der straff aufrecht wachsenden Stauden dahinter.

Um dem Reihenhausgarten mehr räumliche Tiefe zu geben, werden im vorderen Teil der Beete großblättrige Pflanzen und dahinter fein gefiederte gesetzt.

sion eines größeren Gartenraumes angestrebt wird, gilt es von großblättrigen Pflanzen in der Nähe der Grundstücksgrenze abzusehen und stattdessen Pflanzen mit fein gefiedertem Laub wie etwa Bambus und Gräser oder den Erbsenstrauch *(Caragana arborescens* 'Pendula') zu verwenden. Pflanzen mit großen Blättern ziehen das Auge magisch an – dadurch verkürzt sich der Sichtbereich optisch, während zierliches, gefiedertes Laub genau das Gegenteil bewirkt: Es bricht das Licht, wodurch der Eindruck eines zurückweichenden Blickfeldes erzeugt wird.
Staudenbeete erregen in einem Garten dann am meisten Aufmerksamkeit, wenn Farben und Formen der Pflanzen harmonisch miteinander verschmelzen, wie etwa rosa und lila Farbtöne, aber auch durch kontrastreich gegenüberstehende Pflanzengruppen mit gelben, orangefarbenen und blauen Blüten.

Durchdacht planen

Die Bepflanzung des Gartens sollte ganz bewusst erfolgen, deshalb ist es sinnvoll, einen Pflanzplan zu entwerfen. Dazu legt man zunächst ein Transparentpapier über den Gartenentwurf und paust die Umrisse der Beete ab. Aus dieser maßstabsgetreuen Zeichnung lässt sich ersehen, wie viel Platz die Pflanzen einnehmen. Allzu leicht unterschätzt man, wie groß die jeweiligen Pflanzen tatsächlich werden, und pflanzt sie häufig zu dicht. Baumschulkataloge und Pflanzenlexika geben Auskunft über die Wuchsform, die Höhe und Breite der Gehölze sowie die Anzahl der Stauden, die je Quadratmeter zu pflanzen sind. Am einfachsten ist es, wenn man Kreise oder Quadrate, die einem Quadratmeter entsprechen, nach Pflanzenart und in Gruppen geordnet in den Plan einzeichnet. Auf diese Weise kann man die Stückzahl der jeweiligen Pflanze errechnen.

Äußerst attraktiv wirkt ein Staudenbeet, in dem sich Wuchsformen und Blattstrukturen voneinander abheben und die Blüten Ihre Lieblingsfarbe tragen.

Bodenbeläge

Es bedarf schon eines gewissen Blicks und Einfühlungsvermögens, um zu wissen, wie man die verschiedenen Materialien, die man im Freien verwenden kann, sinnvoll einsetzt. Zum Schärfen des Blickes sollte man durch öffentliche Parks wandeln sowie Landesgartenschauen besuchen. Mit Maßband, Fotoapparat und Notizbuch kann man die Ideen dann festhalten. Legt man einen Zollstock oder Lineal mit gut lesbaren Zahlen neben einen Pflasterstein, hat man auf dem Foto die wichtigsten Informationen zu Größe und Material und spart sich jede Menge Notizen.

Manchmal genügt ein einfacher Weg mit Trittplatten aus Beton, die in einer Schicht aus Rindenmulch eingebettet sind.

Format und Farbe

Bodenbeläge sollten dezent und einfach gehalten werden, es sei denn, man möchte einen besonderen Akzent in einem sonst eher schlicht gestalteten Innenhof setzen. Werden zu viele verschiedene Materialien nebeneinander verlegt, wirkt die kleine Fläche nur noch kleinteiliger. Ein bis maximal zwei unterschiedliche Belagsarten reichen völlig aus, wenn es darum geht, einen kleinen Raum zu vergrößern. Das erreicht man durch großzügig gestaltete Belagsflächen und/oder zurückhaltende Farbtöne. Die Farben der Steine sollten warm und dezent sein. Platten, die das Haus mit dem Garten verbinden, sollten zur Architektur des Gebäudes passen, ideal ist es, wenn die Farbe des Bodenbelages drinnen und draußen möglichst identisch ist.

Sind etwa im Wohnraum große Fenster, die bis zum Fußboden reichen, hat man beim Hinausschauen dann das Gefühl, dass die Grenzen zwischen Innenraum und Außenraum verschwimmen. Die beiden Räume scheinen ineinander überzugehen. Um sich schöne Anregungen für die festen Beläge im Garten zu holen, kann man sich von Teppich- oder Tapetenmuster inspirieren lassen. An Material und Ausstattung werden in einem kleinen Garten keine besonderen Anforderungen gestellt. Sie sollten sich lediglich harmonisch in das Gesamtbild einfügen.

Beläge für Gehweg und Terrasse

Häufig führt ein gepflasterter Weg vom Haus direkt in den Garten. Auf einem kleinen Grundstück kann dieser unter Umständen viel Platz einnehmen und dadurch aufdringlich wirken. Ein Gehweg sollte nicht zu breit sein; es genügen bereits 75 cm, um einzeln darüber zu laufen, möchte man zu zweit nebeneinander gehen, sind 1,20 m ideal. Als Material eignet sich Kies oder Natursteinpflaster (10 × 10 cm). Trittplatten aus Naturstein oder Beton, die zwischen Rasen oder Bodendeckerpflanzen verlegt werden, erfüllen den gleichen Zweck. In einem formalen Garten fügt sich ein schmales Band aus Ziegeln harmonisch in den Garten ein, wenn das Wohnhaus aus rotem Backstein ist. Hat man einen naturnahen Garten angelegt, wirkt ein Weg aus unregelmäßig verlegten Ziegelsteinen und grauem Granitpflaster sehr authentisch.

In einem kleinen Garten sollte die Terrasse großzügig gestaltet werden. Um eine größere und einheitliche Fläche herzustellen, kann man Holz, Kies, Beton oder großformatige Natursteinplatten verwenden.

Der Belag sollte auf jeden Fall immer mit den am Haus verwendeten Materialien harmonieren. Zu diesem Zweck ist es ratsam, vor der endgültigen Entscheidung eine kleine Musterfläche mit mehreren Steinen oder Platten entlang der Fassade auszulegen. So kann man leichter überprüfen, ob Formen und Farben zusammenpassen.

Rote Ziegelsteine und graues Granitpflaster bilden ein harmonisches Duo und lassen vielfältige Gestaltungsmöglichkeiten zu.

Kies bietet eine lebhafte Oberfläche. Mit diesem Material lässt sich auf einfache Weise eine helle und großzügige Fläche herstellen.

Materialien für großzügige Flächen

Kies hat eine lebhafte Oberflächenstruktur und die Fähigkeit, Licht zu reflektieren. Mit seinem Knirschen spricht dieses Material die Sinne stärker an als beispielsweise Steinplatten. Mit Kies lassen sich einheitliche und großzügige Flächen anlegen. Außerdem ist er sehr pflegeleicht und lässt keine Unkräuter aufkeimen, wenn man vor dem Einbauen ein Vlies darunter verlegt.

Auch mit **Beton** lässt sich sehr gut eine einheitliche und großzügig wirkende Flächen schaffen. Beton ist nicht wasserdurchlässig und wirkt weniger charmant als Platten aus hellem Sandstein.

Ein weiterer beliebter Werkstoff für begehbare Flächen ist **Holz.** Es strahlt Wärme, Natürlichkeit und Lebendigkeit aus und eignet sich auch sehr gut in der Kombination mit Kies. Soll zum Beispiel ein schmaler Steg zu einem Teich führen, kann man die Latten entweder quer oder längs verlegen. In der Regel werden die Holzlatten waagerecht aneinander geschraubt, um ein Holzpodest oder einen Steg zu bauen. Werden sie dagegen länglich ausgerichtet, wird die Fläche optisch gestreckt. Die Latten kann man sich im Baumarkt zuschneiden lassen, eine optimale Breite ist 10 cm. Um sie bequem verlegen zu können, sollte die Länge jedoch 2 m nicht überschreiten.

Großformatige **Natursteinplatten** aus Granit oder Sandstein wirken äußerst reizvoll in einer Fläche aus feinem Quarzkies. Die Farben der Materialien sollten farbig ineinander fließen, damit die verlegte Fläche ruhig, einheitlich und großzügig wirkt. Werden Pflastersteine aus Naturstein in unterschiedlichen Formaten unregelmäßig verlegt, wirkt die Fläche unruhig und verkleinert. Möchte man dennoch Klein- oder Mosaikpflaster (5 × 5 cm) verwenden, ist es sinnvoll, ein fortlaufendes Band in einem ruhigen geometrischen Muster zu wählen. Entscheidend sind immer das Format der Steine und Platten, die man verwendet, und die Art des Verlegemusters. Natursteinplatten in den Maßen 100 × 50 cm oder 120 × 60 cm bilden eine großzügige Fläche und eignen sich für eine Terrasse oder einem Sitzplatz an einem Wasserbecken.

Tipp

So manches **Verlegemuster** kommt erst auf einer größeren Fläche zur Geltung und benötigt viel Platz, um in seiner Gesamtkomposition wahrgenommen zu werden. Hierzu zählen vor allem Bogenmuster. Ihre Form erdrückt eine kleine Fläche auch allzu leicht. Sie eignen sich nur für größere Flächen wie etwa einem Autoabstellplatz.

Beispielhafte Gartenentwürfe

Die theoretischen Grundlagen der Gartengestaltung sind eine wichtige Voraussetzung, wenn es darum geht, Ideen für die sinnvolle Strukturierung eines kleinen Gartengrundstücks zu entwickeln. Die folgenden Beispielgärten verdeutlichen diese und liefern Anregungen für eine ganz individuelle Planung. Es handelt sich um unterschiedlich geschnittene Grundstücke in der Stadt, in einer kleinstädtischen Siedlung und auf dem Lande. Jeder dieser kleinen Gärten zeichnet sich durch seinen ganz spezifischen Charakter aus.

Wassergarten

Von Wasser in ihrem kleinen Refugium träumen viele Gartenbesitzer. Ob Teich, Bachlauf, Brunnen oder Wasserspiele – die Wirkung des Wassers hängt immer von seiner Verwendung ab. Ein Teich im heimischen Garten ist immer eine Attraktion. Denn Wasser hat magische Anziehungskraft. Bereits der Blick auf die glatte Oberfläche eines Teiches oder eines gemauerten Beckens wirkt beruhigend und entspannend zugleich.
Wasser bringt Leben in jeden Garten und verändert sein Erscheinungsbild von Grund auf. Die schönste Form von Wasser im Garten ist der Teich. An den feuchten Rändern sowie im Wasser fühlen sich viele interessante Pflanzen wohl. Hier ist der ideale Platz für heimische Sumpf- und Schwimmblattpflanzen. Der positive Einfluss auf das Kleinklima in seiner unmittelbaren Umgebung ist ein weiterer Pluspunkt von Wasser. Aufgrund der kühleren Temperaturen sowie höherer Luftfeuchtigkeit wird der Teich besonders an heißen Sommertagen zu einem beliebten Treffpunkt im Freien. Das Wasser bietet Gelegenheit, eine ganze Reihe faszinierender Pflanzen zu kultivieren, und Liebhaber können zudem ein Quartier für bunte Fische integrieren.

Eine sorgfältige Planung ist schon deshalb besonders wichtig, weil die Anlage eines Teiches mit einem hohen Arbeitsaufwand verbunden ist und erhebliche Kosten verursacht.

Die richtige Größe

Ist der Platz im Garten nicht allzu stark begrenzt, sollte die Teichfläche möglichst großzügig dimensioniert werden. In einem kleinen Teich erwärmt sich das Wasser sehr rasch, und Pflanzen können die Wasserfläche leicht zuwuchern. Ein gut funktionierender Teich sollte

Auch in einem kleinen Garten sollte man eine großzügige Fläche für einen Teich auswählen. Dadurch entsteht ein großzügigeres Raumgefühl, und das Wasser erwärmt sich nicht so rasch.

eine Mindestgröße von etwa 40 m^2 haben. Ist der Teich zu klein, ist er in der Regel auch sehr arbeitsintensiv und pflegebedürftig, insbesondere durch eine zu geringe Wassertiefe. Diese sollte mindestens 1 m betragen, damit sich das Wasser in den Sommermonaten nicht so leicht erwärmt und dadurch der Algenwuchs gefördert wird. Um verschiedene Wasserzonen anzulegen, müssen die seitlichen Teichränder flach gestaltet und mit einem leichten Gefälle von mindestens 1:2 ausgebildet werden. Das bedeutet, dass die Wassertiefe von 1 m erst nach 2 m Länge erreicht wird. Der Durchmesser der Teichoberfläche sollte etwa 5–6 m betragen.

Mit Sumpf- und Schwimmblattpflanzen entsteht am Teich ein kleines Biotop. Damit sich die Pflanzen optimal entwickeln können, müssen verschiedene Wassertiefenzonen angelegt werden.

Ideale Pflanzen

Während für ein rechteckiges Wasserbecken eine Seerosenart genügt, sollte man für einen Teich, der im Laufe der Zeit ein eigenes Ökosystem ausbildet, ein vielfältiges Pflanzensortiment auswählen. Hierzu gehören neben großblättrigen Pflanzen feine Gräser und Binsen sowie ausdrucksvolle Blütenstauden, aber auch hohe Pflanzen wie Bambus und Schwertlilien, die nicht nur deutliche Akzente setzen und grünes Volumen erzeugen, sondern auch einen optischen Bezug zur Landschaft schaffen. Pflanzen, die von Natur aus im und am Wasser wachsen, werden vom Standort her in vier Zonen unterteilt:

- Feuchte Zone (stets feucht bis nass)
- Sumpfzone (bis 20 cm Wasserstand)
- Flachwasserzone (20–40 cm Wasserstand)
- Seerosenzone (50 cm und tieferer Wasserstand)

Da Teichpflanzen zu kräftigem Wachstum neigen, das nur im Winter unterbrochen wird, sollte man sie mit Bedacht auswählen und zum Beispiel den Zwerg-Rohrkolben *(Typha minima)* verwenden und nicht den gewöhnlichen, stark wuchernden *(Typha latifolia)*. Bei einem naturnah gestalteten Teich empfehlen sich für die Randbepflanzung heimische Arten wie beispielsweise Sumpfdotterblume *(Caltha palustris)* oder Blumenbinse *(Butomus umbellatus)*. Diese Pflanzen sind robust, kommen mit schwankenden Wasserständen zurecht und können draußen überwintern. Anders dagegen die Muschelblume *(Pistia stratoides)*. Sie muss im Haus überwintern.

Beispielgarten: Ein Gefühl von Urlaub und Weite

Typ: Doppelhaus
Gartengröße: 12 × 11 m = 132 m²
Umfeld: ländlich geprägt
Gestaltungselemente: großer Teich, Sitzplatz am Teich, Holzsteg, Holzterrasse, Wasserpflanzen
Materialien: Kies, Sand, Holz
Pflanzen:
Gehölze:
① Himalaya-Birke *(Betula utilis* 'Doorenbos')
② Bambus *(Phyllostachys aureosulcata)*
③ Zwergbambus *(Pleioblastus fortunei)*
Uferpflanzen:
④ Binse *(Juncus ensifolius)*
⑤ Segge *(Carex pseudocyperus)*
⑥ Sumpf-Schwertlilie *(Iris pseudacorus)*
⑦ Sumpfdotterblume *(Caltha palustris)*
⑧ Blumenbinse *(Butomus umbellatus)*
⑨ Hechtkraut *(Pontederia cordata)*
⑩ Zwerg-Rohrkolben *(Typha minima)*
Schwimmblattpflanzen:
⑪ Knöterich *(Polygonum amphibium)*
⑫ Seerose *(Nymphaea* 'Sulphurea')
Mobiliar/Ausstattung: Korbmöbel ⑬, Strandkorb ⑭, Holzschrank für Werkzeug und Gartengeräte ⑮, Sitzmöbel mit Stauraum ⑯, Holzliegen ⑰, Rettungsring ⑱
Pflege: nicht sehr aufwendig; einmal jährlich Teichpflege: Rückschnitt der Uferbepflanzung, Beseitigen von Blättern auf der Wasseroberfläche
Optische Erweiterung: Wasserfläche reflektiert, schmaler Holzsteg streckt den Garten
Blickpunkte: Teich mit Seerosen, Sitzplatz am Teich, weißstämmige Birke

Das Grundstück gehört zu einer Doppelhaushälfte in ländlicher Umgebung. Mit etwa 130 m² ist der Garten groß genug, um einen naturnahen Teich anzulegen. Der Teich ist die Hauptattraktion im Garten. Mit dem Wasser zieht eine ganz besondere Stimmung ein, die durch geeignete Materialien wie Holz noch verstärkt wird. Eine schmale Holzterrasse entlang dem Wohnhaus lädt zum Verweilen ein. Hier ist ein idealer Ort, um bereits beim Frühstück auf die Wasserfläche zu schauen. Hat man am Wochenende mehr Zeit, kann am sich am Rand des Teiches im Strandkorb so richtig erholen. Kies, Sand und Pflanzen schaffen eine Atmosphäre, die an Urlaub erinnert. Mit Blick auf das glitzernde Wasser lassen sich die Sorgen des Alltags vergessen. Wenn man mit seinen Gedanken allein sein möchte, kann man auf dem warmen Holzsteg alle viere von sich strecken, oder man lässt die Beine über der Wasserfläche baumeln. Der Garten bietet reichlich Spannung und weckt die Neugier der Menschen. Man fühlt sich geradezu aufgefordert, ihn zu erkunden, Pflanzen zu studieren oder einfach nur am Wasser zu sitzen und ein Buch zu lesen. Ein Platz unter der aufgelockerten Krone der Himalaya-Birke bietet an sonnigen

Tagen genügend Schatten. Für Kinder wie Erwachsene ist der Garten ein gleichermaßen interessanter und erlebnisreicher Ort, den es zu entdecken gilt. Was gibt es Schöneres, als eine bläulich schimmernde Libelle oder Wasserläufer zu beobachten? Für Kinder ist der Garten wie ein großer Abenteuerspielplatz, und reichlich Wasser zum Matschen gibt es auch.

Wasser weckt Illusionen

Über den langen schmalen Holzsteg führt der Blick vom Haus in den Garten und darüber hinaus in die dahinterliegende Landschaft mit ihren Wiesen und Kornfeldern. Der Steg streckt den kleinen Raum und ist Weg- und Blickachse zugleich. Um diese Wirkung noch stärker zu betonen und den Steg länger erscheinen zu lassen, ist ein Teil davon in die Holzterrasse integriert.

Kinder fühlen sich magisch vom Wasser angezogen. Hier gibt es auch viele interessante Pflanzen und seltene Tiere zu entdecken.

Der Steg verbindet den Sitzplatz am Haus mit dem Aufenthaltsbereich am Wasser und ist gleichzeitig ein angenehmer Aufenthaltsort, um sich nah am Wasser zu erholen. Die große Wasserfläche erzeugt eine Illusion; man hat das Gefühl, der Garten ist größer, als die tatsächliche Fläche vorgibt. Durch die naturnah gestalteten Ränder und die üppige Bepflanzung verschwimmen zudem die äußeren Kanten der rechteckigen Grundstückform. Die wellige Oberfläche des Weidenflechtzaunes, der den Garten umgibt, lockert die Grenzen auf und unterstreicht die ländliche Atmosphäre.

Natürlich bepflanzt

Die Bepflanzung der Teichränder bilden Uferpflanzen wie Hechtkraut, Zwerg-Rohrkolben, Sumpf-Schwertlilie und Blumenbinse, sie sind jeweils entsprechend ihrer Wuchshöhe gestaffelt angeordnet. An den äußeren Gartenrändern stehen die hohen senkrecht wachsenden Pflanzen wie Sumpf-Schwertlilie und Blumenbinse. Direkt am Wasser fühlen sich Hechtkraut und Zwerg-Rohrkolben zu Hause. Die Wasseroberfläche zieren gelbe großblumige Seerosen. Zwischen den größeren Steinen wachsen Binsen, Seggen und Sumpfdotterblume. Der Sitzplatz am Teich ist von Bambus umgeben, der einen dekorativen grünen Schutz vor Wind und Blicken bietet.

Sicherheit für Kinder

Häufig wird die Frage nach der Sicherheit zu einem entscheidenden Kriterium für die Anlage eines Teiches, insbesondere bei Gartenbesitzern mit kleinen Kindern. Teiche sollten deshalb erst dann in einem Garten realisiert werden, wenn alle im Haushalt lebenden Kinder schwimmen können. Zusätzlich müssen einige Vorkehrungen getroffen werden, um Unfälle zu vermeiden.
Entscheidend ist immer die richtige Bauweise. Vermieden werden sollten vor allem zu steile Böschungen. Flach ausgebildete Uferzonen schaffen mehr Sicherheit. Die betretbaren Randbereiche müssen so ausgebildet sein, dass der Wasserstand nur allmählich tiefer wird. Je nach Teichgröße sollten die Ränder ein leichtes Gefälle von etwa 1:4 haben. Das bedeutet, dass die Tiefe des Teiches von 1 m erst nach einer Strecke von 4 m erreicht wird. Darüber hinaus sind diese Flachwasserzonen relativ dicht mit Binsen und Wasserstauden zu bepflanzen und mit größeren Steinen zu sichern.
Lassen sich steilere Böschungsbereiche nicht umgehen, können sie mit Schilf bepflanzt werden, das sich im Laufe der Zeit zu einem dicht bewachsenen Pflanzgürtel entwickelt und dadurch eine natürliche Barriere zur Wasserfläche bildet. Ein Rettungsring, der direkt am Teich, im Bereich eines Steges oder der Terrasse installiert wird, schafft zusätzliche Sicherheit.

Tipp

Entnehmen Sie für die Bepflanzung des Wasserbeckens auf keinen Fall Pflanzen aus der heimischen Ufervegetation von Teichen, Gräben oder Bächen! An diesen Naturstandorten wachsen seltene und geschützte Arten. Wenn Sie Pflanzen unerlaubterweise ausgraben, können Sie sich auch unerwünschte Tiere in den Garten holen.

Naturnaher Garten

Der naturnahe Garten gleicht einem Bild von der Natur, das man sich in das eigene Grundstück holt. Für die Gestaltung eines kleinen naturnahen Gartens bedeutet dies, die Lebensbereiche in der Natur zu kopieren. Ein Entwurfskonzept basiert immer darauf, die Standortansprüche hinsichtlich Licht, Nährstoffen, Boden und Wasser zu kennen und die entsprechenden Bedingungen im Garten zu schaffen. Natürliches Aussehen bedeutet allerdings nicht Pflegeleichtigkeit. Auch ein naturnah angelegter Garten erfordert kontinuierlich Pflege.

Alles gut unterbringen

Je kleiner ein Garten geschnitten und je stärker er durch Wege, Sitzplätze, Rankgerüste gegliedert ist, umso komplizierter wird manchmal das Mosaik aus verschiedenen Pflanzenstandorten. In einem naturnahen Garten sollten die befestigten Flächen auf ein Minimum reduziert werden, um für Pflanzen möglichst große Bereiche zur Verfügung zu haben.
Zuweilen müssen auch weniger dekorative Elemente wie etwa Rasenmäher oder Fahrräder im Garten untergebracht werden. Um diese harmonisch mit in das Gestaltungskonzept zu integrieren, beginnt man gleich am Anfang damit, für sie einen entsprechenden und leicht zugänglichen Platz zu suchen. Sie sollten nicht sofort ins

Ein alter Holzschuppen hat viel Charme. Zusammen mit Sommerblumen und Gemüse entsteht eine typisch ländliche Atmosphäre.

Auge fallen und ausreichend kaschiert werden. Eine Trennwand aus Holz oder ein beranktes Metallgitter genügen häufig schon, um sogar Mülltonnen dahinter zu verstecken. Auch ein alter Schuppen bietet genügend Platz und kann so dekorativ gestaltet sein, dass er unwillkürlich zum Blickfang wird. Oft reicht es aus, ihn mit frischer Farbe zu streichen oder mit blühenden Kletterpflanzen zu beranken. Ein Schuppen muss bei Platzmangel nicht in der hintersten Ecke angeordnet werden; besser ist es, diesen Platz für den Kompostkasten zu reservieren. Unter dem Dachüberstand des Schuppens können Sie Fahrräder oder eine Leiter abstellen, aber auch Kaminholz stapeln.

Die Landschaft einbeziehen

Bei einem kleinen Grundstück ist die Umgebung eines naturnah angelegten Gartens mit entscheidend für dessen Atmosphäre und wahrgenommene Größe. Eine Gestaltung mit üppigen Pflanzen lässt die Grenzen verschwimmen und den Garten größer wirken. Typische Elemente sind eine Wiese, ein Teich, Komposthaufen, Gartenlaube und Wildsträucher wie zum Beispiel Holunder, Schlehe oder Kartoffelrose. Um den authentischen Charakter und natürlichen Charme eines solchen Gartens zu bewahren, sollten eventuell vorhandene alte Obstbäume und Sträucher sowie ein verwitterter Holzschuppen nach Möglichkeit erhalten und in das Gestaltungskonzept integriert werden.

Zäune beleben

In einem kleinen Garten, wo Flächen rar sind, bietet sich idealerweise ein Zaun für die Begrenzung des Grundstücks an. Ein Staketenzaun ist besonders geeignet und kann zudem mit farbigen Kletterpflanzen berankt werden. Mit den Pflanzen wirken die Ränder weicher, und der Garten scheint in die umgebenden Flächen harmonisch überzugehen.

Einen vorhandenen Maschendrahtzaun oder einen verblassten Holzzaun können Sie mit Pflanzen kaschieren. Die Kletterpflanzen erwecken den Eindruck einer dichten Blütenhecke, ohne viel Platz zu beanspruchen. Auch wenn sich nach und nach immer mehr Blüten und Blätter ausbreiten – dieser grüne Mantel wird kaum dicker als 30 cm. Wer es eilig hat und nur vorübergehend auf eine andere Tapete schauen möchte, wählt am besten einjährige Kletterpflanzen wie Feuerbohnen, Prunkwinden, Kapuzinerkresse oder Duftwicken aus. Immergrüne Kletterpflanzen wie Efeu stellen ganzjährig eine grüne Blätterwand dar; man kann sie mit farbigen Kletterpflanzen mischen.

Farbenfrohe Blütenstauden und liebevoll angelegte Gemüsebeete, die von Sommerblumen begrenzt werden, sind charakteristische Gestaltungselemente, die das Bild eines naturnah angelegten Gartens prägen.

Beispielgarten: Ländlich inspiriert

Typ: Reihenhaus
Gartengröße: 16 × 6 m = 96 m²
Umfeld: ländlich geprägt
Gestaltungselemente: Staketenzaun ㉒, Wiese, geschwungener Weg, Beete mit Sommerblumen und Gemüse, Teich
Materialien: Sandstein
Pflanzen:
Gehölze: ① Birnbaum *(Pyrus* 'Conference'), ② Holunderstrauch *(Sambucus nigra)*, ③ Spalier-Apfelbaum
Sommerblumenstauden:
④ Kosmosblume *(Cosmos bipinnatus)*, ⑤ Löwenmäulchen *(Anthirrhinum majus)*, ⑥ Sonnenblume *(Helianthus atrorubens)*, ⑦ Dahlie *(Dahlia* 'Akita'), ⑧ Studentenblume *(Tagetes* in Sorten), ⑨ Kleinblättriges Immergrün *(Vinca minor)*, ⑩ Schneefeder-Funkie *(Hosta undulata* 'Univittata')
⑪ Teichbepflanzung:
Sumpf-Schwertlilie *(Iris pseudacorus)*, Sumpfdotterblume *(Caltha palustris)*, Hechtkraut *(Pontederia cordata)*, Binse *(Juncus effusus)*
⑫ Wasserpflanzen für Kübel:
Zwerg-Rohrkolben *(Typha minima)*, Wassernuss *(Trapa natans)*, Wasserhyazinthe *(Eichhornia crassipes)*
⑬ Stauden für Brunnen: Funkie *(Hosta* Hybride 'Krossa Regal'), Frauenmantel *(Alchemilla mollis* 'Robusta'), Wurmfarn *(Dryopteris filix-mas)*
Kletterpflanzen: ⑭ Kapuzinerkresse *(Tropaelum majus)*, ⑮ Duftwicke *(Lathyrus odoratus)*, ⑯ Bergwaldrebe *(Clematis montana* 'Rubens')
⑰ Gemüse/Kräuter: Kopfsalat, Radieschen, Schnittlauch, Petersilie
Mobiliar/Ausstattung: Holzklappmöbel ⑱, Holzschuppen ⑲, Holzfässer ⑫, Brunnen mit Pumpenschwengel ⑳, Kompost ㉑
Pflege: mäßig, da kleine Flächen; Verwendung von mineralischem Dünger
Optische Erweiterung: unterschiedliche Gartenräume, geschwungener Weg, Ausblick in die Landschaft
Blickpunkte: Obstbaum, Brunnen, Wasserfässer, Teich

Ein Fachwerkhaus auf dem Land mit einem über die Jahre hinweg vernachlässigten Garten bietet Gelegenheit, Alt und Neu zu kombinieren. Die Pflanzen haben sich stark ausgebreitet. Der 6 m breite und 16 m lange Raum wirkt sehr beengt. Um Licht in den eingewachsenen und schattigen Garten zu bringen, werden einige ältere Gehölze gefällt, alle schwachwüchsigen Pflanzen beseitigt und die Rasenfläche auf ein Minimum reduziert. Erhalten bleiben der Staketenzaun, ein alter Birnbaum, der Holzschuppen und die Terrasse aus Sandsteinplatten. Vorhandene alte Sandsteinplatten werden für den neuen Gartenweg wiederverwendet. Alle festen Elemente werden an ihrem jeweiligen Standort erhalten und mit in das Entwurfskonzept eingefügt. Der Garten ist pflegeleicht gestaltet, mit einem kleinen Teich, einem Gemüsebeet sowie einem großen Sommerblumenbeet. Das Gartengrundstück wurde in drei Räume aufgeteilt, die durch 1 m hohe Zäune voneinander getrennt sind.

Raum sinnvoll nutzen

Weidenflechtzäune teilen den langen schmalen Garten in kleine »Zimmer« auf. Jedes davon hat eine ganz eigene Stimmung. Ein Weg aus großformatigen Sandsteinplatten führt von der Terrasse durch den Garten, an einem Blütenmeer von Farben vorbei, das von einjährigen Sommerblumen erzeugt wird. Unter der Krone des Birnbaums hindurch gelangt man zu einem kleinen Teich mit interessanter Ufervegetation. Auf einer kleinen Rasenfläche ist genügend Platz, um vom Liegestuhl auf das Wasser und die Pflanzen zu schauen. Folgt man weiter dem Verlauf des Weges, gelangt man zu einem kleinen Gemüsebeet, das mit bunten Salatköpfen und Gartenkräutern äußerst dekorativ wirkt. Dahinter steht der alte Holzschuppen. Darin werden die Klappmöbel sowie Geräte und Werkzeuge aufbewahrt. Gegenüber befinden sich auf einer kleinen Wiese ein Holunderstrauch und der Komposthaufen. Das Ende des Weges markiert ein Holztor mit beranktem Holzspalier. Von hier aus hat man einen herrlichen Blick in die Landschaft auf Wiesen, Weiden und Ackerflächen.
Durch die Aufteilung des Grundstücks in rechteckige Formen wird der Gartenraum optimal ausgenutzt. Da der Staketenzaun nur eine Höhe von 1,20 m hat, kann man von der Terrasse aus in die Nachbargärten schauen, dadurch werden diese mit in das Gartenbild einbezogen. Die geschwungene Form des Weges lässt den schmalen Gartenraum größer wirken und bildet gleichzeitig einen idealen Kontrast zu den rechtwinkligen Gartenzimmern. Herrliche Kontraste entstehen auch durch das Wechselspiel zwischen den offenen, sonnigen Bereichen und den schattigen Flächen.

Pflanzen verbinden Haus und Garten

Der üppige Bewuchs der Berg-Waldrebe an der Fassade des Fachwerkhauses schafft einen Übergang zum Garten und bietet besonders im Frühjahr mit tausenden rosafarbener Blüten einen herrlichen Blickpunkt. Der Sitzplatz am Haus ist umgeben von Pflanzen, Blüten und Düften. Von hier aus kann man die reiche Farbenpracht der Sommerblumen – Löwenmäulchen, Sonnenblumen, Dahlien u. a. – betrachten sowie Schmetterlinge beobachten. Wind- und Sichtschutz für den Sitzplatz am Haus bieten 1,40 m hohe Weidenflechtzäune, die von Duftwicken berankt werden.

Blickpunkt Brunnen

Auf der Terrasse setzt das Element Wasser einen deutlichen Akzent. Gleich mehrfach zeigt es seine starke Präsenz in großen Holzkübeln mit filigranen Pflanzen. Der nostalgische Brunnen sorgt für angenehme Frische und weckt Erinnerungen an die guten alten Zeiten und Omas farbenfrohen Bauerngarten. Dieses Element unterstreicht wie kein anderes die ländliche Idylle. Auch wenn der Pumpenschwengel nur dekorativen Charakter besitzt, so ist das Brunnenbecken stets mit Wasser gefüllt, da es als Vogeltränke dient und gefiederte Gäste in den Garten lockt. Um die Zapfstelle herum wachsen hohe Farne, Funkien und Frauenmantel und rahmen diesen besonderen Blickpunkt ein.

Architektonischer Garten

Mit einem architektonischen Garten assoziiert man modern, puristisch und cool. Dieser Gartenstil spiegelt wie kein anderer die Persönlichkeit seines Besitzers wider. Häufig sind es Architekten, Künstler oder Designer, die diesen Gartentyp bevorzugen.
Ein architektonischer Garten ist deutlich gegliedert, wirkt ruhig, geordnet und nicht überladen. Die klaren Linien sowie die Symmetrie lenken den Blick des Betrachters auf das Wesentliche, auf einige wenige, besondere und kraftvolle Elemente mit großer Wirkung.
Ein geometrischer Grundriss ist maßgebend für die Anlage, die gebräuchlichsten Formen sind Rechteck und Quadrat. Für die Gestaltung eines schmalen Gartens eignet sich der rechteckige Zuschnitt am besten, da dieser die Größe des Raumes am sinnvollsten ausnutzt. Doch nicht nur die harten, rechtwinkligen Formate, sondern auch alle anderen geometrischen Figuren wie Kreis, Kugel, Oval und Ellipse werden als Stilmittel verwendet.

Charakteristische Kontraste

Der architektonische Garten steht in markantem Gegensatz zu seiner in der Regel natürlich gestalteten Umgebung. Die bei diesem Gartenstil auferlegte Ordnung zähmt die Natur, indem sie Pflanzen zum Beispiel als geschnittene Hecke in grüne Mauern verwandelt, die ähnlich den Wänden eines Innenraums zum Strukturieren des Außenraums verwendet werden. Architektonische Elemente und

Eindeutigkeit, Klarheit und wenige, ausdrucksstarke Elemente sind maßgebend für den Charakter eines architektonischen Gartens. Auch mit in Form geschnittenen immergrünen Gehölzen wird dieser Stil deutlich zum Ausdruck gebracht.

Formgehölze machen den Übergang von der Ordnung des Hauses zur relativen Unordnung des Gartens fließender und verbinden das Haus mit dem Garten. So rahmen zwei in Kastenform geschnittene immergrüne Sträucher die Terrassentür, Kübelpflanzen mit Kugel-Hochstämmchen markieren den Weg in den Garten, und die ovale Rasenfläche wird von einer Stahlschiene eingefasst.

Beispielgarten: Modern und voller Spannung

Typ: Doppelhaushälfte
Gartengröße: 12 × 11 m = 132 m²
Umfeld: kleinstädtisch geprägt
Gestaltungselemente: rechteckiges Wasserbecken, geometrische Pflanzenbeete, Kübelpflanzen
Materialien: Granit, Kies
Pflanzen:
Gehölze:
① Gold-Trompetenbaum *(Catalpa bignonioides* 'Aurea')
② Blutbuchenhecke *(Fagus sylvatica* 'Atropunicea')
③ Spireenhecke *(Spiraea nipponica)*
Staudenbeete:
④ Japanisches Blutgras *(Imperata cylindrica* 'Rubra')
⑤ Iris *(Iris sibirica* 'Caesar')
⑥ Kübelpflanzen:
Steppenkerze *(Eremurus stenophyllus* subsp. *stenophyllus)*
⑦ Wasserbecken: Seerose *(Nymphaea* 'Hermine')
Mobiliar/Ausstattung: moderne Möbel aus Aluminium und Holz ⑧, Beleuchtung Wasserbecken ⑨
Pflege: gering, da wenig Pflanzen; Heckenschnitt ein- bis zweimal jährlich, Pflege Wasserbecken einmal pro Jahr, Winterschutz für Kübelpflanzen
Optische Erweiterung: großes Wasserbecken, klare Konturen, helle, großzügige Fläche, großformatige Steinplatten
Blickpunkte: Wasserbecken, Pflanzen

Bei dem Grundstück handelt es sich um den Garten einer Doppelhaushälfte mit einer Größe von etwa 130 m². Das Konzept sieht einen schlichten Garten vor, der zu den Formen und Materialien der Fassade sowie dem Stil des Hauses passt und auf einem rechtwinkligen Grundraster aufbaut. Die zum Garten ausgerichtete Fassade besteht aus einer Stahl-Glas-Konstruktion. Die Gestaltung des Gartens ist zurückhaltend und beschränkt sich auf wenige, aber ausdrucksstarke Elemente. Zu ihnen zählt das 7 Meter lange und 1,50 m breite Wasserbecken, das einen markanten Blickpunkt in dem streng gegliederten Garten bildet. Der Garten wirkt ruhig, geordnet und überschaubar. Auf den ersten Blick scheint er nichts Geheimnisvolles zu haben, und dennoch ist er voller Spannung, was auf die strengen Formen zurückgeht. Das Umfeld spielt für die Atmosphäre im Garten keine Rolle; vielmehr geht es darum, sich im Inneren des Gartens ungestört zu fühlen. Die hohe und blickdichte Buchenhecke schirmt die Umgebung ab und bietet Sicht- und Windschutz. Dank der hellen befestigten Flächen aus Granit und Kies kann man den Garten auch für eine größere Feier mit vielen Gästen nutzen.

Geometrische Pflanzen

Pflanzen spielen in diesem schlichten Gartenraum zwar eine untergeordnete Rolle, setzen aber umso

deutlichere Akzente. Eingerahmt wird der Garten von einer hohen Blutbuchenhecke, vor der sich eine niedrige Spireenhecke präsentiert. Die purpurvioletten Blätter der Hecke wirken fast künstlich, sind aber ideal, um den Stil des Gartens besonders hervorzuheben. Im Inneren sind es die straff aufrechten Wuchsformen von Iris und Rutengras, die die vertikale Fläche des Raums betonen und den architektonischen Charakter unterstreichen. Mit intensiven Farben ziehen sie die Blicke auf sich: Während die Iris mit tiefem Violett besticht, fällt das Rutengras mit leuchtendem Rot ins Auge. Die Farben der Pflanzen setzen kräftige Farbtupfer in die helle Fläche aus Kies. Eingefasst mit einem schmalen Metallrahmen, wirken sie wie kunstvolle Bodenskulpturen.
In schlichten schwarzen Keramikgefäßen bilden die hoch aufgerichteten Blüten der Steppenkerze einen besonderen Blickfang, der auch von den dahinterliegenden Wohnräumen aus sichtbar ist. Die leuchtend gelben Blütenkerzen bilden einen schönen Kontrast zu der streng gegliederten Fassade aus Stahl und Glas und rufen ein Gefühl natürlicher Leichtigkeit hervor. Am Ende des Gartengrundstücks lenkt der Gold-Trompetenbaum mit seinen hellgrünen herzförmigen Blättern die Aufmerksamkeit auf sich. In seiner Funktion als Hausbaum demonstriert er nicht nur Höhe im Garten, sondern sorgt mit seiner kompakten Blätterkrone für ausreichend grünes Volumen. Die Spannung im Garten wird durch die klaren Konturen der Materialien und Flächen erzeugt, die im starkem Gegensatz zu den Pflanzen stehen.

Großes Raumerlebnis

Der architektonische Garten bietet viel Raum. Durch die nebeneinander angeordneten und unterschiedlich hohen Hecken wirkt der Raum breiter, die bündig an die grauen Granitplatten anschließende Kiesfläche vermittelt den Eindruck von Weite. Aufgrund der starren Begrenzung der Pflanzen mit Edelstahlschienen, die 10 cm aus der Kiesfläche herausragen, entstehen eindeutige Formen, klare Linien und Flächen.
Das schmale, lange Wasserbecken, das in den Bodenbelag eingelassen ist, durchbricht die ebene und großzügige Fläche aus großformatigen Steinplatten, die dunkle Farbe des Wassers täuscht räumliche Tiefe vor. Da ein Teil der Granitplatten über die Wasseroberfläche ragt, entsteht eine Schattenkante, die die Tiefenwirkung verstärkt. Auch Schwankungen des Wasserstandes sind dadurch nicht sofort sichtbar. Das Wasserbecken ist ein besonderer Blickfang und bildet quasi den optischen Mittelpunkt des Gartens. Die Seerosen wecken, zumindest während der Blüte, noch einmal zusätzliche Aufmerksamkeit. Damit man den Garten auch bei Dunkelheit von allen Zimmern des Wohnhauses betrachten kann, wird das Becken dezent beleuchtet – nicht nur, um sich selbst eindrucksvoll zu inszenieren, sondern auch, um den Garten in ein sanftes Licht zu hüllen.

Die starre Form des rechtwinkligen Wasserbeckens bildet den Mittelpunkt des architektonisch gestalteten Gartens und unterstreicht seine formale Strenge.

Japanischer Garten

Höfe sind eine ganz besondere Form von Garten. Auf allen Seiten von hohen Mauern umschlossen, wirken sie manchmal wie ein Zimmer des Hauses, dessen Dach der Himmel bildet. Auch wenn es sich hier um einen Freiraum handelt, sind Innenhöfe mehr der Bebauung als der Landschaft zugeordnet. Die Atmosphäre unterscheidet sich deutlich von der eines Gartens. Die fast meditative Stimmung ist nur auf den Innenraum bezogen, der zurückgezogene Ort vermittelt ein Gefühl von Abgeschiedenheit und Ruhe.

Inspirationen

Bei der Gestaltung eines japanisch inspirierten Gartens kann man sich von den traditionellen japanischen Gartenhöfen inspirieren lassen. Diese sind idealisierte Landschaften auf kleinstem Raum und

Ein schlichter Bodenbelag und nur wenige Pflanzen bieten viel Raum, um den Blick schweifen zu lassen. Azaleen und Farne sowie eine japanische Laterne aus Granit und ein Brunnen erzeugen das passende Ambiente.

beschränken sich auf ein Minimum an Elementen. Ebendarin liegt das Geheimnis ihrer erhabenen Strenge und Reinheit. In allen japanischen Gärten werden die gleichen Grundelemente verwendet: Stein, Wasser und Pflanzen. Die schlichten japanischen Gartenhöfe liefern gute Anregungen für einen modernen Garten. Mauern werden nicht versteckt, sondern einbezogen. Solche kleinen, nach innen gerichteten Räume erinnern manchmal an eine Theaterbühne und können häufig mit relativ einfachen Mitteln umgestaltet werden. Streicht oder kalkt man etwa eine unansehnliche Mauer, wirkt ein kleiner Raum nicht nur weitläufiger, sondern die Schatten der größeren Pflanzen werden zu einem eigenen Gestaltungselement. Spiegel und scheinbar dreidimensionale Wandmalereien (»trompe-l'œil«) sorgen für unerwartete Tiefen und Perspektiven. Die Art der Bepflanzung richtet sich nach den jeweiligen Bedingungen vor Ort und insbesondere nach dem Lichteinfall. Für dunkle Standorte eignen sich Schatten liebende Arten mit lebhaften Grüntönen und interessanten Blattstrukturen.

Beispielgarten: Klare Konturen

Typ: Gründerzeitbebauung
Innenhofgröße: 8 × 8 m = 64 m²
Umfeld: städtisch
Gestaltungselemente: kleines Bambuswäldchen, Steinrinne, Gartensteine, Kübelpflanzen
Materialien: Granit, Holz, Kies
Pflanzen: ① Schwarzer Bambus *(Phyllostachys nigra)*, ② Zwergbambus *(Pleioblastus fortunei)*, ③ Glanzschildfarn *(Polystichum aculaetum)*, ④ Azaleen *(Rhododendron* 'Kermesina')
Mobiliar/Ausstattung: Möbel aus Rattan ⑤, Steinlaterne ⑥, Spiegel ⑦
Pflege: gering; beschränkt sich auf das Säubern der Steinrinne, das Entfernen trockener Bambushalme und Harken der Kiesfläche
Optische Erweiterung: wenige Elemente, Spiegel an der Mauer, heller Bodenbelag
Blickpunkte: Steinrinne aus schwarzem Granit, große Gartensteine, Steinlaterne, Spiegel

Das Grundstück des zweigeschossigen Wohnhauses liegt mitten in der Stadt und ist von einer etwa 1,60 m hohen Ziegelmauer umgeben. Auf allen drei Seiten grenzen Nachbargärten an. Der Innenhof wirkte zuvor dunkel und durch die umgebende Mauer beengt. Die hohe Bebauung und die großen Kronen der Bäume lassen wenig Licht durch. Wegen der massiven Umgrenzung konzentriert sich die Gestaltung auf die 8 × 8 m kleine Fläche im Inneren.

Um Raum zu schaffen und das kleine Grundstück nicht zu überfüllen, werden nur wenige Elemente verwendet. Hier geht es darum, Platz zu gewinnen, um einen angenehmen Aufenthalt im Freien zu ermöglichen.
Der Entwurf ist überschaubar und passt zu der schlichten Putzfassade des Wohngebäudes. Direkt an das Wohnzimmer im Erdgeschoss schließt eine großzügige Holzterrasse an. Sie liegt 15 cm erhöht über der Kiesfläche und wirkt dadurch leicht, fast schwebend. Die Kiesfläche bietet variable Sitzmöglichkeiten, sodass ein Tisch und zwei Stühle vorübergehend am Rand des Bambuswäldchens stehen könnten.

Illusion schafft Weite

Der Garten ist von allen Zimmern aus einzusehen. Ob von der Küche im Erdgeschoss oder vom Schlafzimmer der oberen Etage – stets hat man eine herrliche Aussicht auf den schlichten und stillen Innenhof.
Der Blick aus dem Haus in den kleinen grünen Raum wird durch ein schmales Wasserband geleitet. Diese Wasserrinne aus schwarzem Granit beginnt an der Terrasse, verläuft durch ein kleines Bambuswäldchen und scheint ins Unendliche zu führen. Erst beim näheren Betrachten entdeckt man einen 1,70 × 1,00 m großen Spiegel, der in die Mauer integriert ist und durch Pflanzen an den Rändern bedeckt wird. Dieses Täuschungsmanöver erzeugt die Illusion räumlicher Tiefe, die dem kleinen Hof optisch mehr Größe gibt.
Die Steinrinne wirkt wie eine übergroße Vogeltränke, denn sie ist nur bei Regen mit Wasser gefüllt. Die Rinne liegt 10 cm erhöht über der Kiesfläche, im Inneren gibt es eine Vertiefung, sodass sich darin das Wasser sammeln kann und an wärmeren Tagen wieder verdunstet.
Die Farbe des Granits verändert sich: Bei Regen ist er tief schwarz, bei Trockenheit grau. Durch das Fugenmuster ergibt sich eine interessante Struktur, die dem Fugenbild der Steinwege in Japanischen Gärten entspricht. Die Rinne ist aus verschiedenen Segmenten zusammengesetzt, die diagonal verlaufen. Um diesen reizvollen Effekt zu betonen, muss das Material für die Verfugung heller sein als die Farbe des Granitsteins.

Materialien erzeugen Spannung

Da in dem schattigen Hof wenig Licht auf den Boden fällt, ist er für eine Rasenfläche ungeeignet. Als eine geeignete Alternative bietet sich Kies an, dessen helle Farbe den Raum zudem größer wirken lässt. Außerdem hat man mit Kies kaum Arbeit. Man harkt ihn nur von Zeit zu Zeit, was nicht nur entspannend, sondern geradezu meditativ ist. Vor dem Einbau sollte ein Vlies auf dem Boden ausgebreitet werden. So werden die Steine nicht verschmutzt und Unkräuter wachsen nicht durch.
Die Materialien Holz, Stein und Kies ergänzen sich und bilden Kontraste, wobei das modern und eher kühl wirkende Zusammenspiel von Granit und Kies durch den warmen Farbton des Lärchenholzes gemildert wird.
Ähnlich wie in einem echten Japanischen Garten gibt es auch hier Gartensteine. Sie sind in Gruppen zu je drei Steinen in unterschiedlichen Größen angeordnet. Man sollte versuchen, sie aus einem Steinbruch zu beziehen oder an einem Flussufer aufzusammeln.
Die Zahl Drei spielt eine wichtige Rolle bei der Gestaltung dieses Gartens. Das gesamte Konzept basiert auf der Verwendung von drei unterschiedlichen Materialien sowie drei verschiedenen Pflanzenarten. Die Farne sind zu dritt als Tuff gepflanzt, und auch die Azaleenkübel auf der Terrasse bilden ein reizvolles Trio.
Die Laterne aus Granitstein gilt als wichtiges Accessoire im Japanischen Garten, am besten leicht verwittert, um das beliebte Aussehen von Würde, Alter und Erlesenheit zu erreichen. Wegen ihrer geringen Leuchtkraft ist sie mehr als ein ästhetisches Objekt und weniger als Beleuchtungskörper zu betrachten. Dennoch sollte ihre Platzierung auch praktische Gesichtspunkte berücksichtigen: Wenn die brennende Kerze flackert, muss ihr Licht ins Auge fallen.

Dezent und zurückhaltend

Es ist die bewusste Schlichtheit in Verbindung mit der Kontrastwirkung der Formen, die zur klaren Schönheit dieses Bildes beiträgt. Mehr Pflanzen würden die Klarheit des Konzeptes trüben und den kleinen Raum überfüllen. Wenn man berücksichtigt, dass Garten immer Raum bedeutet, so sind mehr Pflanzen in diesem Ambiente nicht erforderlich. Da das Pflanzeninventar aus Immergrünen besteht, bleibt das einheitlich geschlossene Bild auch über die Wintermonate bestehen. Einen besonders schönen Blickfang bilden die purpurfarbenen Azaleen, die einen kräftigen Akzent setzen.

Rosengarten

Eine Rose muss Zeit haben, sich zu entfalten; je edler die Rose, desto länger braucht sie, um ihr Aufblühen zu zelebrieren.
Eva Maaser, Der Paradiesgarten

Wer träumt nicht von einem Garten voll zauberhafter und duftender Rosen. Die Rose ist zweifellos eine der schönsten und auch beliebtesten Blumen, und üppige Rosengärten stellen bis heute einen gewissen Luxus dar.
Rosen brauchen gar nicht viel Pflege und danken Aufmerksamkeit stets mit reicher Blütenfülle, die je nach Sorte bis in den Winter hinein anhält. Die Rose, eine der vielseitigsten Gartenpflanzen überhaupt, erzielt ihre Wirkung vor allem durch die Farbzusammenstellung. Wenige Sorten in großer Stückzahl sind reizvoller als ein buntes Gemisch. In einem kleinen Garten sollten maximal fünf Rosenpflanzen einer Sorte als Gruppe gepflanzt werden, um als Fläche wirken zu können.
Rosen können betörenden Duft verströmen, allerdings ist dessen Intensität abhängig von dem Boden, auf dem sie wachsen. In schweren Böden ist das Aroma ausgeprägter als in leichten, und sie duften weniger, wenn sie überdüngt sind.
Um sich einen Eindruck von der Vielfalt der Rosenarten und -sorten zu verschaffen, empfiehlt sich der

Mit duftenden Kletterrosen an Bögen und der Hausfassade sowie kleinwüchsigen Beetrosen und Rosen-Hochstämmen kann man auch auf kleinstem Raum ein zauberhaftes Rosenparadies genießen.

Besuch in einer Gärtnerei oder einem Rosarium.

Güteklassen und guter Boden

Da Rosen nährstoffreiche Böden benötigen, sollten sie nicht zwischen Wildstauden und Gräser gesetzt werden, denn diese verlangen einen weniger stark gedüngten Boden. Der ideale Boden für Rosen ist lockere, unverbrauchte Gartenerde, in der das Wasser gut versickern kann. Rosen verschiedenster Sorten kommen so mehrere Jahre ohne Pflanzenschutz aus. Entscheidend für das erfolgreiche Anwachsen dieser Pflanzen ist eine gründliche und tiefe Lockerung des Bodens bis 60–80 cm, denn Rosen sind Tiefwurzler. Und sie lieben sonnige Lagen mit frischer Luft. Von der Qualität der Pflanzen hängt es ab, ob sie kräftiges Wachstum und wundervolle Blüten zeigen. Beachten Sie beim Kauf einige Qualitätsmerkmale. Pflanzen der Güteklasse A haben mindestens drei Triebe. Davon müssen mindestens zwei aus der Veredlungsstelle kommen, während der dritte Trieb bis 5 cm darüber entspringen darf. Pflanzen der Güteklasse B haben zwei Triebe, die beide aus der Veredlungsstelle wachsen müssen. Diese Güteklasse stellt zwar eine schwächere Qualität dar, was jedoch keinen Einfluss auf den Anwachserfolg hat.

Üppige Rosenblüten wachsen auch am Stamm. So nutzt man die Höhe, wenn wenig Fläche im Garten vorhanden ist.

Ideal bei wenig Platz

Stammrosen sind ideal, wenn es im Garten wenig Platz gibt. Sie werden in unterschiedlichen Höhen zwischen 80 und 140 cm angeboten, wobei die Länge des Stammes bis zur Veredlungshöhe (dort, wo die Blütenkrone beginnt) maßgebend ist. Stammrosen werden vor allem in formal gestalteten Gärten verwendet.
Das Bedürfnis, sich mit blühenden Pflanzen zu umgeben, wird immer größer. Da viele Menschen keinen Garten haben, sondern nur eine größere Terrasse, erfreuen sich Pflanzkübel ständig wachsender Beliebtheit. Sie eignen sich für Plätze, an denen sonst keine Pflanzen stehen könnten, zum Beispiel unter dem Dachüberstand oder auf einem Balkon. In den letzten Jahren wurden eine Reihe von Rosensorten gezüchtet, die sich zum Bepflanzen von Kübeln und Töpfen besonders gut eignen.

Beispielgarten: Ein Garten der Sinne

Typ: Reihenhaus
Gartengröße: 6 × 12 m = 72 m²
Umfeld: städtisch
Gestaltungselemente: erhöhte Terrasse, abgesenkter Rosengarten, kleine erhöhte Rasenfläche, Rosenbögen, Kübelpflanzen
Materialien: Ziegelstein
Pflanzen:
Gehölze:
① Eibenhecke *(Taxus baccata)*
Kletterrosen am Bogen:
② 1. Rosenbogen: *Rosa* 'Sympathie'
③ 2. Rosenbogen: *Rosa* 'New Dawn'
④ Rosenhochstämme: 'Schneewittchen'
⑤ Strauchrosen: 'Eden Rose'
⑥ Beetrosen: 'Trier 2000'
⑦ Kübelpflanzen: Lavendel *(Lavandula angustifolia)*
⑧ Rasen mit Zwiebelblumen: *Crocus* 'Pickwick', 'Remembrance'
Mobiliar/Ausstattung: Möbel aus Teakholz ⑨, Sitzbank mit Stauraum ⑩, Sitzbank ⑪
Pflege: mäßig; 14-täglich Rasenfläche mähen, Rückschnitt Rosen, einmal jährlich Rückschnitt der Hecke, Winterschutz für Kübelpflanzen
Optische Erweiterung: verschiedene Ebenen, unterschiedlich gestaltete Räume, Rosenbögen schaffen Durch- und Ausblicke
Blickpunkte: Rosenbeete, Rosenbögen, Rosenhochstämmchen

Geschlossene Fassadenketten bestimmen das Bild einer Reihenhaussiedlung. Hier befindet sich das Gartengrundstück, das sich hinter dem Wohnhaus erstreckt. Von der Straße aus ist es nicht einsehbar und seitlich von den angrenzenden Nachbargärten durch höhere Hecken abgeschirmt. Am Ende des Grundstücks befindet sich eine Grünanlage mit Rasenflächen, alten Bäumen und einem großen See. Zur Umgestaltung in einen

Rosengarten wurde der Ziegelsteinbelag auf der Terrasse erhalten, sämtliche Stauden und Kleinsträucher wurden aber entfernt.

Weiträumigkeit mit verschiedenen Ebenen

Um das flache Geländeprofil des Gartens abwechslungsreicher zu gestalten und dem schmalen Grundstück mehr Tiefe zu geben, wurde es in zwei Ebenen aufgeteilt. Daraus entstanden drei unterschiedlich große Räume, die über Stufen zugänglich sind. Stützmauern aus Betonfertigelementen, die durch die Bepflanzung verdeckt werden, fangen das Gelände zu den Nachbargrundstücken hin ab. Im Garteninneren entstehen unterschiedliche Niveaus, die Flächen werden durch niedrige Ziegelsteinmauern stabilisiert. Rötliche Ziegelsteine bilden auch den Bodenbelag der Terrasse und des Gehweges und fassen die kleine Rasenfläche als Mähkante ein.
Über Stufen gelangt man von der Terrasse in den tiefer gelegenen Rosengarten, der aus dauerblühenden Beet- und Strauchrosen besteht. Die Pflanzen sind nach ihrer Wuchshöhe angeordnet, die höheren Strauchrosen im vorderen Teil des Beetes, die niedrigeren Beetrosen dahinter. Vom Haus aus hat man durch diese gestaffelte Anordnung den Eindruck einer stärkeren Tiefenwirkung. Diese wird zusätzlich noch durch die Blütenfarben verstärkt. Im Vordergrund stehen die helleren, zartrosa gefärbten Blüten der Strauchrose, im Hintergrund die dunkleren, purpurfarbenen Blüten der Beetrose, die einen feinen Duft verströmen.

Pflanzen locken durch den Garten

Am Ende der Rosenbeete führen drei Stufen auf die höher gelegte Rasenfläche. Den Eingang zu dem kleinen Gartenraum bildet ein Metallbogen, der von einer dunkelroten und duftenden Kletterrose berankt ist. Dahinter befindet sich die kleine Rasenfläche, die einen ruhigen Gegenpol zu den temperamentvollen Rosen bildet. Sie kann spontan als zweiter Sitz- oder Liegeplatz genutzt werden, außerdem bietet sie die Möglichkeit, zum Beispiel eine Wäschespinne aufzustellen. Will man hier einen dauerhaften Sitzplatz einrichten, muss der Boden befestigt werden, etwa mit einem Holzdeck.
Eine 1,40 m hohe Eibenhecke umschließt den kleinen Raum. Die vier Eckpunkte der Rasenfläche werden von Rosenhochstämmchen betont, deren weiße Blüten vor dem dunklen Hintergrund der immergrünen Nadeln besonders gut zur Geltung kommen. Eine rosafarbene Kletterrose umgarnt einen schlichten Bogen aus Gusseisen, der das Ende des Gartens markiert und gleichzeitig den Blick auf die dahinterliegende Grünanlage und den großen See lenkt. Vom Haus aus kann man den Blick bis zum Ende des Gartens und darüber hinaus schweifen lassen. Die Rosenbögen rahmen den Bildausschnitt der Umgebung so ein, dass der Garten mit seiner Umgebung verbunden wird und dadurch größer erscheint.

Landhausgarten

Der Landhausstil erfreut sich ständig wachsender Beliebtheit. Aus England, dem Land grandioser Gartenkultur und vieler ambitionierter Gartenliebhaber importiert, ist er als Country-Garden ein Begriff. Dieser Gartenstil orientiert sich nicht an Moden oder einem Zeitgeist, sondern gibt der Individualität der Menschen, die darin leben, den Vorrang. Haus und Garten spiegeln den unverwechselbaren und persönlichen Charakter seiner Besitzer wider. Mit der Vielfalt und Attraktivität dieses Gartentyps verbinden viele Menschen ein Stückchen »heile Welt«. Hier werden liebevolle Rituale gepflegt, zum Beispiel das gemeinsame Frühstück mit der Familie an einem Platz mit heiterer und sorgfältig gestalteter Atmosphäre.

Nach alter Tradition

Der Landhausstil impliziert die Wertschätzung regionaler und kulturgeschichtlicher Traditionen. In einer Welt des globalen Umbruchs und der Suche nach Werten, die das Leben schöner machen, ist dieser Gartentyp nicht nur ein Ort, wo man sich aufgehoben und geborgen fühlt – mit ihm verbindet sich eine Geisteshaltung. Gestalterisch ähnelt er dem traditionellen Bauerngarten, allerdings mit dem Unterschied, dass er lieblicher und verspielt wirkt und zusätzlich mit schönen Accessoires wie Statuen, verzierten Steinkübeln oder romantischen Rosenbögen ausgestattet ist. Die Beete sind mit bunten Blumen und dekorativem Gemüse wie zum Beispiel rotem Mangold bepflanzt. Niedrige Buchsbaumhecken dienen als Einfassung. Auch Rosen spielen eine große Rolle; sie zieren Wasserbe-

Mit großer Sorgfalt und Liebe zum Detail ist dieser Garten im Landhausstil gestaltet. Kleine, in Kugelform geschnittene Pflanzen und feine Accessoires sowie üppig blühende Gehölze lassen den kleinen Raum, dessen Mittelpunkt ein Wasserspiegel bildet, dennoch großzügig erscheinen.

In einem Landhausgarten erzeugen verzierte Steinschalen auf Sockeln und geschmiedete Eisenmöbel ein stilvolles Ambiente.

cken oder schlingen sich um verschnörkelte Metallbögen. Die Sitzplätze sind häufig stilvoll gestaltet; dazu gehören edle Möbel aus schwerem Gusseisen, die mit Ornamenten versehen sind.

Mit Wasser gestalten

Da Wasser auch im Landhausgarten ein prägnantes Gestaltungselement ist, bietet sich ein Springbrunnen mit Fontäne an, es in einer sehr lebendigen Form zu präsentieren. Bestehend aus einer elegant geformten Brunnenschale aus Steinguss, kann er sogar den Mittelpunkt des Gartens bilden. Ähnlich wie ein großer Pokal, dem man besondere Aufmerksamkeit schenkt, sollte er einen ihm angemessenen und möglichst sonnigen Platz erhalten. Ein geschlossener Kreislauf und eine Pumpe sorgen dafür, dass das Wasser kontinuierlich als Fontäne plätschert. Rund um den äußeren Rand setzt man idealerweise Rosen oder Montbretien *(Crocosmia)*.

Beispielgarten: Nostalgisches Flair

Typ: Reihenhaus
Gartengröße: 12 × 6 m = 72 m²
Umfeld: Siedlung, ländlich geprägt
Gestaltungselemente: Blütenbaum, Hecken mit Bögen, Springbrunnen, Schmuckbeete, Laube
Materialien: Sandstein, Ziegel
Pflanzen:
Gehölze: ① Maiglöckchenbaum *(Halesia carolina)*, ② Ligusterhecke *(Ligustrum vulgare)*,
③ Ligusterhecke mit Bogen,
④ Buchsbaum *(Buxus sempervirens* 'Suffruticosa'), ⑤ Rose *(Rosa* 'William Shakespeare 2000')
⑥ Seerose *(Nymphaea* 'Laydekerie Lilacea')
⑦ Stauden am Springbrunnen: Frauenmantel *(Alchemilla mollis)*, Sonnenbraut *(Helenium*-Hybride 'Moerheim Beauty'), Katzenminze *(Nepeta faassenii* 'Six Hills Giant')
⑧ Töpfe mit Kräutern: Rosmarin, Salbei, Thymian
⑨ Gemüsebeete mit Salat, Kohl, roter Mangold ('Bright Delights') und Garten-Verbenen *(Verbena*-Hybriden)
Mobiliar/Ausstattung: handgeschmiedete Eisenmöbel ⑩, Holztisch mit Stauraum ⑪, Statue ⑫
Pflege: nicht allzu aufwendig; Rückschnitt Hecken einmal jährlich, Rückschnitt Stauden, Umgraben des Gemüsebeetes, Reinigen der Brunnenschalen
Optische Tricks: Heckenbögen locken durch den Garten und ermöglichen Ausblick in die Landschaft
Blickpunkte: Springbrunnen ⑬, Gartenlaube, Statue, Keramikvasen ⑭

Das Grundstück befindet sich in einer Reihenhaussiedlung, die erst vor kurzem fertig gestellt wurde. Im Süden schließen Wiesen- und Weideflächen an. Ziel war ein Garten im Landhausstil mit viel Entspannung und etwas Nostalgie, in dem man mit Muße gärtnern kann. Der kleine Gartenraum ist so konzipiert, dass er sich nach und nach erschließt. Die äußere Begrenzung bildet eine hohe Ligusterhecke, eine kostengünstige Alternative zu Buchsbaum und zudem schnellwüchsiger. Auch im Inneren des Gartens wurden Ligusterhecken gepflanzt und zu Bögen über dem Weg gespannt. Sie teilen den kleinen Raum in verschiedene Bereiche auf. Heckenbögen erzeugen Aufmerksamkeit und machen neugierig. Der gepflasterte, symmetrisch zum Haus ausgerichtete Weg bildet gleichzeitig eine Sichtachse. So blickt man vom Wohnzimmer in den Garten und die dahinter beginnende Landschaft.

Vielfalt auf wenig Raum

Der Garten ist vielseitig nutzbar und bietet verschiedene Orte, um sich zu betätigen oder zu entspannen. Die großzügige Terrasse ist nach Norden ausgerichtet, sodass dort man bereits mit der aufgehenden Sonne Kaffee trinken, aber auch nach der Arbeit im Büro die letzten Sonnenstrahlen genießen kann. Die Markise an der Hausfassade bietet ausreichend Schutz, um auch bei etwas Regen draußen sitzen zu können. Der Bodenbelag besteht aus großformatigen Sandsteinplatten; daran schließt sich ein Gartenweg mit rotem Ziegelpflaster an. Der Sitzplatz ist durch unterschiedlich hohe Hecken umschlossen und bietet Sichtschutz zu den seitlich angrenzenden Nachbargärten. Die Hecken, die den Garten gliedern, sind so hoch, das man von der Terrasse aus im Sitzen nicht den ganzen Raum überblicken, sondern nur durch die Heckenbögen in gewisse Bereiche schauen kann.

Schön und nützlich

Begibt man sich von der Terrasse auf dem Weg in den Garten, entdeckt man zunächst ein Gemüsebeet mit Blumen, das durch niedrige Buchsbaumhecken aufgeteilt ist. Das Miteinander von Blumen und Gemüse stellt im Landhausgarten immer einen besonderen Reiz dar. Zwischen dem rotstieligen Mangold ('Bright Delights') und den farbigen Kohl- und Salatköpfen wachsen bunte Gartenverbenen. Auf der gegenüberliegenden Seite fällt der Blick auf ein leuchtendes Staudenbeet in gelb, orange-rot und violetten Farbtönen, das Sonnenbraut, Frauenmantel und Katzenminze schmücken. Die Eckpunkte zieren große grüne Keramikvasen, die sich dezent zwischen den Blüten und Blättern einfügen und nicht ablenken, denn der besondere Blickpunkt des Gartens ist ein Springbrunnen, der in einem runden Wasserbassin steht und um dessen Fuss sich zauberhafte Seerosen schmiegen. Aufgrund seiner kunstvollen Gestaltung sowie des plätschernden Wassers zieht er viel Aufmerksamkeit auf sich.
Im zweiten Gartenraum lockt ein Maiglöckchenbaum, der mit seiner breiten Krone ein schattiges Plätzchen bietet. Besonders im Frühjahr fällt er auf, denn dann verzaubert er mit weißen, glockenförmigen Blüten den Garten. Hier kann man im Sommer, umgeben von den duftenden und tiefroten Blüten der englischen Rose 'William Shakespeare 2000', die Tage genießen. Auf der anderen Seite des Weges bietet eine kleine Laube einen schattigen und regengeschützten Platz. Die Fläche davor ist befestigt, um für ein kleines Fest einen mobilen Grill aufstellen zu können oder Pflanzen umzutopfen und die Gartengeräte zu reinigen. Ein Holztisch mit Türen bietet Stauraum für Werkzeug und Grillutensilien.

Spielgarten

Auch wenn ein kleiner Garten nur eingeschränkte Möglichkeiten bietet, sollten doch die Ansprüche und Bedürfnisse aller Familienmitglieder berücksichtigt werden. Kinder und Erwachsene müssen nicht auf ihre Gartenträume verzichten. Selbst auf kleinen Grundstücken kann man stille Refugien *und* Bereiche für ausgelassene Spiele gestalten. Kinderfreundliche Gärten bieten der ganzen Familie etwas. Wichtig dabei ist, sie mittelfristig zu planen, also ein Gesamtkonzept zu erstellen, nach dem sich der Garten mit den Kindern entwickeln und wachsen kann.
Für die Planung ist es hilfreich, wenn Eltern und Kinder unabhängig voneinander ihren Traumgarten aufzeichnen und/oder eine Liste ihrer Wünsche erstellen. Kleinen Kindern genügt in der Regel ein Sandkasten, in dem sie stundenlang spielen können. Wenn sie etwas älter geworden sind, kann eine Schaukel eine Menge Spaß im Garten bringen. Ideal sind immer ein alter Baum zum Klettern und viel Platz auf dem Rasen zum Ballspielen, für ein mobiles Schwimmbecken oder ein Zelt. Für sehr kleine Kinder muss die Spielecke nahe genug am Haus liegen, sodass man sie von der Küche aus beobachten kann. Dafür bietet sich ein mobiler Sandkasten an, denn wenn die Kinder etwas größer sind, wollen sie lieber einen Platz haben, wo sie ungestört spielen können.

Praktisch und kindersicher

Überhaupt sollte man für einen Spielgarten gezielt Elemente verwenden, die sich mehrfach nutzen

Ein großer Sandkasten für die Kinder in Hausnähe und am Ende des Gartens ein schattiger Platz unter dem Obstbaum sind ideale Elemente eines Familiengartens.

lassen. Ein solcher Ansatz ist besonders willkommen, wo der Raum begrenzt ist. Ein Garten, in dem sich auch Kinder aufhalten, muss vor allem nach praktischen Gesichtspunkten gestaltet sein, dazu kommen Aspekte der Sicherheit. So dürfen keine giftigen, dornigen oder stacheligen Pflanzen verwendet werden, und auch Kieswege und Pflaster sind ungünstig in einem Spielgarten, da Kinder sich dort leicht verletzen können. Verwenden Sie besser Rasen und Holz.

Sinnvoll ist es, den Garten aufzuteilen, etwa in einen Spielbereich mit Klettergerüst und Rutsche und einen anderen Teil, der für dekorative Schmuckbeete und Sträucher genutzt werden kann. Für die Spielecke eignen sich Spielsand sowie feiner Kies als Bodenbelag. Ein Deckel aus Holz schützt den Sandkasten vor Verunreinigungen durch Tiere. Abgedeckt kann man ihn zusätzlich als Spielfläche oder Sitzgelegenheit nutzen.
Ein Teich oder Wasserbecken sollte im Garten nur dann realisiert werden, wenn alle im Haus lebenden Kinder schwimmen können. Eine gute Alternative, Kinder mit dem nassen Element in Berührung kommen zu lassen, ist ein Wasserspeier. Für diesem Zweck eignen sich auch Quellsteine oder kleine Springbrunnen. Wasserspeiende Figuren gibt es in Gartencentern sehr zahlreich, in verschiedenen Größen und zudem in witzigen Ausführungen, die besonders Kindern viel Spaß bereiten – wie zum Beispiel ein Froschkönig aus Keramik.

Ein alter Baum im Garten ersetzt so manches Spielgerät. Hier kann man nach Lust und Laune klettern oder ein Baumhaus bauen.

Beispielgarten: Erlebnisreich und wandelbar

Typ: Reihenhauseckgarten
Gartengröße: 12 × 9 m = 108 m^2
Umfeld: ländlich geprägt
Gestaltungselemente: Rasenfläche, alter Baum zum Klettern, Holzdeck mit Sandkasten
Materialien: Holz, Sandstein, Weidenflechtzäune (1,40 m hoch)
Pflanzen:
Gehölze: ① Apfeldorn *(Crataegus* 'Carrierei'), ② Eibenhecke *(Taxus baccata)*
③ Samt-Flieder *(Syringa patula* 'Miss Kim'), ④ Kanadischer Gold-Holunder *(Sambucus canadensis* 'Aurea'),
⑤ Johannisbeer- und Stachelbeer-Hochstämme, ⑥ Spalierapfelbaum
⑦ Buchsbaum *(Buxus sempervirens* var. *arborescens),* Fingerstrauch *(Potentilla* 'Goldteppich')
⑧ Duft-Schneeball *(Viburnum farreri)*
⑨ Stauden: Balkan-Anemone *(Anemone blanda),* Iran-Lauch *(Allium aflutuense),* Eisenhut *(Aconitum napellus),* Färber-Kamille *(Anthemis tinctoria),* Montbretie *(Croscosmia masoniorum* 'Lucifer'), Rittersporn *(Delphinium*-Belladonna-Hybride 'Piccolo'), Strohblume *(Helichrysum thianshanicum* 'Schwefellicht'), Taglilie *(Hemerocallis middendorffii)*
⑩ Ringelblume *(Calendula officinalis)*
⑪ Stockrose *(Alcea rosea)*
⑫ Kaukasus-Vergissmeinnicht *(Brunnera macrophylla)*
⑬ Walderdbeeren *(Fragaria vesca)*
⑭ Rasen
⑮ Kletterpflanze: Amerikanische Trompetenblume *(Campsis radicans)*
⑯ Kübelpflanzen: Tagetes in Sorten
Mobiliar/Ausstattung: einfache farbige Klappmöbel aus Holz ⑰, Sitzbank mit Stauraum ⑱, Holztruhe ⑲, Wasserspeier ⑳, Gartenhäuschen ㉑, Sandkasten im Holzdeck ㉒
Pflege: ganzjährig und intensiv, 14-täglicher Rasenschnitt, Rückschnitt Hecke und Stauden, Umgraben des Gemüsebeetes
Optische Tricks: verschiedene Aufenthaltsbereiche, Durchgänge
Blickpunkte: farbiges Gartenhaus, Holzdeck mit Sandkasten

Das Grundstück befindet sich am Ende einer Reihenhaussiedlung. Dieses Eckgrundstück ist im Vergleich zu den anderen Reihenhausgärten größer und hat den Vorteil, dass man nach zwei Seiten einen herrlichen Blick in die umgebende Landschaft hat, die aus Wiesen und einem kleinen Waldstück besteht. Ziel war es, einen abwechslungsreichen Garten mit genügend Platz zum Spielen für die Kinder zu gestalten. Dabei wurde Wert darauf gelegt, dass sich der Garten zum Nachbarn sowie der umgebenden Landschaft öffnet. Erhalten blieben lediglich ein alter Zierobstbaum und ein kleiner Holzschuppen, die in das Gestaltungskonzept eingebunden wurden. Alle weiteren Gehölze und Pflanzen wurden entfernt, ebenso die Terrasse aus grauem Betonsteinpflaster.
Der Entwurf teilt das kleine Gartengrundstück in verschiedene Räume auf. Allerdings ohne starre Begrenzung; vielmehr subtil, doch die unterschiedlichen Bereiche für Kinder und Erwachsene sind erkennbar. An einigen Stellen im Garten gibt es kleine und größere Aufenthaltsbereiche, die unterschiedlich genutzt werden können. Der Gartenraum ist weitläufig genug, um allen Familienmitgliedern eine Menge Abwechslung zu bieten. Er kann auch dann noch sinnvoll genutzt werden, wenn die Kinder größer sind.

Lebendige Räume

Der Garten will entdeckt werden. Er ist nicht mit einem Blick erfassbar, sondern hat Nischen, Winkel und kleine Verstecke. Auf der Terrasse gibt es genügend Platz, um neben den Möbeln auch Töpfe mit Sommerblumen, ein Planschbecken

oder einen kleinen mobilen Sandkasten sowie ein Wasserspiel aufzustellen. Die wellenförmig geschnittene Eibenhecke teilt den Garten in einen aktiven und einen ruhigen Bereich auf. So haben die Kinder ihre eigene kleine Welt, die aus einem Holzdeck mit Sandkasten und einem Baum zum Klettern besteht. Daneben gibt es Flächen, die alle Familienmitglieder nutzen können, zum Beispiel ein Gemüsebeet oder den Holzschuppen, der durch den farbigen Anstrich zu einem fröhlichen Blickpunkt im Garten wurde. Dort befindet sich auch genügend Stauraum für Gartenmöbel und Werkzeug. Und auf der Rasenfläche kann man nicht nur toben, hier lässt sich auch eine Wäschespinne aufspannen.

Vielseitig nutzbar

Das große Holzdeck lädt zum Spielen ein. Darauf befindet sich eine Sitzbank, wenn man aus der Nähe kleinere Kinder beaufsichtigen möchte oder ein schattiges Plätzchen zum Ausruhen sucht. Sollte der Sandkasten irgendwann überflüssig werden, legt man einfach einen Holzdeckel über die Sandfläche. Dann kann das Holzdeck als schattige Liegefläche oder als kleiner erhöhter Sitzplatz genutzt werden. Im Schatten des Apfelbaums wachsen kleine Buchsbaumsträucher, Walderdbeeren bedecken den Gartenboden. Sie sind nicht nur für die Kinder eine herrliche Naschfreude. Auf der Rasenfläche in der Sonne sorgen Blütensträucher sowie Johannis- und Stachelbeer-Hochstämme für farbige und genussreiche Abwechslung. Der Garten ist für die Kinder ein lebendiger und natürlicher Spielplatz. Hier kann man Vögel beobachten, hinter Schmetterlingen herlaufen, Ball spielen oder in den Baum klettern.

Abwechslungsreich

Der Garten wirkt bunt und lebendig auch aufgrund attraktiver Blüten- und Duftsträucher wie Samt-Flieder, Gold-Holunder und Duft-Schneeball. Und die abwechslungsreiche Gestaltung des Staudenbeetes mit Anemone, Lauch, Eisenhut, Färber-Kamille, Montbretie, Rittersporn, Strohblume, Taglilie und Sommerblumen wie

Ringelblume und Stockrosen sorgt stetig für Farbe.
Die runde Holzterrasse am Haus und das Holzdeck unterm Kletterbaum sind sehr kinderfreundlich, da sie fast das ganze Jahr bespielbar sind. Das Holz trocknet nach dem Regen schnell wieder ab und hat eine warme Oberfläche, damit Kinder beim Spielen auch auf dem Boden sitzen können.
Die geschwungene Form der immergrünen Eibenhecke lockert den rechtwinkligen Grundriss auf, während die wellige Oberfläche des Weidenflechtzaunes eine angenehme und ländliche Atmosphäre schafft. Diese Art der Begrenzung wirkt sehr natürlich und scheint mit der umgebenden Landschaft zu verschmelzen.
Aus biegsamen Hasel- und Weidenruten kann man **Flechtzäune leicht selbst kostengünstig herstellen.** Die Arbeit macht auch Kindern viel Spaß. Dazu schlägt man angespitzte Holzpfosten in regelmäßigen Abständen von 0,5 bis 1,0 m in die Erde und schlingt waagerecht frische Ruten zwischen ihnen hindurch. In jeder Reihe muss man zwischen dem Entlangschlingen vor oder hinter dem Pfosten abwechseln. Mit Schnüren oder Schrauben werden die Rutenenden am Pfosten befestigt.
Sollte es den Kindern einmal im Garten zu langweilig werden, können sie durch ein kleines Holztor im Zaun zum Spielen zu den Nachbarskindern gehen. Aber auch die angrenzende Wohnstraße ist ein idealer Ort, um sich dort mit seinen Freunden zu treffen. Über einen schmalen Pfad gelangt man zwischen den Fliedersträuchern und unter dem berankten Carport hindurch in den Vorgarten.

Genügend Stauraum

Leben Kinder im Haus, gibt es auch immer eine Menge Spielzeug, das untergebracht sein will. Eine Holztruhe und eine Sitzbank im Garten haben dafür genügend Stauraum. Sie bieten nicht nur einen Sitzplatz zum Verweilen, sondern unter dem Holzdeckel befindet sich jeweils ein Kasten, wo die Spielsachen aufbewahrt werden können. Solche Bänke gibt es aus Hartholz oder imprägniertem Kiefernholz zu kaufen. Sie werden in Längen von 1,20 und 2,00 m als Zwei- oder Dreisitzer angeboten und sind als Fertigmöbel oder Bausatz erhältlich. Damit bei Dauerregen das Wasser nicht durch die Fugen läuft und das Spielzeug nass wird, sollte man beim Kauf anstatt der Latten ein Brett in der Größe der Klappe anfertigen lassen, das seitlich etwas übersteht. So erhält man auf jeden Fall einen wasserdichten Stauraum. Hat die Klappe eine leichte Neigung, wird das Regenwasser rasch abfließen und das Holz schnell trocknen. Mit einigem Geschick kann man auch selbst eine Spielzeugbank herstellen. Wichtig ist nur, dass die Fugen sorgfältig abgedichtet werden und massive Holzklötze unter der Bank für den erforderlichen Bodenabstand sorgen. Eine zusätzlich angebrachte Rückenlehne erhöht den Sitzkomfort.

Tipp

Gartenhäuser für Kinder stehen häufig ungenutzt im Weg, sobald die Kinder groß geworden sind. Ein Kinder-Bauwagen ist eine prima Alternative und etwas ganz Besonderes. Man kann ihn an der Deichsel nehmen und dank der Reifen einfach dorthin schieben, wo man die Kinder im Blick hat. Näheres siehe Bezugsquellen Seite 155.

Immergrüner Garten

In der Stadt ist die Umgebung meist weniger attraktiv, weshalb so mancher die Abgeschlossenheit seines Gartens liebt. Die Aussicht spielt in diesem Fall bei der Gestaltung kaum eine Rolle; vielmehr geht es darum, die Zurückgezogenheit des Ortes zu nutzen. Wenn hohe Mauern die Fernsicht versperren, wählt man eben einen interessanten Blickfang innerhalb der Gartengrenze aus. Oder man schafft mehrere Blickpunkte, die nicht sofort ins Auge fallen, sondern erst bei einem Rundgang durch den Garten entdeckt werden. Dafür eignen sich vor allem Pflanzen. Mit berauschenden Blütenfarben, schönen Früchten und auffälligen Herbstinszenierungen ziehen sie die Blicke der Menschen an. Pflanzen sollte man bewusst einsetzen, um eine bestimmte Stimmung zu erzeugen und Assoziationen zu wecken. Manchmal genügt bereits eine einzige Pflanze, wie zum Beispiel Bambus, mit dem fast jeder Exotik und Frische assoziiert. Auch Farben tragen wesentlich zur Atmosphäre bei – von der kühlen Ruhe weißer Tulpen bis zu stimulierender Hitze orangefarbener Fackellilien.

Ständig präsent

Die wichtigste Farbe im Garten ist Grün. Grün wirkt ausgleichend und entspannend. Wer Grün zu seiner Lieblingsfarbe zählt, wird in allen immergrünen Gehölzen die idealen Pflanzen zum Gestalten finden. Faszinierend ist die Fülle aller nur denkbaren Grüntöne. Immergrüne sind die heimlichen Stars im Garten. So kann der

dunkle Farbton einer Eibenhecke einen willkommenen Kontrast zu den hellen Grüntönen von Farnen und Gräsern bilden. Auch in Kombination mit einer bunten Staudenbepflanzung ist sie sehr gut geeignet, da das tiefe Grün ihrer Nadeln die Farben der Blumen erst so richtig zum Leuchten bringt.
Für viele Menschen sind Blumen das wichtigste Element im Garten. Wenn Rosen, Stauden und Zwiebelblumen in Blüte stehen, ziehen sie in der Regel die Aufmerksamkeit auf sich. Aber auch ohne auffällige Blüten beleben Pflanzen mit interessanten Blattformen und -farben den Garten. Zu ihnen gehören Gehölze, Stauden und Bodendecker, die sich durch kunstvoll gefärbte Blätter von anderen Pflanzen abheben. Von weiß marmoriert über gelb panaschiert bis hin zu schwarzrotem Laub sorgen sie für farbige Abwechslung. Bei der Gestaltung mit diesen Pflanzen sollten Sie jedoch die Farbe Grün stets mit in das Pflanzenarrangement einbeziehen, damit es nicht allzu künstlich wirkt. Zu viel Farbe kann nämlich verwirren und zu bunt sein.

Dunkler Hintergrund

Immergrüne lassen sich von keiner Jahreszeit beeindrucken; sie wirken ruhig und zurückhaltend und fallen im Sommer unter ihren grünen Kollegen kaum auf. Im Herbst aber kommen sie allmählich zum Vorschein, denn wenn andere Gehölze gelbe, rote und braune Blätter tragen, verströmen Immergrüne weiterhin Vitalität. Noch im Winter, wenn alles im Frost erstarrt ist, geben sie dem Garten bei aller Tristesse reichlich Farbe. Von Schnee gepudert, beeindrucken Immergrüne im Winter mehr denn je mit ihrer Lebendigkeit und verleihen dem Freiraum einen besonderen Glanz.
Bei sehr begrenztem Platz kann man immergrüne Gehölze auch als Kübelpflanzen verwenden. Besonders dekorativ wirken der kleinblättrige Buchsbaum *(Buxus microphylla* 'Faulkner') oder ein Lebensbaum *(Thuja occidentalis* 'Danica') in einem schönen Tongefäß. Dauerhaft bepflanzte Kübel sollten einmal jährlich gedüngt werden. Dafür eignen sich am besten Düngestäbchen, die zu Beginn der Saison im Frühling in die Erde gesteckt werden.

Immergrüne Gehölze sind sehr vielseitig: man kann sie in Form schneiden oder sie als Kontrast zu Blütenpflanzen verwenden. Mit ihrem dunklen Grün sind sie das ganze Jahr über im Garten präsent.

Beispielgarten: Immer grün und leicht zu pflegen

Typ: frei stehendes Wohnhaus
Gartengröße: 100 m²
Umfeld: Stadtrand
Gestaltungselemente: Blütenbaum, Heckenbogen, wellenförmig geschnittene Hecken, Kübelpflanzen, Eiben- und Buchsbaumkugeln
Materialien: Basalt (Terrasse), Kies (als Belag zwischen den Heckenstreifen)
Pflanzen:
Gehölze:
① Zierapfel *(Malus* 'John Downie')
② Eibenhecke *(Taxus baccata)*
③ Lebensbaum *(Thuja occidentalis)*
④ Eibensträucher
⑤ Buchsbaumhecke
⑥ Buchsbaumkugeln *(Buxus sempervirens* var. *arborescens)*
⑦ Bodendecker: Efeu *(Hedera helix)*
⑧ Kübelpflanzen: Hortensien *(Hydrangea macrophylla* 'Tovelit')
⑨ Rosa 'Mirato'
⑩ Kletterpflanze: Fingerblättrige Akebie *(Akebia quinata)*
Mobiliar/Ausstattung: schlichte Möbel aus Metall, in sanften Grüntönen lackiert ⑪, halbrunde Sitzbank ⑫, Statue auf Sockel ⑬
Pflege: gering; Rückschnitt der Hecken einmal pro Jahr, Winterschutz für Terrakottagefäße
Optische Erweiterung: Heckenbogen, großformatige Steinplatten, Pergola
Blickpunkte: Ziergehölz, Ausblick, Buchsbaumhecken, Statue

Das Grundstück befindet sich auf einer Hangterrasse am Stadtrand. Zu zwei Seiten grenzen Nachbargärten an. Der vorhandene Gartenraum ist von hohen Mauern und einer Thujahecke umgeben. Von einer Stelle aus hat man einen herrlichen Ausblick auf einen bewaldeten Hügel, dieser ist jedoch durch einen großen Rhododendronbusch verstellt. Zusätzlich verschatten große Nadelgehölze den kleinen Raum, dadurch ist die Rasenfläche lückig und hat viele Kahlstellen. An ihrem Rand befinden sich zahlreiche Eibenbüsche. Das ganze Jahr ein einheitliches Bild vermitteln und geringer Pflegeaufwand sind die wesentlichen Aspekte des Entwurfs. Das Gestaltungskonzept sieht vor, die Rasenfläche gegen pflegeleichte Bodenbeläge auszutauschen sowie die Nadelgehölze zu entfernen, damit der Garten mehr Licht bekommt und dadurch größer erscheint. Der Ausblick zur bewaldeten Hügelkette soll freigestellt werden, um ihn als besonderen Blickpunkt mit in den Garten einzubeziehen. Die vorhandenen Eibenbüsche sind Bestandteil des neuen Konzeptes, allerdings müssen sie umgesetzt und zu Kugeln geschnitten werden. Die Thujahecke soll an ihrem Standort bleiben und einen Formschnitt erhalten.

Ablenken und Neugier wecken

Immergrüne Pflanzen prägen bis auf vereinzelte Farbtupfer das Bild des Gartens. Das Auge erfasst nicht gleich die Begrenzung des kleinen Gartenraums, denn eine Pergola lenkt den Blick auf die jenseits der Mauern liegende Landschaft. Auch die weichen Formen von wellenförmig geschnittenen Buchsbaumhecken lockern die Grenzen auf. Ein kleines lauschiges Plätzchen macht auf sich aufmerksam und lädt zum Verweilen ein. In einer Gartennische befindet sich ein Zierapfelbaum, der in einem Heckenbogen steht. Er taucht den Garten im Frühling in ein weißes Blütenmeer, spendet im Sommer ausreichend Schatten, und im Herbst zündet er ein Leuchtfeuer mit vielen kleinen orangeroten Äpfeln. Wie ein Blätter-Paravent legt sich der dunkelgrüne Heckenbogen aus Eibe schützend um den kleinen Sitzplatz. Hortensien in großen Tonkübeln begrenzen ihn zu beiden Seiten und bringen Farbtupfer in den schlichten grünen Garten. Hier ist ein kleiner schattiger Rückzugsort, der Abwechslung zu dem hellen offenen Aufenthaltsbereich am Haus bietet. Hinzu kommt der Duft von Buchsbaum, Rosen und der Akebie, die an der Pergola hochrankt und gleichzeitig auf den herrlichen Ausblick auf eine bewaldete Hügelkette aufmerksam macht.

Immergrüne prägen das Gartenbild und schaffen einen attraktiven Kontrast zu dem hellen Bodenbelag aus Kies. Das Knirschen beim Darübergehen vermittelt ein Gefühl von Entspanntheit. An die Kiesfläche fügen sich dunkle Basaltplatten an, die die großzügige Terrasse markieren. Rosen und Hortensien in Töpfen durchbrechen den starren Belag und setzen feine Farbakzente.

Pflanzen lösen Grenzen auf

Die Pflanzen scheinen die starre Begrenzung und rechtwinklige Form des Grundstücks aufzulösen. Denn im Inneren des Gartens sind keine Grenzen erkennbar: Der immergrüne Heckenbogen verbirgt die dahinter verlaufende Betonmauer, und Efeu hüllt sie mit einem dichten Blätterbewuchs ein, sodass sie lebendig wie eine Hecke erscheint. Die länglichen und wellenförmig geschnittenen Buchsbaumhecken strecken den kurzen, breiten Raum. Dazwischen wachsen zu Kugeln geschnittene Eiben- und Buchssträucher, die dem Garten etwas Leichtes und Spielerisches geben.

Mit in Kugelform geschnittenen Buchsbäumen, die man locker in einer Reihe anordnet, lässt sich eine starre Begrenzung elegant auflösen.

Gräsergarten

Gräser verkörpern Leichtigkeit und Subtilität. Sie haben eine ganz besondere Art von Eleganz. Die weiche Textur und die ruhigen, zurückhaltenden Farben schaffen einen wichtigen Kontrast zum Beispiel zu immergrünen Gehölzen. Aber auch im Wechselspiel mit Stauden sind sie ideale Begleiter, da sie das üppige Farbenspektrum unterstreichen.
Gräser geben dem Auge einen Ruhepunkt und laden zum Verweilen ein. In einem ländlichen Garten werden sie häufig verwendet, um eine Verbindung zur Umgebung herzustellen. In einem Garten in der Stadt dagegen erinnern sie an unberührte Natur.

Gräser streuen und reflektieren das Licht. Mit ihrer federnden Leichtigkeit durchbrechen sie die harten Strukturen der Bodenbeläge und schaffen herrliche Kontraste zu immergrünen Gehölzen.

Sanfte Schwingung in Licht und Wind

Licht ist im Zusammenhang mit Gräsern eine wichtige Komponente. Nicht nur aufgrund der Tatsache, dass die meisten Gräserarten einen Platz in der Sonne bevorzugen. Licht hat ebenso eine ästhetische Funktion. Kräftiges Sommerlicht erzeugt leuchtende Blüten, klare Konturen und starke Kontraste. Jedes Detail wird sichtbar, sowohl die feinen Haare der Fruchtstände als auch die zarten Blüten. Blasses Winterlicht dagegen lässt die Konturen von Halmen, Blättern und Rispen miteinander verschmelzen. Das Hinterleuchten von Gräsern mit künstlichem Licht ist eine gute Möglichkeit, mit Ziergräsern eine ganz besondere Wirkungen zu erzielen. Je nach der Farbe des Lichtes können in der Dunkelheit kalte Grüntöne oder warme Brauntöne erzeugt werden.

Gräser sind fragile Schönheiten. Mit Transparenz und Leichtigkeit sorgen sie für Abwechslung im Garten. Gräser wiegen sich leicht im Wind und schwingen lange nach. Fast alle Gräser haben so zarte Blüten- und Samenstände, dass sie bei der leichtesten Brise in Bewegung geraten. Manche Arten haben sehr große Rispen; ein Beispiel ist das Riesen-Federgras *(Stipa gigantea)*, das sich von ganz allein in seinem eigenen Rhythmus bewegt. Wenn viele Pflanzen gleichmäßig im Garten verteilt werden, entsteht im Zusammenspiel von Licht und Wind ein zauberhaftes Wellenmuster. Ein Windstoß versetzt Gräser in Schwingung, lässt sie sich nach hinten beugen und dann wieder nach vorne zurückfedern. Das Bild ähnelt dem eines Getreidefeldes, durch das der Wind streift. Um dieses Bild zu durchbrechen und Kontraste zu setzen eignen sich großblättrige Pflanzen oder immergrüne Sträucher.

Schönheit rund ums Jahr

Ein Gräsergarten bietet über das ganze Jahr ein abwechslungsreiches Bild. Im späten Frühjahr dienen manche Gräsersorten Tulpen oder Hyazinthen als dekorative Begleitung. Im Sommer schaffen sie einen schlichten, grünen Hintergrund für farbenprächtige Stauden. Im Spätsommer dann erreichen Gräser den Höhepunkt ihrer Leuchtkraft und treten mehr und mehr in Erscheinung. Und der Herbst provoziert nach dem ersten Frost eine enorme Farbpalette und lässt die Pflanzen in einem lebhaften Spektrum von Bronze-, Kupfer- und Goldtönen erscheinen. Die

Fähigkeit der Gräser, auf Licht zu reagieren, macht sie besonders im Winter sehr wertvoll, wenn die zarten Braun- und Gelbtöne in der niedrig stehen Wintersonne leuchten.

Beispielgarten: Leichtigkeit und Transparenz

Typ: frei stehendes zweigeschossiges Wohnhaus
Gartengröße: 100 m²
Umfeld: ländlich
Gestaltungselemente: großer Sitzplatz, Kübelpflanzen, Ziergehölze, immergrüne Sträucher, Gräser, Zwiebelblumen
Materialien: Holz, Weidenflechtzaun, Kies (als Wegbelag)
Pflanzen:
Gehölze:
① Blutpflaume *(Prunus × cerasifera).*
② Felsenbirne *(Amelanchier laevis)*
③ Berberitze *(Berberis thunbergii* 'Kobold')
Stauden:
④ Sternkugel-Lauch *(Allium christophii)*
⑤ Steppenkerze *(Eremurus robustus)*
Gräser:
⑥ Chinaschilfgras *(Miscanthus sinensis* 'Gracillimus')
⑦ Federborstengras *(Pennisetum setaceum* 'Rubrum')
⑧ Riesen-Federgras *(Stipa gigantea)*
⑨ Großes Zittergras *(Briza maxima)*
⑩ Riesen-Segge *(Carex pendula)*
⑪ Kübelpflanzen: Rosen *(Rosa* 'Aprikola')
Mobiliar/Ausstattung: schlichte Möbel aus Aluminium ⑫, Holzbank mit Stauraum ⑬, Lichtstrahler ⑭, Gartenlaube ⑮
Pflege: gering; Rückschnitt der Gräser im Frühjahr, Winterschutz für Keramikgefäße
Optische Erweiterung: Blickpunkte, gestaffelte Anordnung der Gräser, heller Belag, Bezug zur Landschaft
Blickpunkte: Blütengehölze, Gartenlaube, illuminierte Baumkrone

Das dreieckige Grundstück hat eine für einen Garten eher ungewöhnliche Form, bietet aber einen großen Reiz, ihn zu gestalten. Am Rand einer Einfamilienhaussiedlung gelegen, bildet das Gartengrundstück den Übergang zu den angrenzenden landwirtschaftlich genutzten Flächen. Ziel war ein Garten mit viel Licht und Transparenz, der zu jeder Jahreszeit Abwechslung bietet und auch über die langen Wintermonate nicht an Attraktivität verliert. Zudem soll er pflegeleicht sein. Das Grundstück befindet sich an einem leicht abfallenden Hang. Stützmauern werden jedoch nicht benötigt, um das Gelände zu terrassieren; vielmehr geht es darum, die topographische Lage zu nutzen und mit in das Gestaltungskonzept einzubeziehen. Ein Gräsergarten ist mit den Jahreszeiten sehr wandlungsfähig, benötigt wenig Pflege – die Gräser müssen lediglich im Frühjahr zurückgeschnitten werden –, zudem lässt sich ein harmonischer Übergang zu der umgebenden Landschaft herstellen. Die Landschaft ihrerseits bildet eine geeignete Kulisse für den Garten.

Auch im Winter bringen Gräser Lebendigkeit in den Garten. Besonders schön wirken sie im Raureif, während sie sich im Winterschlaf befinden.

Da die überwiegende Mehrzahl der Gräser am besten in voller Sonne gedeiht, muss der Boden vor dem Pflanzen tiefgründig aufgelockert werden. Er darf jedoch nicht zu stark gedüngt werden, da zu viel Stickstoff bei Gräsern ein zu rasches und schlaffes Wachstum provoziert.
Ein Kiesweg führt von der Holzterrasse am Haus durch den Garten zu einer Gartenlaube am äußeren Ende des Grundstücks. Von hier aus hat man einen herrlichen Blick zurück auf das Gräsermeer und die Fassade. Der Weg stellt auch die Verbindung zum Vorgarten und zur Wohnstraße her und ermöglicht den Durchgang von der Garage in den Garten. Über ein Tor im Zaun gelangt man auf einen Pfad, der durch die umgebenden Wiesen und Äcker führt.

Gräser versetzen den Garten in Schwingung

Ein breiter Saum aus niedrigen und hohen Gräsern umschließt die Terrasse sowie die äußeren Grenzen des Gartengrundstücks. Er besteht aus Gräsern mit unterschiedlichen Wuchsformen – von straff aufrecht wachsenden Arten wie Großem Zittergras *(Briza maxima)* bis zu dem bogig überhängenden Chinaschilf *(Miscanthus sinensis* 'Gracillimus') – und wirkt dadurch sehr lebendig. Riesen-Federgras *(Stipa gigantea)* und Riesen-Segge *(Carex pendula)* lösen die Form des dreieckigen Grundstücks auf.
Sie sind in unterschiedlichen Höhen entlang der Gartengrenze angeordnet. In ihrer Größe rangieren die Gräser von wenigen Zentimetern bis hin zu zwei Metern.

Reizvolle Farbkombinationen

Das purpurviolette Federborstengras *(Pennisetum setaceum* 'Rubrum') hinterlässt mit seinen dunkelvioletten Blättern und Halmen sowie rosafarbenen Rispen einen nachhaltigen Eindruck. Am Rande des Holzdecks ist es der absolute Star im Gräsergarten. Die weniger auffälligen Gräser werden mit immergrünen, kugelig geschnittenen Berberitzensträuchern kombiniert. In einem Gräsergarten sind diese unverzichtbar, da sie aufgrund ihrer dunkelgrünen Blätter besonders im Winter, wenn die Gräser in hellen Brauntönen schimmern, mit ihrer kompakten Wuchsform, Farbe und Blattstruktur einen schönen Kontrast schaffen.
Im Frühjahr, wenn die Gräser noch kurz sind, sorgen die duftenden rosaweißen Blüten der Steppenkerze *(Eremurus robustus)* und die purpurvioletten Kugeln des Zier-Lauchs *(Allium aflatunense)* für Aufsehen im Garten.
Blutpflaume und Felsenbirne bringen Höhe in den Gartenraum und sind attraktive Blickpunkte. Ihre Blüten und Blätter schmücken den Garten zu jeder Jahreszeit. Besonders die tiefrote Rinde der Blutpflaume setzt einen herrlichen Kontrapunkt. Auch in den dunklen Stunden des Jahres kann man diesen Garten genießen; dann legt sich ein sanfter Schimmer aus einem Bodenstrahler um die Äste der Blutpflaume. Der leuchtende Baum zieht magisch die Blicke auf sich und lässt die Umgebung unsichtbar werden.

Tipp

Gerade bei kleinen Gartengrundstücken sollte man sich vor dem Kauf unbedingt über die endgültige Größe der Pflanzen informieren. Denn aus kleinen Tuffs werden mit den Jahren riesige Horste, die einen begrenzten Raum schnell beengen können. Außerdem hat man zusätzlich viel Arbeit mit dem Ausgraben oder Zerteilen der Pflanzen.

Mediterraner Garten

Es ist der Duft von Kräutern, Zitruspflanzen und Buchsbaum, der beim Durchwandeln italienischer Gärten die Sinne betört. Wie aber lassen sich Düfte und die mediterrane Atmosphäre in den heimischen Garten bringen? Viele Gartenbesitzer können sich gar nicht vorstellen, dass auch in unseren Breitengraden Pflanzen wie Zitronen- und Olivenbäume wachsen. Aber diese Pflanzen sind robuster, als man denkt, einige vertragen sogar Frost.
Voraussetzung für einen mediterran inspirierten Garten in nördlichen Gefilden ist die richtige Pflanzenauswahl. Die Gestaltung folgt immer den gleichen Prinzipien: Zu ihren charakteristischen Elementen zählen immergrüne Pflanzen, Wasser und Stein.
Kunstvoll geschnittene Hecken aus Buchsbaum und Myrte, die von Pergolen überschattet werden, antike Säulen und Skulpturen, Grotten und raffinierte Wasserspiele bilden das Ideal eines mediterranen Gartens. Mauern werden häufig als Begrenzung verwendet. Eine weiß gestrichene Mauer dient als Hintergrund, um reizvolle Kletterpflanzen wie zum Beispiel eine Bougainvillea besonders hervorzuheben. Die Verwendung von Natursteinmauern hat eine lange Tradition in den Mittelmeerländern, daher gehört sie auch in einen mediterranen Garten.

Der Flair des Südens

Eine südländische Atmosphäre kann man schon mit einfachen Mitteln erzeugen, indem man zum Beispiel in einem kleinen gepflasterten Innenhof Kübelpflanzen aufstellt und an den Mauern blühende Kletterpflanzen emporranken lässt. Auch Wasser charakterisiert südliche Gärten und zählt zu den wichtigsten Elementen. Es schafft angenehme Frische, und durch das leise Plätschern eines Brunnens wirkt ein kleiner gepflasterter Innenhof sehr lebendig.
Eine liebenswerte Eigenart des mediterranen Gartens sind die Topfgärten. In reich verzierten Terrakotten werden Blumen oder Kräuter auf die Terrasse gestellt, markieren einen Weg oder schmücken einen Treppenaufgang. Kräuter gehören einfach dazu. Sie duften aromatisch, schmecken vorzüglich und sind sehr dekorativ. Der beste Platz für Oregano, Rosmarin, Thymian und Lorbeer ist an einer warmen Hauswand. Dort, wo sich im Sommer die Hitze staut, können diese Pflanzen ihr herrliches Aroma besonders gut entfalten. Und mit ihrem Duft kommt ein Stück mediterranes Flair in den Garten.

Geeignete Pflanzen

Da das Klima in unseren Breitengraden nicht dem des Mittelmeerraumes entspricht, kann man nur bestimmte mediterrane Pflanzen verwenden, denn manche sind sehr frostempfindlich. Bei Realisierung eines mediterranen Gartens, ob Neuanlage oder Umbau, sollte man sich folglich auf geeignete Pflanzen beschränken, die mit den örtlichen Standortbedingungen wie Bodeneigenschaften, Lichtverhältnissen und Temperaturen im Lauf des Jahres zurechtkommen.
Die Sonneneinstrahlung und die Lichtintensität sind entscheidend für den Charakter eines mediterranen Gartens. Die meisten Mittelmeerpflanzen brauchen viel Sonnenschein, damit sich die aromatischen Düfte ihrer Blüten, Blätter

Bei Platzmangel kommen Rosen, Immergrüne und Kräuter in Keramiktöpfe oder Terrakottagefäße – genau das richtige Ambiente für einen mediterran inspirierten Garten.

und Früchte verbreiten können. Eine südliche Atmosphäre kann aber auch in einem schattigen Garten aufkommen, denn Pflanzen wie Buchsbaum, Heckenmyrte, Eibe und Hortensie sowie Efeu gedeihen hier bestens. Werden sie dann durch Kübel mit Olivenbäumchen sowie Skulpturenschmuck und schönen Gartenmöbeln ergänzt, entsteht ein herrliches mediterranes Ambiente.

Beispielgarten: Sonne samt Ausblick

Typ: frei stehendes, zweigeschossiges Wohnhaus am Hang
Gartengröße: 92 m²
Umfeld: Stadtrand
Gestaltungselemente: Pergola, Kübelpflanzen, Kräuterbeet, Wandbrunnen
Materialien: Holz, Kies, Trittplatten aus Sandstein, Natursteinmauern
Pflanzen:
Gehölze:
① Mandelbaum *(Prunus triloba)*
② Scheinzypresse *(Chamaecyparis lawsoniana)*, ③ Buchsbaumkugeln
Kübelpflanzen:
④ Schmucklilie *(Agapanthus praecox)*
⑤ Zitronenbäumchen *(Citrus limon)*
⑥ Rosen *(Rosa muscosa)*
⑦ Kräuter: Rosmarin *(Rosmarinum officinalis)*, Salbei *(Salvia officinalis)*, Oregano *(Origanum vulgare)*, Thymian *(Thymus vulgaris* 'Compactus')
Kletterpflanzen:
⑧ Wilder Wein *(Parthenocissus tricuspidata* 'Veitchii'), ⑨ Efeu *(Hedera helix)*
Mobiliar/Ausstattung: Möbel aus Teakholz ⑩, italienischer Marktschirm ⑪, Holzschrank für Gartengeräte und Werkzeug ⑫, Teakholz-Liegen ⑬, Wandbrunnen ⑭
Pflege: gering; jährlicher Heckenrückschnitt, Winterschutz für Kübelpflanzen
Optische Erweiterung: heller Bodenbelag, reduzierte Elemente, wenige Pflanzenarten
Blickpunkte: Brunnen, Kübelpflanzen, Ausblick Landschaft

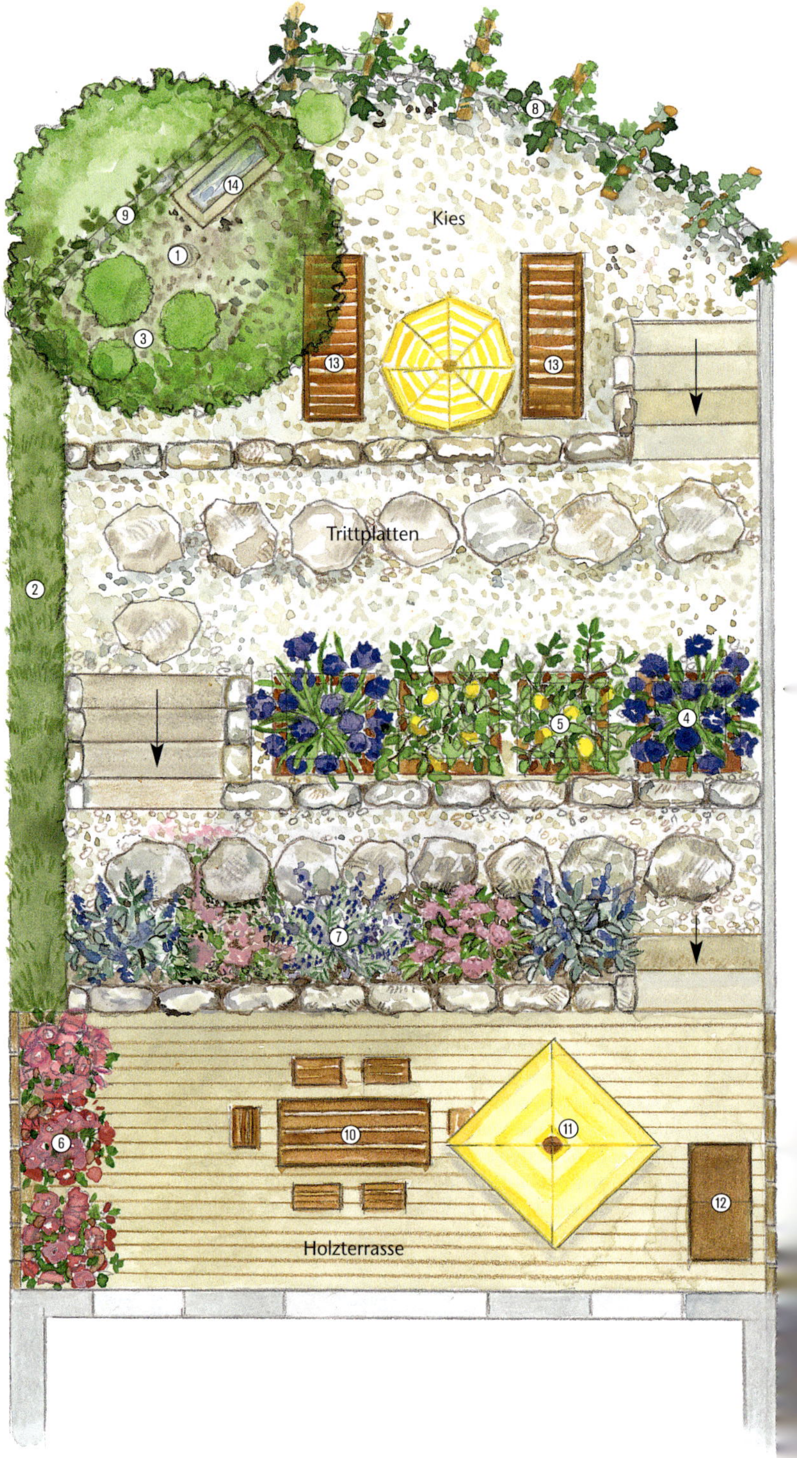

Das Hanggrundstück befindet sich am Rande einer Stadt. Die zum Garten orientierte Fassade besteht aus einer Stahl-Glas-Konstruktion mit Holzlamellen. Das Konzept ist ein Garten, der mit wenigen Elementen gestaltet und leicht zu pflegen ist sowie zu dem modernen Wohnhaus passt. Das Grundstück ist durch den stark geneigten Geländeverlauf und einen Höhenunterschied von 1,80 m schlecht nutzbar. Eine alte Scheinzypressenhecke bietet Sichtschutz zum Nachbarn. Diese bleibt erhalten und wird in das Gestaltungskonzept einbezogen.
Um das Hanggrundstück zugänglich zu machen und die Größe optimal auszunutzen, wird es in unterschiedlich große Terrassen aufgeteilt, die über Stufen und Treppen zu erreichen sind. Das Gelände wird seitlich der äußeren Begrenzung mit Betonmauern abgestützt, im Garteninneren gliedern Natursteinmauern den Hang. Da der Garten nach Süden ausgerichtet ist, können hier mediterrane Kräuter und Kübelpflanzen wie Zitronenbäume und Schmucklilien wachsen. Am Haus befindet sich ein großzügiger Aufenthaltsbereich, der vielen Gästen Platz bietet. Durch den hellen Bodenbelag aus Holz und Kies wirkt der Garten hell und weiträumig.

Ruhiger Ort für die Siesta

Die unterste Terrasse ist von einer 1,20 m hohen Stützmauer aus Beton eingefasst und zurückhaltend gestaltet. An den Stützen einer Pergola rankt Wilder Wein. Von hier aus genießt man den Blick auf den Fluss und die vorbeifahrenden Schiffe. Dieser Ausblick ist der Hauptblickpunkt des Gartens und auch von den Innenräumen des Wohnhauses sichtbar. Auf dieser Terrasse wurde ein zweiter Sitzplatz angelegt, wohin man sich abseits des Hauses ungestört zurückziehen und die Sonne genießen kann. Schatten spendet ein kleiner Mandelbaum, Kugeln aus Buchsbaum rahmen einen Brunnen an der Mauer ein, die mit Efeu berankt ist. Sanftes Plätschern unterstreicht die mediterrane Stimmung. Eine Zapfstelle für frisches Trinkwasser oder zum Gießen der Pflanzen ist der Brunnen allerdings nicht, denn das Wasser ist Teil eines geschlossenen Systems, das mit Hilfe einer Tauchpumpe betrieben wird.

Ein Platz für Kräuter und Blumen

Durch die Anordnung und Größe sowie Wuchsform der Pflanzen auf den drei Terrassen bleibt der Blick vom Haus in den Garten frei und wird darüber hinaus in die Flusslandschaft gelenkt. Auf der ersten Terrasse unterhalb des Sitzplatzes am Haus gedeihen an der von der Sonne gewärmten Natursteinmauer Kräuter: Lavendel, Rosmarin, Thymian und Lorbeer verströmen würzige Aromen und wecken Erinnerungen an den letzten Urlaub in der Toskana. Nach unten gelangt man über Stufen zu duftenden Zitronenbäumchen *(Citrus limon)* und aparten Schmucklilien *(Agapanthus praecox)* in großen Terrakottagefäßen.
Den Sitzplatz am Haus schmücken duftende Rosen, die feine Düfte verbreiten. Der Garten ist mit allen Sinnen zu genießen. Über verschiedene Ebenen kann man ihn durchwandeln und nach und nach erkunden. Durch die unterschiedlich gestalteten Terrassen bietet er viel Abwechslung und vermittelt das Gefühl großzügiger Weite.

Auf kleinster Fläche, am Rand eines Kiesweges, ist noch genügend Platz, damit sich südländische Kräuter mit ihren aromatischen Düften ausbreiten können.

Staudengarten

Stauden, die duften und mit den Jahren immer üppiger blühen, sorgen in jedem Garten für Abwechslung und sind allseits beliebt. Gerade bei kleinen, auf Stauden konzentrierten Grundstücken sollte man bei der Auswahl auch deren Pflegeansprüche berücksichtigen. Es gibt zahlreiche robuste sowie krankheitsresistente Arten und Sorten, die sich mit wenig Aufwand wunderbar entfalten. Staudengärtnereien und Baumschulen führen ein großes Sortiment an blühverlässlichen, gesunden und frostharten Blüten- und Blattstauden. Pflegeleicht sind Pflanzen vor allen Dingen dann, wenn man einen für sie optimalen Standort findet. Sind die Pflanzen dicht genug gesetzt und mit der Zeit eingewachsen, benötigen sie fast keine Pflege mehr. In kleinen, abgeschlossenen Gärten nimmt man Gerüche besonders stark wahr; Duft steht auf der Wunschliste der pflanzlichen Eigenschaften immer ganz oben. Zwiebelblumen wie Hyazinthen und Narzissen oder Sträucher wie Falscher Jasmin *(Philadelphus coronarius)* und Flieder *(Syringa meyeri* 'Palabin') verströmen im Frühling berauschende Düfte. Im Sommer sind es dann vor allen Dingen Rosen und Stauden wie Pfingstrosen (Päonien), Dost *(Origanum vulgare)* und Nelken *(Dianthus arenarius)*, die mit angenehmen Gerüchen im Garten locken.

Das Goldgelb des Sonnenhutes *(Rudbeckia* 'Goldsturm') und das Bronzerot der Sonnenbraut *(Helenium* 'Moerheim Beauty') drängen sich förmlich in den Vordergrund.

Das Rosa, Purpur und Violett der kleinen, filigranen Blüten der Stauden wirkt kühl und dezent zurückhaltend.

Mit wenig Farbe eindrucksvoll: lebhaftes Grün und interessante Blattstrukturen schaffen Abwechslung in einem Pflanzbeet.

Drei Regeln für sicheren Erfolg

Kleine Gärten müssen nicht langweilig sein, nur weil man keine großen Fachkenntnisse besitzt. Um nicht auf leuchtende Farben und betörende Düfte zu verzichten, kann man ein Staudenbeet leicht selber gestalten, wenn man bestimmte Regeln berücksichtigt:

1. Pflanzen gestaffelt anordnen: Um eine räumliche Wirkung zu erzielen und Spannung zu erzeugen, sollten in einem Staudenbeet kleinere Pflanzen nach vorne und hohe nach hinten gesetzt werden. Dadurch wirkt die Fläche optisch größer.
2. Blütezeiten und Blütenfarben aufeinander abstimmen: Pflanzen sollten farblich miteinander harmonieren. In einem Beet kann man Blickpunkte mit farbenprächtigen Blüten, interessanten Blättern oder einer ungewöhnlichen Wuchsform schaffen. Echte Hingucker sind einfarbige Beete, zum Beispiel in Weiß oder Rot, aber auch Beete mit Farbabstufungen, die etwa von einem hellen Gelb bis zu einem tiefen Orange reichen. Optimal ist ein Beet gestaltet, wenn kontinuierlich über die Gartensaison Stauden blühen.
3. Stauden mit ähnlichen Bedürfnissen sollten immer zusammengesetzt werden, denn das erleichtert die Pflege beim Düngen und Wässern.

Farben mit Tiefenwirkung

Farben haben großen Einfluss auf die Wirkung eines Gartens, ganz gleich, ob dabei Kontrast oder Harmonie gewünscht ist. Farben lassen ein Ambiente ruhig oder lebendig, freundlich oder düster, verspielt oder schlicht, romantisch oder modern erscheinen. Setzt man Farben geschickt ein, kann ein harmonisches Gleichgewicht oder ein kontrastreiches Farbspektakel entstehen.

Auch die räumliche Tiefe eines kleinen Gartens lässt sich mittels Farben stark beeinflussen und verändern. Gelb, Orange und Rot sowie Violett gehören zu der warmen Seite des Farbenkreises. Sie haben eine kräftige und belebende Wirkung, und man hat das Gefühl, dass sie sich förmlich in den Vordergrund drängen. Kalte Farben wirken dagegen leise und weniger fordernd, sie ziehen sich eher zurück. Blau, Grün und zartes Rosa zählen zu den kalten Farben. Sie vermitteln den Eindruck von Weite und sollten daher bewusst im Hintergrund verwendet werden.

Doch in einem Bepflanzungskonzept sollten nicht nur die Blüten der Stauden, sondern auch die Laubfärbung der Gehölze berücksichtigt werden. Wenn Sie Wert auf ein harmonisches Gleichgewicht der Farben legen, aber auch großartige Effekte lieben, dann sollten Sie nicht unnötige Zeit mit dem Experimentieren im Beet verschwenden. Erstellen Sie vorab ein Farbkonzept für den gesamten Garten und zusätzlich ein detaillierteres für jedes einzelne Blumenbeet. So laufen Sie nicht Gefahr, dass es allzu schrill wird, wenn tausend Blüten auf einmal sprießen. Zu diesem Zweck legen Sie Ihre ausgewählten Lieblingsfarben fest und zeichnen sie mit Bunt- oder Filzstiften bzw. Wasserfarben kleine Farbflächen nebeneinander auf ein Blatt Papier.

Zurückhaltend und ausdrucksstark

In einem Blumenbeet sollte man immer mit Kontrasten arbeiten, was sowohl die Farben als auch die Formen betreffen kann. Filigrane Blüten bereichern ein Staudenbeet ebenso wie interessante Blattstrukturen. Auffällig und eigenwillig sind besonders monochrome Bepflanzungen. Hier kommen hauptsächlich die unterschiedlichen Formen der Blüten zum Ausdruck. Aber auch die Farbe Grün, die jede Pflanze besitzt, ist wichtig, da sie eine ruhige Kulisse zu den temperamentvollen Blütendiven bildet. Wenn man Staudenbeete mit verschiedenen Arten bepflanzen möchte, ist ein Pflanzplan äußerst hilfreich. Damit lässt sich auch leicht herausfinden, wie viele Pflanzen für die zur Verfügung stehenden Flächen benötigt werden. Je nach Art rechnet man gewöhnlich zwischen fünf und neun Stück pro Quadratmeter. Mit dem Lineal oder einer Schablone kann man kleine Flächen, die 1 m² entsprechen, in den Plan einzeichnen. Zu diesem Zweck verwendet man am besten den Maßstab von 1:100 (1 cm im Plan entspricht 1 m im Beet).

Beispielgarten: Farbenfroh und lebendig

Typ: Reihenhaus-Eckgrundstück
Gartengröße: 96 m²
Umfeld: Siedlungsgärten/Ackerflächen
Gestaltungselemente: erhöhter Sitzplatz, berankte Pergola, Staudenbeete
Materialien: Holz, Naturstein
Pflanzen:
<u>Gehölze:</u>
① Garten-Hortensie *(Hydrangea macrophylla* 'Bouquet Rose')
② <u>blaue Stauden:</u>
Ehrenpreis *(Veronica austriaca* subsp. *teucrium* 'Knallblau'), Kaukasus-Vergissmeinnicht *(Brunnera macrophylla),* Blauer Himalaya-Scheinmohn *(Meconopsis betonicifolia),* Eisenhut *(Aconitum napellus),* Rittersporn *(Delphinium Elatum*-Hybride 'Blaustrahl'), blaue Hyanzinthen
③ <u>orange Stauden:</u>
Nelkenwurz *(Geum coccineum* 'Borisii'), Edelgarbe *(Achillea millefolium*-Hybride 'Fanal'), Garten-Montbretie *(Crocosmia × crocosmiiflora),* Margerite *(Dendranthema* 'Vreneli'), Sonnenbraut *(Helenium*-Hybride 'Moerheim Beauty'), Sonnenauge *(Heliopsis scabra* 'Jupiter'), Fackellilie *(Kniphofia*-Hybride 'Express'), Wildtulpe ('Tulipa orphanidea'), Tulpe *(Tulipa forsteriana* 'Juan')
④ <u>Kletterpflanze Pergola:</u> Chinesischer Blauregen *(Wisteria sinensis)*
⑤ <u>Kletterrose am Bogen:</u>
Rosa 'Schneeflocke'
⑥ <u>Bodendecker:</u> Haselwurz *(Asarum caudatum)*
⑦ <u>Sommerblumen in Töpfen:</u> Kosmosblume *(Cosmos bipinnatus)*
⑧ <u>Kräuter in Töpfen:</u> Küchen-Salbei *(Salvia officinalis),* Garten-Thymian *(Thymus vulgare* 'Compactus'), Rosmarin *(Rosmarinum officinalis)*
Mobiliar/Ausstattung: schlichte Möbel aus Aluminium ⑨, Holzschrank für Gartengeräte und Werkzeug ⑩
Pflege: gering; Rückschnitt der Stauden
Optische Erweiterung: verschiedene Ebenen, gestaffelte und farbliche Anordnung der Stauden, Bogen, Pergola

Das Grundstück gehört zu einer Reihenhaussiedlung, an deren äußere Ränder sich Siedlungsgärten und eine Grünanlage anfügen. Der vorhandene Garten soll in einen farbenfrohen, duftenden und lebendigen Raum verwandelt werden. Um das kleine ebene Gelände zu strukturieren und den Raum größer wirken zu lassen, wird ein erhöhter Sitzplatz in der Mitte des Gartens geschaffen. Über Trittplatten gelangt man vom Haus in den Garten, dazwischen bilden Bodendecker einen schlichten Blätterteppich aus, der auch im Winter grün bleibt. Holzstufen führen zu dem um 45 cm erhöht liegenden Holzpodest. Eine berankte Pergola überspannt den Sitzplatz, spendet Schatten und bietet einer Kletterpflanze die Möglichkeit, sich in luftiger Höhe auszubreiten. Seitlich wird der Sitzbereich von Hortensien sowie unterschiedlich hohen und farbigen Stauden eingerahmt. Hierzu zählen blau blühende wie Storchschnabel, Ehrenpreis, Kaukasus-Vergissmeinnicht, Eisenhut, Rittersporn sowie orangefarbene wie Nelkenwurz, Edelgarbe, Margerite, Fackellilie, Sonnenbraut und Sonnenauge.
An der Pergola rankt Blauregen. Da diese Kletterpflanze ein kräftiger Schlinger ist, benötigt sie eine stabile Rankkonstruktion. Im Frühjahr erscheinen die violettblauen und duftenden Traubenblüten vor den Blättern und hängen ähnlich wie Weintrauben von den Rankhölzern herab.
Am Ende des Gartens fällt der Blick auf den von Rosen umschlungenen Bogen; tritt man näher heran, entdeckt man eine blühende Magnolie, die in der nahen Grünanlage steht. Nachdem diese verblüht ist,

windet sich eine weiße Kletterrose um die Sprossen des Bogens.
Am Wohnhaus befindet sich eine Holzterrasse, die 15 cm über dem Gartenniveau liegt. Der helle Boden aus Douglasie erzeugt eine warme Atmosphäre. Darauf ist genügend Platz für einen Liegestuhl und Kräutertöpfe, dazu für einen alten Holzschrank, um darin Gießkanne, Hacke und Gartenscheren unterzubringen. Die Gartenmöbel sind aus Aluminium und können bei schlechtem Wetter draußen bleiben.

Duftend und blütenreich

Um den Garten räumliche Tiefe zu geben, sind Pflanzbereiche farblich unterteilt: Im vorderen Beet drängen sich die orangefarbenen Stauden auch optisch in den Vordergrund, während sich in den beiden hinteren Beeten am Ende des Gartens die blau blühenden Stauden vornehm im Hintergrund halten. Weiß ist die kühlste Farbe und wirkt zurückhaltend; daher signalisiert die weiß blühende Kletterrose am Bogen das Ende des kleinen Gartens und verleiht ihm zusätzlich Tiefe.
Hortensien wirken als Vermittler zwischen den Staudenbeeten. Die blauvioletten Blütenbälle bilden einen harmonischen Übergang von den orangefarbenen Blüten von Sonnenhut und Herbstmargerite zu den blauen von Rittersporn und Ehrenpreis. Selbst wenn sie verwelkt sind, haben Hortensienblüten noch einen ganz besonderen Charme und verleihen dem Garten auch über die Wintermonate Lebendigkeit.
Vom Frühling bis in den späten Herbst steht der Garten in voller Blüte. Blaue Hyazinthen und bronzeorange Wildtulpen prägen das Bild im Frühling und verströmen einen intensiven Duft. Das Schlusslicht bildet die Margerite *(Dendranthema*-Indicum-Hybride) 'Vreneli', die mit ihren kupferorangefarbenen Blüten den Garten bis in den November hinein mit wärmender Farbe versorgt.
Die Stauden sind in den Beeten entsprechend ihren Wuchshöhen angeordnet: Vorne stehen die niedrigen, dahinter die hohen. Dazwischen setzen straff aufrecht wachsende Pflanzen wie Fackellilie und Rittersporn eindrucksvolle Akzente.

Vorgärten

Macht man den Eingang zu einem Willkommensgruß, sind Einfachheit und Harmonie die wichtigsten Hilfsmittel.
Thomas Church, englischer Gartenarchitekt

Ein schöner und individueller Vorgarten gibt dem Haus ein Gesicht und macht es erkennbar. Der Vorgarten ist ein Stück Natur, das man täglich im Vorübergehen immer wieder neu erlebt. Und hier bleibt nichts unentdeckt – weder die ersten Krokusse im Frühjahr noch die flammenden Blätter der Bäume im Herbst.

Grüne Visitenkarte

Eine gut durchdachte Planung ist für einen Vorgarten besonders wichtig, denn dieser ist eine grüne Visitenkarte und erfüllt viele Funktionen: Er markiert den privaten Raum, schafft Abstand zur Straße, dient als Abstellfläche für Müllcontainer und Fahrräder und ist Treffpunkt mit den Nachbarn. Außerdem bietet er eine Arbeitsfläche für kleine Reparaturen am Fahrrad und kann die Verbindung zum hinteren Garten herstellen. Auf jeden Fall sollten Müllbehälter hinter einer immergrünen Hecke verschwinden oder in einem möglichst unauffälligen oder aber attraktiv gestalteten Holz- oder Metallschrank untergebracht werden.

Der erste Eindruck ist ausschlaggebend. Manchmal ist es nur ein kleiner flüchtiger Augenblick, der entscheidet, ob einem etwas gefällt oder nicht. Eine Atmosphäre wird wahrgenommen, ein Gefühl für einen Ort entsteht. Erst danach schaut man genauer hin und entdeckt die Formen, Farben und Proportionen. Das Bild, das sich ein Spaziergänger von einem Gebäude und dessen Vorgarten macht, wird bei ihm einen bestimmten Eindruck hinterlassen.
Häufig spiegelt ein Vorgarten die Identität seiner Besitzer wider. In der Regel sind private Vorgärten deutlich von der Straße abgegrenzt. Da aber in einem Vorgarten kaum jemand seine Freizeit verbringt, er-

Durch die gestaffelte Anordnung der Gehölze und Stauden können auch auf der kleinen Fläche vor dem Hauseingang und der Garagenzufahrt viele Pflanzen sowohl im Beet als auch in Kübeln untergebracht werden.

weckt dieser manchmal den Eindruck eines öffentlichen Raumes. Zuweilen gibt die Umgebung die Gestaltung des Vorgartens vor. Das können zum einen die nachbarlichen Gärten und zum anderen die Landschaft sein. Ob man einen Zaun aus Holz oder Gusseisen auswählt, ist nicht entscheidend. Aber wenn Hecken das Straßenbild dominieren, sollte man vielleicht ebenfalls eine Hecke pflanzen. Wichtig bei der Gestaltung des Vorgartens ist, den kleinen Raum innerhalb seiner Grenzen großzügig wirken zu lassen und das eigene Haus als Maßstab zu nehmen. Zu ihm soll der Vorgarten passen, möglichst sogar eine harmonische Einheit bilden.
Schöne begrünte Vorgärten tragen zu einem attraktiven Umfeld bei. Sie können zum Aufenthalt und zum Gespräch mit dem Nachbarn sowie den vorbeigehenden Menschen genutzt werden. Mit einem interessanten Vorgarten schafft man sich nicht nur ein schönes Zuhause, sondern bietet auch seinen Gästen einen angemessenen Empfang.

Ein Weg aus Kies genügt bereits, um den Zugang zum Haus zu ermöglichen. Die üppige Bepflanzung aus Stauden, Kräutern und Gehölzen löst die harten Kanten auf.

Wichtige Maße

Für den Zugang zum Haus bietet ein 1,20 m breiter befestigter Weg zwei Personen, die nebeneinander gehen, genügend Platz. Großzügiger ist immer besser, denn um etwa Möbel ins Haus zu transportieren, braucht man häufig eine größere Fläche. Die Breite des Zugangs richtet sich allerdings nach der Tiefe des Vorgartens. Ein Reihenhausvorgarten ist häufig nur 3 m tief, hier genügt ein 1,50 m breiter Weg. Hat man mehr Platz zur Verfügung, wirkt ein Eingangsbereich mit 1,80–2,20 m Breite angenehm und einladend. Eine Einfahrt zur Garage oder zum Carport muss 300 cm breit sein, damit man bequem ein- und aussteigen kann.
Ist ein Stellplatz oder eine Garagenzufahrt zu pflastern, reicht es, die Fahrspuren zu befestigen und die Flächen zwischen den Rädern mit Kies oder Polsterpflanzen aufzulockern. Das Auto sollte jedoch im Vorgarten nicht dominieren.
Befestigte Flächen sind nur dort vorzusehen, wo es unbedingt nötig ist, zum Beispiel am Gehweg zum Haus und auf dem Abstellplatz für Mülltonnen; überall sonst sind Pflanzen schöner, die, besonders in einer dicht bebauten Umgebung, obendrein zur Verbesserung des Mikroklimas und zu einem attraktiven Umfeld beitragen.
Ist der Vorgarten groß genug, darf ein kleinkroniger Laub- oder Blütenbaum nicht fehlen. Er ist der Hausbaum und wichtig für die Ausgewogenheit der Proportionen. Ein Baumpaar im Vorgarten wirkt besonders einladend, ähnlich einer Pforte weisen die beiden Bäume den Weg zum Wohnhaus.

Zwischen Straße und Haus

Mit interessanten Vorgärten wirken Straßen nicht eintönig; es entstehen lebendige Orte. Allerdings sollte man nicht unbedingt große Eingriffe planen, sondern behutsam im Kleinen agieren. Wenn nur wenig Geld zur Verfügung steht, kann ein Vorgarten auch mit einfachen Mitteln effektvoll gestaltet werden.
Vorgärten sind die Vermittler zwischen Straße und Wohnung. Große Sträucher sollten nur als Einzelstücke verwendet werden, die Einfassungshecke möglichst niedrig gehalten sein – es sei denn, man möchte sich bewusst zur Straße abgrenzen und alles Fremde auf Abstand halten. Hohe Hecken, Mauern und Zäune sorgen im Vorgarten für Abgeschlossenheit, während hüfthohe Mauern und

Leuchtsteine, die in den Pflasterbelag eingesetzt werden, sorgen für ausreichend Helligkeit, um in der Dunkelheit sicher zum Haus zu gelangen.

Hecken Grenzen markieren, ohne den Vorgarten gänzlich abzuschirmen. Sie werden auch verwendet, um weniger attraktive Dinge wie Abfalltonnen zu kaschieren. Mit einer U-förmigen Hecke fallen sie von der Straße aus gesehen nicht gleich auf. Eine mit Kletterpflanzen berankte Ziegelmauer erfüllt den gleichen Zweck. Je nach Haustyp und Gartenstil kann man Mülltonnen auch in Metall- oder Holzschränken abstellen. Die Flächen davor sollten immer gepflastert sein, damit man die Tonnen bequem zur Straßen schieben kann. Die Bodenbeläge im Vorgarten sollten sich stilistisch und materiell an der Fassade des Wohnhauses orientieren, man kann aber auch mit Kontrasten spielen. So eignen sich für den Eingangsbereich vor einem Backsteinhaus nicht nur rötliche Ziegelsteine, sondern ebenso heller Kies. Da sehr kleine Rasenflächen im Vorgarten häufig nur mühsam zu mähen sind, empfehlen sich Bodendecker als geeignete Alternative.

Licht im Dunkel

Auch im Dunkeln muss man den Weg zum Haus bequem und vor allen Dingen sicher finden. Daher müssen dunkle Wege ausreichend beleuchtet werden. Ist die Außenleuchte mit einem Bewegungsmelder kombiniert, lassen sich zudem ungebetene Gäste verscheuchen. Und wenn Sie sie mit einem Dimmer versehen, wird je nach Geschmack gedämpftes oder helles Licht den Weg beleuchten.
Damit die Pflanzen in der Dunkelheit nicht ihre Wirkung verlieren, können die Zweige der Bäume oder die Blätter eines Solitärstrauches angestrahlt werden. Eine solche Beleuchtung wirkt indirekt auch auf die darunter liegenden Flächen des Vorgartens und kann bereits genügen, den Eingangsbereich mit ausreichend Licht zu versorgen. Mit einer raffiniert geplanten Beleuchtung lassen sich im Vorgarten erstaunliche Effekte erzielen. Praktisch und schön sind im Boden eingelassene Leuchtsteine mit Leuchtdiodentechnik (LED). Sie sind energiesparend und äußerst langlebig. Gleich groß wie ein Pflasterstein, kann man sie ebenerdig mit in den Bodenbelag einsetzen.

Beispiel-Vorgarten: Schlichte Eleganz

Typ: Stadthaus
Vorgartengröße: 30 m²
Umfeld: städtisch
Gestaltungselemente: Ziergehölze, Hortensien, Eibenhecke, Kies
Materialien: Sandstein, Granit, Quarzkies, Beton
Pflanzen:
Gehölze:
① Zierkirschen *(Prunus × hillieri* 'Spire'), ② Eibenhecke *(Taxus baccata)*
③ Hortensien *(Hydrangea macrophylla* 'Tovelit')
Bodendecker:
④ Weißrand-Funkie *(Hosta sieboldii)*
⑤ Weißer Feld-Thymian *(Thymus serpyllum* 'Albus')
Ausstattung: Fahrradständer ⑥
Pflege: gering; einmal jährlich, Rückschnitt der Hecke
Optische Erweiterung: heller Bodenbelag, wenig Elemente
Blickpunkt: Ziergehölze

Das Grundstück gehört zu einem Stadthaus. Die Neugestaltung des Vorgartens orientiert sich an der schlichten Architektur des Gebäudes. Der Entwurf schafft einen klar gegliederten Vorplatz, der dem Haus einen würdigen Rahmen gibt. Das Grundstück ist von einer immergrünen Hecke umgeben sowie auf einer Seite durch eine niedrige Mauer zum Nachbargrundstück abgegrenzt. Hier befindet sich eine kleine gepflasterte Fläche, um Fahrräder abzustellen. Eine schmale Eibenhecke trennt die Zufahrt zur tiefer gelegten Garage. Betonplatten markieren die Fahrspuren, dazwischen wächst Thymian, die äußeren Ränder bestehen aus hellem Kies.

Die großen Blütenbälle der Hortensie 'Annabelle' und zu Kugeln geschnittene Liguster-Hochstämme bereiten am Eingang zum Haus einen eleganten Empfang.

Harmonisch und großzügig

Der Zugang zum Haus ist großzügig gestaltet. Über einige Stufen gelangt man ins Haus. Da der Eingang des Wohnhauses nicht symmetrisch liegt, entstanden zwei ungleichmäßig große Flächen. Umgeben werden sie von einer schmalen Eibenhecke. Die größere Fläche trägt einen hellen Bodenbelag, auf dem sich drei kleinkronige Zierkirschbäume sowie Hortensien befinden. Auf der anderen Seite des Weges verläuft ein schmaler Streifen mit Bodendeckerpflanzen und einer Zierkirsche.

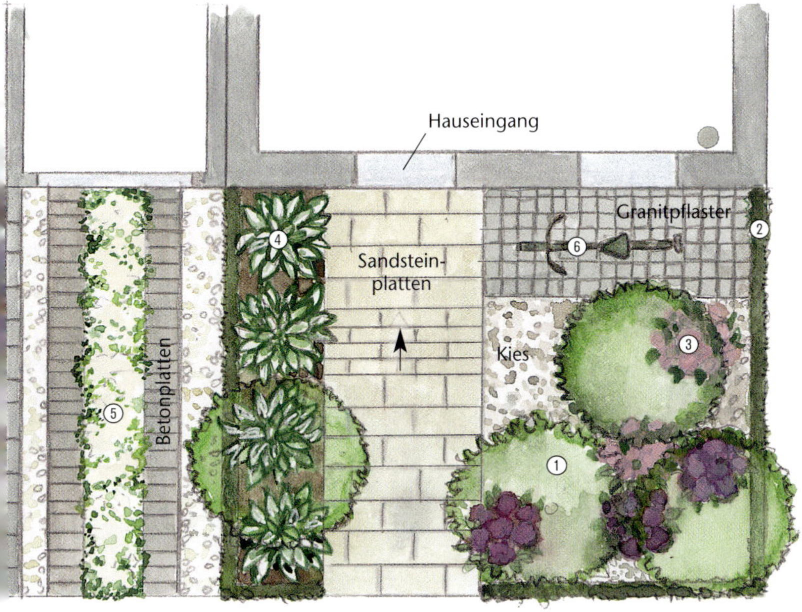

Der Vorgartenbereich wirkt dank des hellen Belags nicht gedrungen, durch den großzügigen Eingangsbereich fühlt man sich beim Durchqueren nicht beengt. Die Bäume schaffen ein ausgewogenes Verhältnis zu der Gebäudehöhe. Mit den unterschiedlichen Höhen der Gehölze sowie der umgebenden Hecke entsteht ein ausgewogener Raum.

Beispiel-Vorgarten: Modern und reduziert

Typ: Reiheneckhaus
Vorgartengröße: 27 m²
Umfeld: kleinstädtisch, Siedlungsrand
Gestaltungselemente: Ziersträucher, Heckenscheiben, Bodendecker
Materialien: Granit, Kies, Beton
Pflanzen:
Gehölze: ① Deutzie *(Deutzia × hybrida* 'Mont Rose')
② Liguster *(Ligustrum vulgare)*
③ Rotblättrige Berberitze *(Berberis thunbergii* 'Atropurpurea Nana')
④ Haselwurz *(Asarum europaeum)*
⑤ Kletterpflanze am Carport: Waldrebe *(Clematis montana* 'Rubens')
Ausstattung: Müllcontainer ⑥, Bodenstrahler ⑦
Optische Erweiterung: heller Bodenbelag, Heckenscheiben
Blickpunkt: Sträucher, Kletterpflanze

Ähnlich einer Pforte markieren große Buchsbaumkugeln den Hauseingang.

Das Vorgartengrundstück gehört zu einem Reiheneckhaus, das sich in einer Siedlung befindet. Die vielen kleinen, zum Verwechseln ähnlichen Häuser bestimmen das Bild dieser Reihenhaussiedlung.

Das Konzept ist ein Vorgarten, der sich von den angrenzenden Gärten abhebt und wiedererkennbar ist. Gleichzeitig fügt er sich harmonisch in das Bild der Siedlung ein. Die Anordnung von immergrünen Heckenbändern strukturiert die schmale Fläche vor dem Haus. Die Zwischenräume füllen Bodendecker und Berberitzenkugeln sowie kleine Blütensträucher aus.

Klar und eindeutig

Der Zugang zum Haus besteht aus großformatigen Betonplatten und Kleinsteinpflaster. An den Vorgarten grenzt die Zufahrt zum Abstellplatz des Autos. Hier ist ein Carport vorgesehen, um den Zugang zum hinteren Gartenteil freizuhalten und die Atmosphäre zur angrenzenden Wohnstraße aufzulockern. Außerdem öffnet sich der Vorgarten dadurch und wirkt optisch größer.
Die geordneten Funktionsbereiche – Zugang zum Haus, Zufahrt zum Carport und Verbindung der beiden Flächen – schaffen ein klares Bild. Durch die unterschiedlichen

Höhen der Pflanzen wirkt der kleine Gartenraum ausgewogen. Der Garten bietet über das Jahr hinweg ein einheitliches Bild. Nur im Frühling verändert er für kurze Zeit sein Aussehen, wenn die Deutzien und die Waldrebe an den Holzstreben des Carports blühen. Ein Unterstellplatz für die Abfalltonnen ist zwischen den 1,20 m hohen Hecken angeordnet und mit Efeu berankt.
Um dem Garten auch im Dunkeln einen unverwechselbaren Ausdruck zu verleihen, werden die Blütensträucher mit Bodenstrahlern beleuchtet. Außerdem gibt es so immer genügend Licht, um zu jeder Tages- und Nachtzeit den Weg nach Hause zu finden.

Beispiel-Vorgarten: Ländlich

Typ: Fachwerkhaus
Vorgartengröße: 30 m²
Umfeld: ländlich
Gestaltungselemente: Staketenzaun, Sitzbank, Sprudelstein
Materialien: Sandstein
Pflanzen:
Gehölze:
① Eberesche *(Sorbus × thuringiaca* 'Fastigiata')
Stauden:
② Stockrose *(Alcea ficifolia)*
③ Sonnenblume *(Helianthus decapetalus* 'Meteor')
④ Frauenmantel *(Alchemilla mollis)*
⑤ Kaukasus-Vergissmeinnicht *(Brunnera macrophylla)*
⑥ Rankpflanze Zaun:
Kapuzinerkresse *(Tropaeolum majus)*
⑦ Rankpflanze Müllcontainer:
Efeu *(Hedera helix* 'Goldheart')
Mobiliar/Ausstattung: Mülltonnenabstellplatz (berankt) ⑧, Holzbank ⑨, Springbrunnen ⑩
Optische Erweiterung: berankter Holzzaun, großformatige Steinplatten
Blickpunkt: Sitzplatz mit Sprudelstein

Das Grundstück befindet sich auf dem Land. Da der Vorgarten nach Westen ausgerichtet ist, sieht der Entwurf einen kleinen Sitzplatz direkt am Haus vor, um in den Abendstunden die Sonne zu genießen.

Offen und einladend

Der Garten ist zur Straße offen gestaltet, ein Staketenzaun markiert seine äußere Begrenzung, die durch die leuchtenden Blüten der Kapuzinerkresse aufgelockert wird. Hier liegt ein einladender Treffpunkt mit einer Holzbank sowie einem Sprudelstein. Mit seinem geheimnisvollen Plätschern kommt das Wasser einer sprudelnden Quelle gleich. Da der Sprudelstein von allen Seiten sichtbar sein soll, eignet sich zur Bepflanzung der kleinwüchsige Frauenmantel. Um die Sitzbank herum bilden typische Bauerngartenpflanzen wie Sonnenblumen und Stockrosen eine passende Kulisse und schaffen eine heimelige Atmosphäre. Den Eingang zum Haus betont ein Baumpaar mit Ebereschen. Der Vorgarten ist so gestaltet, dass er sich zur Straße öffnet und für jeden, der vorbeigeht, einsehbar ist. Dadurch kommt man leichter mit den Nachbarn ins Gespräch.
Der Bodenbelag aus gebrochenen Sandsteinplatten unterstreicht den ländlichen Charme und stellt die Verbindung zu dem kleinen Fachwerkhaus her. Die befestigte Fläche

Zwischen den Häusern breitet sich der dichte Pflanzenteppich über dem Pflaster aus und lockert die festen Strukturen auf.

wird an einigen Stellen durch einen dichten Pflanzenteppich von Vergissmeinnicht aufgebrochen und wirkt dadurch sehr lebendig. Um die Abfalltonnen, die in einem efeuberankten Holzschrank nicht auffallen, bequem zur Straße zu transportieren, sind die Zwischenräume mit Mörtel ausgefugt. Und unter der Krone der Ebereschen ist immer Platz, um ein Fahrrad abzustellen.

Beispiel-Vorgarten: Formal und schlicht

Typ: Reihenhaus
Vorgartengröße: 30 m²
Umfeld: städtisch
Gestaltungselemente: geometrische Formen, rechtwinklige Beete
Material: Granit
Pflanzen:
Gehölze:
① Zwerg-Blutpflaume *(Prunus × cistena)*, ② Kugelbäume: Lorbeer *(Laurus nobilis)*
③ Ligusterhecke *(Ligustrum vulgare)*
④ Geschnittene Eibenpolster *(Taxus baccata)*
Bodendecker: ⑤ Funkien *(Hosta undulata* 'Univittata')
Topfpflanzen: ⑥ Kleinstrauchrose 'Heidetraum'
Rankpflanze: ⑦ Immergrünes Geißblatt *(Lonicera henryi)*
Mobiliar/Ausstattung: Mülltonnenabstellplatz ⑧, Bodenstrahler ⑨
Optische Erweiterung: geometrische Formen, klare Konturen
Blickpunkte: Blutpflaume, Lorbeerhochstämme

Der Vorgarten gehört zu einem Reihenhaus. Der Entwurf baut auf dem rechtwinkligen Grundraster auf. Die mit 5 × 6 m fast quadratische Fläche wird befestigt und bepflanzt.

Quadratisch und zweckmäßig

Durch die klar getrennten Räume heben sich die unterschiedlichen Funktionen deutlich voneinander ab. Die befestigen Flächen sind größer als die Pflanzflächen, dies ermöglicht das Abstellen von Fahrrädern. Auch Zimmerpflanzen können über die Sommermonate im Vorgarten abgestellt werden. Eine Metallbox für Mülltonnen befindet sich an der Straße, hinter einer hohen Hecke.
Eine kleine Blutpflaume als Hausbaum betont den unverwechselbaren Charakter des Vorgartens in der Reihenhaussiedlung. Den Eingang zum Haus markieren zu Kugeln geschnittene Lorbeerhochstämme, die in quadratisch geschnittenen Eibenkissen thronen. Diese immergrünen und in Form geschnittenen Gehölze unterstreichen die geometrische Strenge, die von den grünweißen Blättern der Funkien und den karminrosaroten Blüten der Kleinstrauchrose 'Heidetraum', die von Sommer bis zum Herbst blüht, aufgelockert wird.
Der Garten, den man durch ein Tor betritt, ist von der Straße nicht einsehbar. Eine 1,40 m Ligusterhecke begrenzt ihn zu allen Seiten.
In Hausnähe befinden sich im Bodenbelag Strahler, die in der Dunkelheit den Weg zum Haus beleuchten.
Das Bild des Vorgartens ist hauptsächlich geprägt von Blattpflanzen mit unterschiedlichen Grüntönen und Blattstrukturen. Hierzu setzen die dunklen Äste und purpurnen Blätter der Blutpflaume einen besonderen Akzent. Im Frühling bringen die kleinen rosafarbenen Blüten des Baumes feine Farbtupfer in den Garten.

Kleinkronige Bäume wie die Kugel-Trompetenbäume sind ideal, um den Hauseingang zu betonen. Hier befindet sich am Rand der dichten Bepflanzung aus Stauden und Buchsbaum ein kleiner Sitzplatz, der zum Verweilen einlädt.

Beispiel-Vorgarten: Repräsentativ

Typ: Stadtvilla
Vorgartengröße: 45 m²
Umfeld: städtisch
Gestaltungselemente: ovales Wasserbecken, Kübelpflanzen auf Steinsockeln, Steinbänke
Material: Kies
Pflanzen:
Gehölze: ① Einfassungs-Buchsbaum *(Buxus sempervirens* 'Suffruticosa') ② Rosen-Hochstämmchen *(Rosa* 'New Dawn'), ③ Eibenhecke *(Taxus baccata)*
Stauden: ④ Seerose *(Nymphaea laydeckeri* 'Lilacea')
Mobiliar/Ausstattung: Steinbänke ⑤, Müllcontainerplatz ⑥
Optische Erweiterung: Wasser, helle offene Fläche
Blickpunkte: Rosenhochstämme

Der Vorgarten gehört zu einer Stadtvilla und erstreckt sich über die gesamte Breite der Fassade. Von der Straße gelangt man über einen Seiteneingang in das Haus. Der 45 m² große Garten ist von einem einfachen Metallzaun umgeben.

Grünes Zimmer vorm Haus

Die schlichte Putzfassade des Gebäudes ist von zahlreichen Fenstern durchbrochen. Im Erdgeschoss befinden sich hohe Glastüren, die den Zutritt in den Garten ermöglichen. Da der Vorgarten im direkten Zusammenhang mit der Villa und den Wohnräumen steht, sieht der Entwurf vor, dieses »grüne Zimmer« angemessen zu gestalten.

Eine niedrige Buchsbaumhecke entlang dem Zaun ermöglicht den Einblick von der Straße. Der Bodenbelag passt stilistisch zum Gebäude und besteht aus weißem Kies. In der Mitte des Gartens befindet sich ein ovales Wasserbecken, das von niedrigen geschwungenen Buchsbaumhecken umgeben ist. Die vier Eckpunkte des rechteckigen Raumes betonen Rosenhochstämme, die erhöht auf Steinsockeln stehen. An den schmalen Seiten wurden zwischen den Kübelpflanzen Steinbänke platziert.
Der Vorgarten lädt zum Betrachten ein und bildet die Erweiterung des dahinterliegenden Wohnzimmers. Auch wenn er nicht für den Auf-

Ein schön gestalteter Vorgarten wirkt bis in den angrenzenden Straßenraum hinein. Interessante Pflanzen und duftende Rosen bieten Zaungästen reichlich Genuss, wie diese beiden gelungenen Beispiele zeigen.

enthalt bestimmt ist, holt man sich durch das Öffnen der großen Glasflügeltüren doch ein Stück der heiteren Atmosphäre in die Innenräume. Der Blick auf die Wasserfläche erzeugt angenehme Frische. Kies und Kübelpflanzen sowie der Geruch von Buchsbaum und duftende Rosen schaffen nahezu mediterranes Flair.

Praxis – so wird's gemacht

Einen kleinen Garten gestalten

Sobald die Planung abgeschlossen ist und sämtliche notwendigen Entscheidungen getroffen sind, kann mit der praktischen Umsetzung begonnen werden. Um sich einen Überblick über die Reihenfolge der Arbeiten zu verschaffen, ist es ratsam, einen Bauzeitenplan zu erstellen, in dem alle Arbeiten vermerkt sind, die nacheinander durchgeführt werden sollen. Dieser **Bauzeitenplan** hat den Vorteil, dass man sämtliche Materialien und Maschinen für die jeweilige Phase rechtzeitig besorgen kann, damit es nicht zu unnötigen Verzögerungen kommt.

Allerdings muss man natürlich auch damit rechnen, dass nicht alles zu den vorgesehenen Terminen fertig wird. Häufig funkt das Wetter dazwischen, und einige Arbeiten können dann nicht verrichtet werden. Ist zum Beispiel der vorhandene lehmige Gartenboden zu nass, kann er nicht bearbeitet werden. Dann muss man unter Umständen andere Arbeiten vorziehen. Die Termine des Bauzeitenplans sollten flexibel gehalten werden, damit nicht alles ins Stocken gerät, wenn ein Lieferant zum Beispiel die Pflastersteine nicht ausliefern kann. Wichtig ist vor allen Dingen, dass immer etwas zu tun ist, damit die Arbeiten im Garten voranschreiten können.

Die optimale Pflanzzeit ist im Frühjahr oder Herbst. Wer so lange nicht warten möchte, kann auf Containerware zurückgreifen.

Diese kann das ganze Jahr gepflanzt werden, es sei denn, der Boden ist gefroren. Allerdings muss man die höheren Kosten hierfür berücksichtigen, denn bei Containerware handelt es sich immer um größere, zum Teil ausgewachsene Pflanzen.

Die Pflanzarbeiten kann man leicht selbst bzw. zu zweit durchführen. Mit etwas Geschick kann man sogar Pergolen sowie einen Gehweg selbst bauen. Einfacher geht's natürlich auch, ist dafür aber kostenintensiver. Garten- und Landschaftsbaufirmen sind die richtigen Ansprechpartner, um diese Arbeiten im Garten fachgerecht auszuführen. Mit geeigneten Geräten und Fachwissen sind die teilweise sehr mühevollen Tätigkeiten schnell durchgeführt.

Die Arbeiten beginnen

Bei eingewachsenen Gärten wird zunächst alles entfernt, was nicht mehr benötigt wird und keinen Platz im neuen Gestaltungskonzept hat. Dazu gehören das Fällen von Bäumen, das Roden von Sträuchern und Stauden oder das Abtragen alter Betonflächen. Alte Bäume können ausgelichtet werden. Bei älteren Sträuchern hat man verschiedene Möglichkeiten, durch einen entsprechenden Rückschnitt das Wachstum anzuregen. Sie können ausgelichtet, verjüngt oder in Form geschnitten werden. Kleine Gehölze, die für Bauarbeiten im Weg stehen, können kurzfristig ausgegraben und umgesetzt werden. Die Pflanzen müssen während der Bauphase natürlich ausreichend gewässert werden.

Sobald Platz geschaffen ist, bekommt der Boden des Garten-

Mit etwas Geschick kann man eine Pflasterfläche auch selbst herstellen. Die Steine werden dazu in einem Sandbett verlegt.

grundstücks ein neues Profil, sofern ein Weg, eine Treppe oder ein Wasserbecken vorgesehen ist. Um Wege zu bauen und Stufen zu setzen, müssen die vorher abgesteckten Flächen ausgeschachtet werden, damit genügend Platz für den Unterbau aus Schotter bleibt. Dafür wird zunächst eine 30 cm starke Schicht aus Oberboden (Mutterboden) abgetragen und an einem gesonderten Platz im Garten gelagert. Dieser kann, sofern er nicht mit zahlreichen Wurzelunkräutern durchsetzt ist, später für die Pflanzflächen wiederverwendet werden.

Bodenvorbereitungen

Bei einer Gartenneuanlage muss der von Baumaschinen häufig verdichtete Boden zunächst aufgelockert werden, damit keine Stausohle entsteht und das Regenwasser versickern kann. Durch die Bodenlockerung können sich Ober- und Unterboden gut miteinander verzahnen, und den neu gepflanzten Gehölzen steht genügend Wurzelraum zur Verfügung. Dabei muss nährstoffreicher Oberboden vorher abgetragen und getrennt gelagert werden. Mit dem mageren Unterboden werden die Flächen mit Hilfe der Baumaschinen grob modelliert: Hanggrundstücke werden terrassiert, Ebenen glatt gezogen, die Flächen für Wege und Plätze sowie eine geplante Teichfläche ausgehoben und die Uferzonen in unterschiedlichen Höhen ausgebildet. Der fruchtbare Oberboden wird aufgrund seines Humusanteils auf dem Grundstück zwischengelagert und für die anspruchsvolleren Pflanzbereiche aufbewahrt.

Um Gehölzen optimale Wachstumsbedingungen zu schaffen, sollte verdichteter Boden vor dem Pflanzen gründlich aufgelockert werden.

Befestigte Flächen anlegen

Danach beginnt man, Wasserrohre sowie Stromkabel zu verlegen, denn sie sollen nicht sichtbar sein. Parallel entlang einem Weg oder unter dem Pflasterbelag der Terrasse werden sie in den Boden eingebettet. Wichtig: Zu Reparaturzwecken sollten sie jederzeit schnell und einfach freigelegt werden können. Hilfreich ist eine Skizze, in der man die Lage sämtlicher Leitungen einträgt.
Als Nächstes werden Fundamente für die Stützen einer Pergola vorbereitet. Auch mit dem Bau des Wasserbeckens kann begonnen werden. Dann nimmt man den Unterbau von Wegen und Plätzen in Angriff.

Pflanzen setzen

Obwohl jetzt schon eine Menge geschafft ist, sieht der Garten immer noch sehr nüchtern aus. Sobald die Holz-, Beton- und Steinarbeiten abgeschlossen sind, kann mit den Vorbereitungen des Pflanzbodens begonnen werden. Zunächst wird der Oberboden verteilt und je nach Qualität aufbereitet. Um Bäume, Sträucher, Hecken, Stauden und Bodendecker zu pflanzen, muss der Boden aufgelockert und eventuell mit Sand oder Torf sowie Dünger verbessert werden. Handelt es sich um einen lehmig-tonigen Boden, auf dem eine Rasenfläche entstehen soll, mischt man etwa ein Drittel Sand darunter. Will man an einen schattigen Bereich Rhododendron pflanzen, muss der Boden mit Torf angereichert werden.
Dann kommen die Pflanzen in den Garten. Sämtliche Gehölze, die vor der Bauphase vorübergehend umgesetzt wurden, können nun wieder an ihren Platz.

Baumaßnahmen im Garten

Bodenbeläge: Materialien und Formate auswählen

Die Größe von Steinen oder Platten und die Breite von Hölzern sowie die Art, wie sie verlegt werden, beeinflussen den Charakter eines Gartens. Wichtig: Das Material muss robust und strapazierfähig sein. Beim Kauf von Materialien für den Außenbereich sollte man sich daher im Baumarkt oder in der Baustoffhandlung ausführlich beraten lassen. Gute Qualität macht sich in der Regel immer bezahlt. Beschränken sollte man sich auf eine einfache Bauweise. Einfahrten zur Garage und Zugänge zum Haus sollten von einer Fachfirma ausgeführt werden.

Wege und Plätze

Für Wege und Plätze eignen sich am besten **Natursteine** wie Granit, Basalt, Sandstein oder Schiefer. Die Farben variieren von hellem Granit bis zu tiefschwarzem Basalt. Die Steine sind als Pflaster im quadratischen Format wie etwa 10 × 10 cm oder rechteckig als Platte in 50 × 100 cm bis polygonal (vieleckig) erhältlich.

Ziegel- und Klinkersteine haben viele Farbtöne und attraktive Oberflächen. Für den Bau einer Mauer verwendet man Steine im Format 24 × 11,5 × 7,1 cm, für den Bau von Wegen und Plätzen empfiehlt sich das Dünnformat 24,5 × 11,5 × 5,2 cm. Die Oberflächen können glatt oder rau sein oder durch spezielle Herstellung (»Torfbrand«) einen leicht morbiden Charme haben.

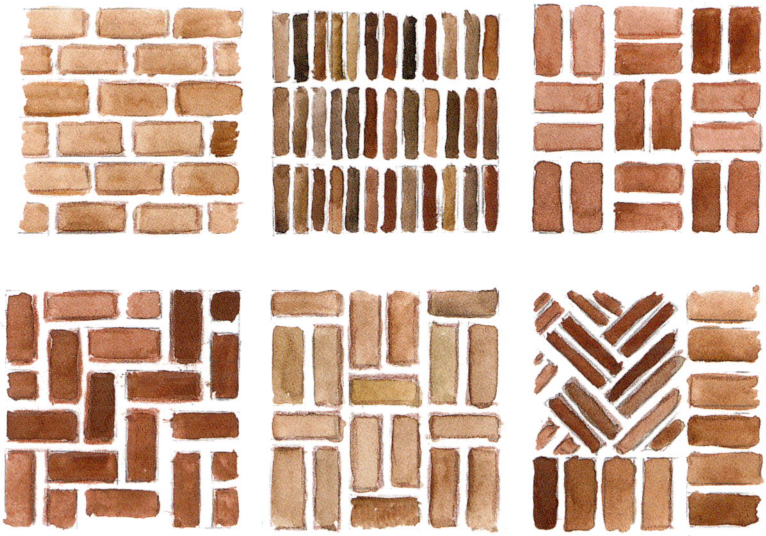

Ziegel ist ein vielseitiges Material. Ob als Terrassenbelag oder für einen Weg, mit den rötlichen Steinen lassen sich lebhafte Verlegemuster herstellen.

Dieser Weg aus grauen Granitsteinen hat einen besonderen Charme, da er aus unterschiedlich großen Steinformaten besteht.

Ziegelsteine, die mit ihrer Breitseite verlegt werden, lassen eine schmale gepflasterte Terrassenfläche breiter wirken; werden sie der Länge nach verlegt, lassen sie einen Weg länger erscheinen und strecken einen kleinen Gartenraum.

Immer attraktiv ist auch **Kies.** Für Flächen, über die man bequem gehen möchte, eignen sich die Korngrößen 10/30 mm. Grobkörnigen Kies wie etwa 50/80 mm verwendet man für eine Fläche unter der Dachtraufe. **Schotter** ist ein gebrochenes Material und hat eine matte Oberfläche. Man kann es in unterschiedlichen Gesteinsarten erhalten. Das kantige Bruchmaterial ist das Abfallprodukt von Natursteinen wie Basalt oder Granit. Es ist in verschiedene Korngrößen erhältlich und leicht zu verarbeiten.

Das Gleiche gilt für **Rindenmulch,** ein natürliches Material mit rotbraunem Farbton. Man braucht ihn einfach nur auf dem Boden ausstreuen, mindestens jedoch in einer Stärke von 3 cm. Rindenmulch führt dem Boden organische Substanzen zu. Er zersetzt sich mit der Zeit und muss daher regelmäßig ergänzt werden.

Terrassen

Für den Bau einer Terrasse am Haus sollte man bei der Gestaltung des Gartens genügend Platz vorsehen. Mindestens 10 m^2 sind nötig, damit ein Tisch sowie vier Stühle darauf passen. Auch wenn der Garten klein ist, sollte der Sitzplatz im Freien großzügig dimensioniert sein, um einen möglichst bequemen Aufenthalt genießen zu können.

Ein beliebter Belag für Terrassen ist mittlerweile **Holz.** Es wärmt sich rasch auf, trocknet schnell ab und ist angenehm zu begehen.

Ist eine Holzterrasse geplant, wird unter die Hölzer eine Schicht aus Schotter oder feinkörnigem Kies ausgebracht, damit das Holz keinen Bodenkontakt hat und nicht allzu schnell verrottet. Darauf kommt die Unterkonstruktion, d. h. die Balken, auf denen anschließend mit verzinkten oder Edelstahlschrauben die Latten befestigt werden. Wichtig ist, dass die Oberfläche der Holzlatten geriffelt ist, damit es bei Feuchtigkeit nicht rutschig wird. Parallel dazu können andere Holzarbeiten verrichtet werden, zum Beispiel das Setzen eines Zaunes, aber auch Elektroarbeiten wie die Installation der Gartenbeleuchtung oder des automatischen Bewässerungssystems.

Für eine Holzterrasse werden Latten rechtwinklig auf Balken geschraubt. Zum Schutz vor Nässe füllt man in die Zwischenräume Kies.

Größere Holzdecks sind im Handel kaum erhältlich, aber relativ leicht zu bauen. Bei großen Flächen sollten Sie einen Fachbetrieb beauftragen. In Baumärkten gibt es Holzroste aus behandeltem Kiefernholz in der Größe von 75 × 150 cm. Mit den mobilen Holzrosten kann man auch kurzfristig, etwa für ein Sommerfest auf der Rasenfläche, eine befestigte Fläche anlegen. Ähnlich einem Parkettverband sind sie leicht aneinander zu setzen. Allerdings muss dazu der Untergrund eben sein, notfalls gleicht man ihn mit einer Sandschicht aus.
Ein schöner und dauerhafter Bodenbelag sind auch Holzfliesen. Hierbei handelt es sich um Quadrate von 40, 50 oder 60 cm, die aus Latten zusammengesetzt sind. Es gibt sie mit gerader und diagonaler Anordnung sowie mit Rauten- oder Fächermuster. Die Fliesen gibt es aus Hartholz und imprägnierten Nadelhölzern wie Kiefer und Fichte. Holzfliesen sind ein idealer Bodenbelag für Sitzplätze, Lauben und Gartenhäuser. Sie lassen sich leicht geradlinig oder im Schachbrettmuster verlegen.

Zäune

Jeder Zaun hat eine andere Wirkung. Manche wecken die Neugier auf den Garten dahinter, andere wirken abweisend und markieren lediglich die Grundstücksgrenze. Und viele sind nur dekorativ, lenken den Blick auf sich. Ein Zaun sollte immer zur Architektur des Wohnhauses passen. Gegenüber einer Hecke hat ein Zaun den Vorteil, dass er gleich am Anfang die Grenzen markiert, während Pflanzen eine Weile brauchen, bis sie groß genug sind.

Ein Zaun aus gespaltenem Holz benötigt wenig Platz und ist schnell aufgebaut. Er wird einfach an den Pfosten befestigt.

Welche Stimmung ein Zaun vermittelt, hängt nicht zuletzt vom Material ab. Metallzäune, insbesondere Edelstahlbegrenzungen, wirken kühl und distanziert. Im Vergleich zu Holzzäunen wirken sie jedoch meist filigraner und leichter und eignen sich auch für mediterran gestaltete Gärten. Holzzäune wirken ländlich, rustikal, sie passen gut zu einem Bauern- oder Landhausgarten. Die Latten aus imprägniertem Holz sind ein schöner Hintergrund für blühende Staudenbeete. Ein farbig lackierter Zaun dagegen ist ein eigenständiges Gestaltungselement und eignet sich besonders, wenn in einem kleinen Garten bewusst Akzente gesetzt werden sollen. Ein Zaun aus gespaltenem Kastanienholz macht immer eine gute Figur. Die mit Holz verbundenen vertikalen Latten sind mit etwas Abstand mit Draht verbunden. Sie lassen sich flexibel aufstellen und fügen sich auch auf kleinsten Raum ein. Dasselbe gilt für Matten aus Kiefernborke, die auf Zaunpfosten montiert werden. Bis zu 1,80 m hohe Wände schaffen eine natürliche Dichte, die vor neugierigen Blicken schützt und den Wind abhält.

Optischer Trick

Die Abstände der Latten eines Holzzaunes können in seinem Verlauf nach hinten schmäler werden, um die Illusion räumlicher Tiefe vorzutäuschen.

Stufen setzen

Stufen sollten sich harmonisch in einen kleinen Garten einfügen und zweckmäßig gestaltet sein. Stufen, über die man gehen will, müssen gerade sein und einen breiten Auftritt haben. Das Design sollte zum Standort und zur vorgesehenen Nutzung passen. Ziegelstufen sind sehr dekorativ und auffällig. Sie fügen sich ideal in eine architektonische Umgebung, aber auch in einem ländlichen Gartenstil ein. Stufen aus Brettern oder Latten passen zu Holzdecks. Bahnschwellen eignen sich für einen ländlich geprägten Garten.
Bevor man die Stufen setzen kann, muss der Boden für ein Betonfundament ausgehoben werden. Dadurch verhindert man, dass sich die Stufen bewegen und der Mörtel in den Fugen reißt.

Bequem zu begehen

Bei der Anlage von Stufen sind drei wichtige Punkte zu beachten:

- die Auftrittsfläche der Stufe
- die Höhe der Stufe
- die Entfernung von der ersten bis zur letzten Stufe.

Die in Wohnhäusern häufig verwendeten Stufenhöhen eignen sich nicht für den Garten. Beim Begehen ist es wichtig, mit jedem Schritt die Stufe zu wechseln, daher sollte der Auftritt einer Stufe nicht zu breit sein. Wichtig ist auch, dass man die Stufen in einem gleichmäßigen Rhythmus wechselt. Dazu muss die Anzahl der Stufen ungerade sein. Zum Beispiel betritt man die erste Stufe und die letzte Stufe mit dem rechten Fuß. Beim Begehen von Stufen solle man immer ein sicheres Gefühl haben und nicht aus dem Gleichgewicht geraten. Daher müssen alle Stufen gleich hoch und breit sein.
Stufen können aus unterschiedlichen Materialien bestehen: Naturstein, Holz oder Ziegel. Vor allen Dingen müssen sie sicher, rutschfest und im Dunklen beleuchtet sein. Steine aus gebrochenem Granit eignen sich allgemein recht gut, da sie aufgrund ihrer stumpfen Oberfläche nicht rutschig sind, Fliesen dagegen überhaupt nicht, da ihre Oberfläche glasiert und, besonders wenn Schnee darauf liegt, sehr glatt ist. Außerdem ist das Material nicht dauerhaft und muss regelmäßig erneuert werden. Liegen Stufen in schattigen Bereichen im Garten, können ihre Oberflächen mit der Zeit durch Moose und Flechten eine grünliche Patina bekommen, auf dem man leicht ausrutschen kann. Dann müssen die Flächen regelmäßig gesäubert werden.

Schrittformel

Die wichtigste Grundlage bei der Planung von Stufen und Treppen ist die so genannte Steigungsformel. Um Stufen im Garten bequem begehen zu können, sollte eine Höhe von 18 cm je Stufe nicht überschritten werden. Generell sind Stufen im Garten flacher als in Gebäuden. Eine 17 cm hohe Stufe wird im Wohnhaus als bequem empfunden, im Garten jedoch als relativ hoch.
Beim Begehen von Stufen müssen mit einem Schritt zwei Steigungshöhen sowie ein Auftritt überwunden werden. Mit einer Formel lässt sich die optimale Auftrittsbreite der Stufen berechen. Sie lautet: 1 Schritt = 2 Steigungen + 1 Auftritt. Im Durchschnitt beträgt die Schrittlänge 67–70 cm. Legt man dieses Maß der Berechnungsformel

Blockstufen aus bruchrauem Material wirken sehr natürlich. Ihre stumpfe Oberfläche ist auch bei Nässe rutschfest.

Haben Stufen eine große Auftrittsbreite, sind sie nicht nur angenehm zu Begehen, sie strecken auch einen kleinen Garten in die Länge. Dadurch entsteht eine großzügige Raumwirkung.

zugrunde und zieht zwei Höhen von 15 cm ab, ergibt sich daraus eine Auftrittsbreite von 38,5 cm. Man kann sich auch an Richtwerten orientieren, um die komplizierte Berechnung zu sparen. Üblich ist zum Beispiel bei einer Stufenhöhe von 12 cm eine Auftrittsbreite von 41–53 cm, bei 16 cm je Stufe kann sie zwischen 32 und 35 cm betragen. Hat man genügend Platz im Garten, sind Breiten von 45 cm sehr komfortabel.
Will man in einem kleinen Garten bewusst Spannung erzeugen und ihn optisch durch Stufen erweitern, ist es möglich, bereits mit einer Stufenhöhe von 10 cm einen Niveauunterschied zu betonen und dadurch den Gartenbesucher auf einen anderen Gartenteil aufmerksam zu machen. Die Auftrittsbreite kann dabei zwischen 50 und 63 cm variieren. Soll dagegen ein kleiner Hang überwunden werden, sind Stufen mit einer Höhe von 17 cm und einer Tiefe von 27–30 cm ideal.

Material und Einbau

Manchmal genügen schon einfache Steinstufen aus Naturstein, um einen Wechsel zwischen zwei Gartenbereichen zu betonen. Sie wirken robust und eignen sich vor allem für einen naturnah angelegten Garten. Blockstufen sind rechteckig und aus Beton, Naturstein oder Holz. Gängige Größen (Höhe × Breite) sind 12 × 16 cm, 14 × 18 cm und 16 × 22 cm. Um eine bequeme Auftrittsbreite von 44 cm zu erzielen, müssen zwei Schwellen von 16 × 22 cm nebeneinander eingebaut werden.
Stufen aus Holz, Holzbohlen oder -schwellen fügen sich besonders harmonisch in das Gartenambiente ein. Sie sind mit etwas Geschick leicht im Eigenbau herzustellen und werden in einem Sand- oder Mörtelbett verlegt. Um fachgerecht Stufen zu setzen, wird zunächst auf der vorher markierten Fläche etwa 10 cm Boden ausgehoben und mit Sand aufgefüllt. Darin wird die Blockstufe waagegerecht eingebettet. Sie sollte ein leichtes Gefälle von 1 cm haben, damit das Regenwasser leichter ablaufen kann. Mit einer Wasserwaage oder einer rechtwinklig gespannten Schnur lässt sie sich entsprechend ausrichten.
Soll beispielsweise ein Höhenunterschied von 45 cm überwunden werden, braucht man drei Stufen. In einem abschüssigen Gelände muss man dafür zunächst das Gelände verändern und den Boden abtragen. Danach wird ein Betonfundament angelegt, auf dem die Stufen aus Natursteinplatten oder

Stufen mit einer Höhe von 10 cm sollten eine Auftrittsbreite von mindestens 50 cm haben, um ein bequemes Begehen zu ermöglich.

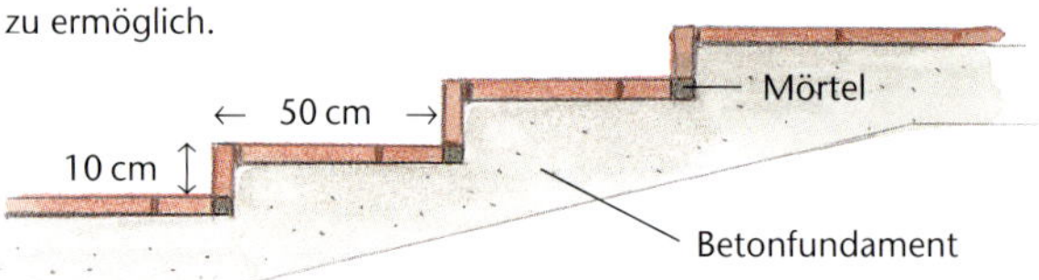

Stufen aus rötlichen Ziegelsteinen haben einen natürlichen Charme. Sie können mit Wegen aus hellem Kies kombiniert werden.

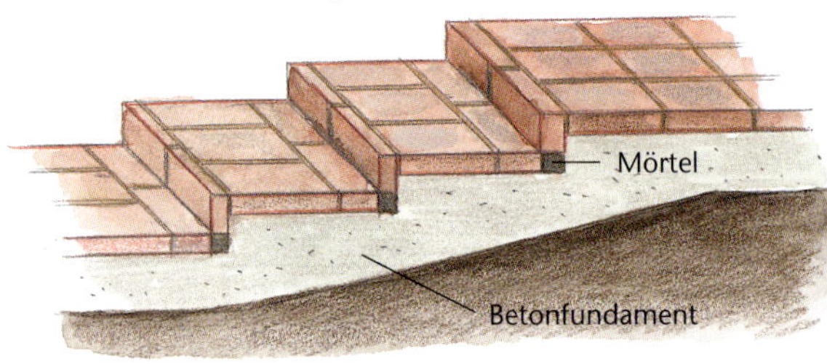

Ziegelsteinen mit Mörtel gesetzt werden. Für Naturstein- oder Ziegeltreppen ist es ratsam, Betonfundamente mit Vorderflächen und Auftritten zu bauen, dann ist der Bau leichter und die Stabilität höher.

Gehwege

Wege führen zu verschienen Punkten im Garten und können ganz unterschiedlich gestaltet sein. Einmal will man vom Wohnhaus in den Garten schlendern oder einen Spaziergang durch die bunten Blumenbeete zum Teich machen. Ein andermal muss man auch an einem Regentag zum Komposthaufen gelangen.
Wie viel befestigte Flächen braucht eigentlich ein Garten? Möglichst wenige, denn zu viele Wege zerstückeln ihn und machen Arbeit, denn auch befestigte Flächen müssen regelmäßig gepflegt werden. Abgesehen vom Material des Belags bereitet es vor allem viel Mühe, die Fugen von Unkräutern zu befreien. Erleichtern kann man sich die Arbeit, wenn man die Fugen mit Splitt oder Sand füllt. Pflegeleicht und reizvoll sind auch Wege, in deren Steinfugen Kräuter oder Bodendecker wachsen.
Wege müssen immer genügend Breite haben, damit man bequem darauf gehen kann. Ein schmaler Weg durch den Garten, der für eine Person begehbar sein soll, erfordert eine Breite von etwa 75 cm. Hierbei könnte es sich zum Beispiel um einen Weg zum Gartenhaus oder Komposthaufen handeln. Für einen Trampelpfad durch ein großzügiges Staudenbeet dagegen genügen bereits 50 cm. Dies ist auch die Breite, die man gewöhnlich für Trittplatten verwendet. Wege zum Hauseingang müssen allerdings breiter sein, da sie für zwei Personen nebeneinander begehbar sein sollten.

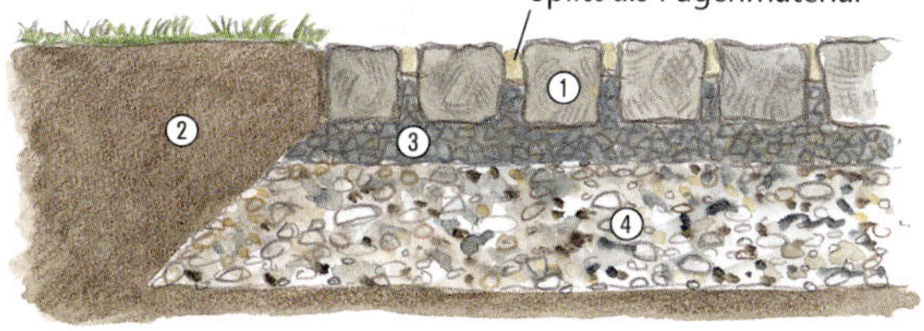

Der Unterbau sollte breiter als der Weg sein, um die Randsteine zu stabilisieren.
① Kleinsteinpflaster, ② Erdreich,
③ 4 cm Splitt, ④ 10 cm Mineralgemisch

> **Tipp**
>
> Aus Kostengründen, aber auch in Hinblick auf umweltschonende Maßnahmen sollten Sie Ihren Garten nicht allzu stark versiegeln und Wege nur dort bauen, wo sie wirklich nötig sind. Für die Zufahrt zum Carport oder dem Stellplatz etwa ist eine Kiesfläche völlig ausreichend.

Stein, Rasen oder Kies?

Wege sollten breit genug sein, um bequem darüber zu gehen, und außerdem nicht zu pflegeaufwendig sein. Letztlich entscheidet auch der Belag, wie langlebig die Flächen sind. Es gibt eine Vielzahl an Materialien, die sich hierfür eignen. Und ob man Naturstein oder Beton den Vorzug gibt, hängt nicht nur vom Geschmack, sondern auch vom Geldbeutel ab. Auch wenn Steine unverwüstlich sind, müssen sie fachgerecht verlegt werden – fest im Sandbett liegen, ausreichend verfugt sein, und sie dürfen nicht wackeln.
Ein Gartenweg kann auch einfach nur aus einem Rasenstreifen bestehen, der regelmäßig mit dem Mäher gestutzt wird. Oder man

Einfach und wirkungsvoll: Ein schmaler Rasenweg, der durch hohe Blumen hindurch führt, macht neugierig und lockt zu einem Spaziergang durch den Garten.

verwendet dafür Rindenschrot oder Kies. Bevor ein solcher Belag aufgebracht wird, empfiehlt es sich jedoch, ein Vlies auf dem Boden auszubreiten; so hält man das Unkraut zurück.
Auch mit Trittplatten lässt sich leicht ein Weg durch den Garten gestalten. Sie fallen kaum auf, ob im Staudenbeet, im Rasen oder in einer Fläche aus immergrünen Bodendeckern. Derartige Wege verringern nicht nur den Pflegeaufwand, sondern sind auch preisgünstig. Außerdem sind sie sehr flexibel, was künftige Umgestaltungsmaßnahmen im Garten betrifft.

Auf dem Holzweg

Sämtliche Flächen im Garten, die trittfest und gut begehbar sein sollen, müssen in irgendeiner Form befestigt werden. Einfach zu bauen sind auch Holzpfade oder Stege. Da sie leicht erhöht sind, hat man beim Darübergehen fast das Gefühl, über den Dingen zu schweben. Bei einem geraden oder rechtwinkligen Weg sollte man die Holzlatten längs ausrichten, damit er enger wirkt und der Raum gestreckt erscheint. Bei einem geschwungen angeordneten Holzpfad sollten die Bretter waagerecht hintereinander, ähnlich einem Steg, verlegt werden.
Holzwege benötigen kaum Pflege, sind preisgünstig und einfach zu bauen. Die Bohlen sollten immer auf einen trockenen Untergrund verlegt werden, dann können sie nicht faulen und sind langlebiger. Für den Unterbau werden etwa 15 cm dicke Holzbohlen im Abstand von 50 cm in einem Sandbett quer ausgerichtet. Darauf kommen etwa 3–4 cm starke Holzlatten in länglicher Ausrichtung, die man mit Edelstahlschrauben befestigt. Viele Baumärkte bieten imprägnierte Nadelhölzer sowie unbehandelte Laub- und Tropenhölzer an. Beim Kauf sollte man immer darauf achten, dass die Oberflächen der Latten eine Anti-Rutsch-Riffelung haben, das erleichtert das Gehen bei Nässe.

Ein geschwungener Weg aus Kies, eingerahmt von kniehohen Buchsbaumhecken, wirkt spannend und geheimnisvoll, denn sein Ende kann man nur erahnen.

Materialmix

Wege aus unterschiedlichen Materialien wirken lebendig. Sie eignen sich nicht für jeden Gartenstil, passen allerdings recht gut in einen ländlich geprägten Garten zwischen Gemüsepflanzen und Sommerblumen. So kann man beispielsweise rote Ziegelsteine gut mit grauem Kleinsteinpflaster kombinieren. Da die Steine jedoch unterschiedliche Stärken haben, sollte man mit Sand oder Splitt für den Höhenausgleich sorgen. Eine Schnur, die über die Fläche gespannt wird, erleichtert die Arbeit. Als Werkzeug benötigt man eine Kelle, um den Sand zu verteilen, einen Gummihammer zum Festklopfen der einzelnen Steine, eine Wasserwaage sowie Knieschoner. Als Erstes wird auf der vorher abgesteckten Fläche der Boden etwa 50 cm tief ausgehoben. Danach wird eine Schottertragschicht von 30 cm als Unterbau eingebaut und mit einer Rüttelplatte fachgerecht verdichtet. Diese Schicht verhindert, dass sich durch Fröste die Wegefläche absenkt oder hebt. Danach werden entlang den äußeren Kanten jeweils eine Reihe Pflastersteine in ein Mörtelbett gesetzt. Diese so genannte Rückenstütze gibt der Fläche seitlichen Halt. An-

Tipp

Will man einen Gartenweg bauen, kann man gebrauchtes Pflaster wiederverwenden und mit einem anderen Material kombinieren.

schließend erfolgt das Auspflastern der Fläche und Verfugen der Steine mit Splitt oder Sand. Zum Schluss wird der Boden der Pflanzflächen seitlich wieder angefüllt.

Optische Tricks

Um die räumliche Tiefe zu verstärken, kann man den Weg nach hinten hin schmaler zulaufen lassen – je nach Länge zum Beispiel von 1,20 m am Haus bis auf 75 cm am Ende des Gartens.
Wird ein Weg mit rechteckigen Platten gepflastert, sollten diese vom Haus aus gesehen in Längsrichtung verlegt werden. Außerdem empfiehlt sich ein Fugenmuster (Kreuzfuge), das die Fluchtlinien betont. Dazu werden die längs verlaufenden breiteren Fugen mit Mörtel ausgefugt, die Platten in Querrichtung aber so dicht aneinander gelegt, dass keine Fuge erkennbar ist.
Ein ähnlicher Eindruck entsteht, wenn man Holzbohlen parallel nebeneinander rechtwinklig zum Haus verlegt.

Kleine Gärten kann man optisch strecken, indem man vom Haus weg führende Wege nach hinten zu allmählich verschmälert.

Die reflektierende Oberfläche des Wassers erzeugt optisch mehr Weite. Gleichzeitig ist das gemauerte Becken ideal, um auf den breiten Rändern zu sitzen.

Ein Wasserbecken bauen

Als natürliches Element bietet Wasser in einem kleinen Garten nicht nur die Möglichkeit, einen unübersehbaren Blickfang zu setzen, sondern auch mit einer ruhigen Oberfläche optische Weite vorzutäuschen. Zusätzlich kann man mit anderen Materialien, die ebenfalls glatte und reflektierende Oberflächen aufweisen, zum Beispiel poliertem Granitstein oder mattiertem Glas, die Wirkung verstärken. Darüber kann das Wasser in schillernden Farben sanft hinweggleiten. Insbesondere Spiegel und spiegelndes Acryl haben eine erstaunliche Wirkung in Verbindung mit Wasser. Reflektierende Oberflächen sind besonders geeignet, um sie in einem kleinen Gartenhof einzusetzen. Hier erzeugen sie zusammen mit dem Wasser die Illusion eines größeren Raumes. Entscheidend für die Wirkung ist jedoch die Platzierung dieser Gestaltungselemente.
Wasser hat nicht nur die Fähigkeit, sich selbst zu inszenieren, sondern spiegelt auch die Umgebung wieder und rückt Objekte, die sich in seiner unmittelbaren Nähe befinden, ins richtige Licht. Um eine garantierte Wirkung zu erzielen, ist es allerdings wichtig, Blickpunkt und Blickführer aufeinander abzustimmen. Befindet sich am Ende eines im Boden eingelassenen Wasserbeckens eine Statue, wird sie durch den reflektierenden Wasserspiegel besonders hevorgehoben. An dieser Stelle ist auch ein besonderes Gehölz denkbar. Ein großer Spiegel schafft dagegen einen anderen Effekt: die scheinbar unendliche Weite des Raumes.

Runde und eckige Becken

Kleine formale Teiche in einem runden Becken oder in Rechteck- oder Quadratform sind sehr wirkungsvoll und haben eine starke Präsenz. Sie wirken aufgrund ihrer festen Form sowie der baulichen Materialien und kommen durch ausgewählte Pflanzen besonders gut zur Geltung. Formale Teiche schließen mit der Oberfläche des Bodens ab oder erheben sich mit einer 30–50 cm hohen Wand über den Grund. Das Teichbecken kann man ausmauern und wasserdicht verputzen. Das hat den Vorteil, dass man den Rand des Beckens als Sitzgelegenheit benutzen oder den Platz für Pflanzkübel nutzen kann. Als Alternative zu gemauerten Becken bieten sich naturnah geformte Teichbecken aus Kunststoff an, die in den Boden versenkt werden. Formale Teiche sollten eher zurückhaltend bepflanzt werden. Manchmal genügt bereits, wenn eine Seerose ihre zauberhaften Blüten auf der Wasseroberfläche schwimmen lässt.

Standort und Bau

Quadratische und rechteckige Wasserbecken können kostengünstig aus Ziegeln oder Betonsteinen gebaut werden. Doch bevor man mit dem Ausschachten des Bodens beginnt, muss dafür eine geeignete Stelle im Garten gefunden werden. Ein idealer Platz ist der lichte Schatten eines Baumes oder einer Gruppe von hohen Sträuchern. Hier sollte mit genügend Abstand zu den Gehölzen und mit Rücksicht auf deren Wurzeln eine vorher markierte Fläche etwa 10 cm tief ausgeschachtet werden, um darin ein 10 cm starkes Betonfundament für den Beckenboden zu

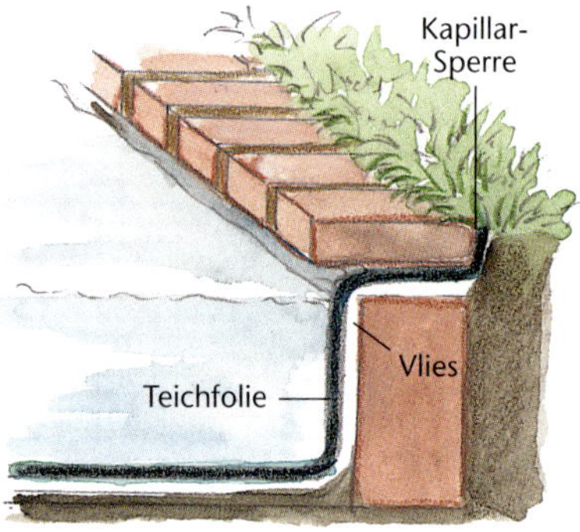

Damit die Teichfolie an den Kanten der Steine nicht reißt, sollte vor dem Auslegen ein Vlies darunter verlegt werden.

bauen. Darauf werden die Seitenwände aus Klinkersteinen errichtet. Sowohl Boden als auch die Wände werden nacheinander mit zwei Schichten wasserdichtem Putz versehen, der anschließend mit einem dunklen Dichtmittel übergestrichen wird. Man kann auch Teichfolie verwenden, die man unter der Steinoberkante führt. Durch den schwarzen Untergrund kann man den Boden des Beckens nur erahnen und hat das Gefühl, dass es sich um sehr tiefes Wasser handelt. Die Seitenwände schließen mit hochkant verlegten Ziegeln oder Platten ab. Will man dagegen einen breiten Rand ausbilden, der als Sitzgelegenheit dient und/oder Platz für Kübelpflanzen bietet, sollte man die Klinkersteine flach auflegen und verfugen. Wenn die Steine etwas über die Wasseroberfläche hinausragen, werden die Folie, die Wasserlinie und auch Änderungen des Wasserstandes nicht gleich sichtbar.

Fontäne installieren

Zur Anreicherung des stehenden Wassers mit Sauerstoff und damit sich nicht zu viele Algen bilden und das Wasser vermodert, installiert man in dem Wasserbecken eine Pumpe mit Fontänenaufsatz. Über der Pumpe liegt ein feinmaschiges Schutzgitter, damit sie nicht durch Blätter verstopft. Ein Kunststoffschlauch wird durch ein Standrohr bis zum Fontänenaufsatz geführt. Jetzt kann man die Pumpe in Betrieb nehmen und die Stärke des Wasserstrahles regulieren – ob kraftvolles Plätschern oder leichtes Tröpfeln.
Der Wasserstand im Becken sollte regelmäßig kontrolliert und bei Bedarf Wasser nachgefüllt werden, denn die Tauchpumpe muss immer mit genügend Wasser überdeckt sein. Unterwasserpumpen haben generell ein Gehäuse, das spritzwassergeschützt ist. Für die Verwendung im Freien sind sämtliche Fabrikate vom TÜV zugelassen. Wer auf Nummer sicher gehen will, sollte einen Fehlerschutzschalter einbauen, der einfach zwischen Steckdose und Unterwasserpumpe angeschlossen wird. Beim Auslösen einer Fehlerstrommeldung schaltet das Gerät innerhalb von wenigen Sekunden den Strom ab.

Bepflanzung

Klassische Ufer- und Sumpfpflanzen wie Sumpfdotterblume oder Rohrkolben eignen sich nicht, um ein künstlich gefasstes Wasserbecken zu bepflanzen. Es gibt jedoch eine Reihe verwandter Gewächse, die kleinwüchsiger sind. So können zum Beispiel Gräserarten wie das Silberfahnengras *(Miscanthus sacchariflorus)* Schilf vortäuschen, und auch weniger feuchtigkeitsabhängige Pflanzen wie die Wiesen-Iris *(Iris sibirica)* geben eine gute Randbepflanzung ab. Allerdings sollte man nicht zu viele Pflanzen um die Wasserfläche setzen, um die reflektierende Wirkung der Wasseroberfläche nicht zu schmälern.

Optischer Trick

Um dem Garten räumlich mehr Tiefe zu verleihen, kann man ein Wasserbecken, das im Boden eingelassen ist, in ein viel größeres Gewässer verwandeln, indem man an dessen Ende einen hohen Spiegel aufstellt. Damit die Kanten des Spiegels nicht zu sehen sind, werden sie mit Pflanzen kaschiert. Mit dieser Technik lässt sich auch eine Wasserrinne optisch verlängern.

Eine Pergola errichten

Ein schönes Gestaltungselement mit vielfältigen Verwendungsmöglichkeiten ist die Pergola. Sie kann am Ende des Grundstücks eine Aussicht einrahmen, geschickt platziert einen Blickfang darstellen, direkt am Haus den Übergang zum Garten herstellen oder mit einem duftenden Blüten- und Blätterdach einen schattigen Sitzplatz schaffen. Pergolen gliedern einen Garten in verschiedene Bereiche und bieten interessante Durchblicke, vor allem aber betonen sie die Höhe des Raumes. Besonders bei kleinen Gärten sind Pergolen zudem hervorragend geeignet, um als Raumteiler einen schattigen Durchgang zum Haus zu bilden. Helles Holz oder eine einfache Stahlkonstruktion und Bewuchs mit Kletterpflanzen geben ihr etwas Leichtes, sodass sie ohne weiteres auch in ein kleines Grundstück passt. Mit einer auffälligen Stahlkonstruktion kann eine Pergola als architektonische Skulptur in einem modern gestalteten Garten besondere Wirkung erzielen.

Bauweise und Material

Die Bauart einer Pergola hängt von den Kletterpflanzen ab, die hier emporranken sollen. Clematis und Rosen klimmen leichter an Bögen und Pergolen, die viele Querstreben haben, und müssen mit Draht angebunden werden. Starkwüchsige Kletterer wie Geißblatt *(Lonicera)* oder Schling-Knöterich *(Fallopia aubertii)* dagegen schlingen sich um Pfosten herum, während sich Wilder Wein mit Hilfe seiner Haftwurzeln den Weg nach oben bahnt. Kräftige Pflanzen wie Blauregen *(Wisteria sinensis)* und Ramblerrosen brauchen besonders stabile Rankgerüste.
Pergolen kann man mit wenig Aufwand selbst bauen. Die Hölzer dafür lässt man sich in einem Baumarkt passgenau zuschneiden und schraubt dann vor Ort nur noch alle Einzelteile zusammen. Balken und Stützen werden auch als Bausatz in gebräuchlichen Längen angeboten. Vor dem Aufbau muss man den Standort sorgfältig auswählen, und auch ein gewisser Abstand zum Nachbargrundstück sollte einhalten werden (Nachbarschutzrecht). Soll eine Pergola die Terrasse am Haus überspannen, ist es wichtig zu prüfen, dass kein Pfosten direkt vor einem Fenster steht. Die Querbalken müssen mindestens 2,50 m hoch sein, damit man unter ihnen hindurchgehen kann. Dies ist besonders wichtig bei starkwüchsigen Kletterpflanzen mit langen herunterhängenden Trieben, wie zum Beispiel Rosen und Glyzinen (Blauregen).

Eine Pergola kann aus einem einfachen Holzgerüst bestehen, an dem schöne Blütenpflanzen ranken. Sie sollte hoch genug sein, um bequem darunter hindurchgehen zu können.

Pergolen können aus verschiedenen Materialien bestehen – Stahl, Holz oder Stein. In der Regel werden Pergolen freilich aus Holz gebaut und sind recht preisgünstig. Weichhölzer wie Fichte, Kiefer und Douglasie sollten immer imprägniert sein. Eiche und tropische Hölzer sind recht teuer, müssen aber nicht behandelt werden. Das zum Teil dunkle Holz wird mit der Zeit silbrig grau. Pergolen können auch Stützen aus Naturstein, Stahlbeton oder Ziegelsteinen haben. Als Träger verwendet man vorwiegend Stahl- und Holzprofile. Eine Pergola mit Edelstahlkonstruktion ist ein ideales Gestaltungselement in einem architektonisch geprägten Garten und vor allem dann geeignet, wenn es darum geht, optische Leichtigkeit zu erzielen. Allerdings mögen nicht alle Kletterpflanzen an der glatten Oberfläche hochranken. Sie brauchen zusätzliche Drähte und Seile.

Mit einer Anlehnpergola und kletternden Pflanzen entsteht ein schattiger Raum, in dem über die Sommermonate Zimmerpflanzen abgestellt werden können.

Die **Anlehnpergola** wirkt wie ein Vermittler und stellt den Übergang vom Wohnhaus in den Garten her. In einem solchen überdachten, halb offenen Raum am Haus fühlt man sich geschützt und geborgen. Die Anlehnpergola kann an der Hauswand oder einer Mauer befestigt werden. Das Gerüst besteht aus einer einfachen Holzkonstruktion (meist Fichte oder Kiefer), die Querbalken werden mit einem Ende an der Wand des Wohnhauses festgeschraubt. Zu diesem Zweck verwendet man Balkenschuhe aus verzinktem Stahl, die in die Wand geschraubt werden. Zum Beranken eignen sich Schlingpflanzen wie Clematis und Geißblatt.

Holzpergola – einfach zu bauen

Die Pergola besteht aus regelmäßig angeordneten Pfosten und Querbalken. Verwenden sollte man ausreichend dickes Holz, damit die Balken nicht im Laufe der Zeit durchhängen. In der Regel werden dafür 9 × 9 cm starke Pfosten aus imprägnierten Kiefern- oder Fichtenholz im Baumarkt angeboten, die man mit Metallschuhen in einem Betonfundament verankert. Bei Harthölzern wie Lärche, Eiche oder Tropenholz genügen 7 × 7 cm starke Pfosten.

Die Querbalken bestehen meist aus Kanthölzern und sollten eine Stärke von 15 × 5 cm haben. Sie werden entweder ganz oben an den Pfosten oder in Kerben auf den Pfosten im rechten Winkel ausgerichtet und mit verzinkten oder Edelstahlschrauben befestigt. Metallscheiben geben dem Holzgerüst mehr Stabilität. Die oberen Querbalken sollten ungefähr 30 cm über die unteren hinausragen.

Tipp

Dass das Holz mit der Zeit Risse und Wölbungen bekommt, ist völlig normal und macht einen Teil seines Charakters aus.

Beim Einbau der Pfosten sollten Sie darauf achten, den Wurzeln der Kletterpflanzen genügend Raum zur Verfügung zu stellen, damit sie sich ausbreiten können. Die Pflanzen müssen mit genügend Abstand zu dem Betonfundament in den Boden gesetzt und an den Pfosten, je nach Art, mit Draht oder Bast angebunden werden. Für einen halbschattigen Sitzplatz am Haus kommen Kletterpflanzen wie die Fingerblättrige Akebie *(Akebia quinata)*, Trompetenblume *(Campsis radicans)* oder die duftende Kletterrose 'Veilchenblau' mit ihren pupurvioletten Blüten in Frage.

Optischer Trick

Soll eine Pergola als Laubengang durch den Garten führen, kann man die Abstände zwischen den senkrechten Stützen nach hinten verkürzen, um die Illusion räumlicher Tiefe zu erzeugen.

Pflanzen – damit es grünt und blüht

Nichts prägt einen Garten so wie seine Bepflanzung. Wenn Sie sich in der Planungsphase etwas Zeit nehmen und in geeigneter Fachliteratur schmökern und/oder sich kompetent beraten lassen, können Sie Ihren Garten so gestalten, dass rund ums Jahr immer etwas grünt und blüht.

Pflanzenkauf: Qualitäten und Größen

In einem kleinen Garten stellt sich immer die Frage, wie groß müssen und dürfen die Pflanzen sein.
Wo das Grundstück lediglich aus einem 9 × 9 m großen Rechteck besteht, kann schon ein einziger Strauch mit einer trichterförmigen Krone wie die Japanische Zaubernuss *(Hamamelis japonica* 'Zuccarinana') den Raum füllen. Andererseits ließe sich der gleiche Garten mit einer Gruppe kleinwüchsiger Sträucher derselben Art – etwa Deutzien *(Deutzia gracilis)* – bepflanzen.
Häufig setzt man eine Pflanze in den Garten, ohne genau zu wissen, um welche es sich tatsächlich handelt und wie groß sie letztendlich wird. Weil das Angebot sehr groß ist, sollte man sich vor dem Kauf mit Hilfe von Pflanzenkatalogen und Büchern über die jeweilige

Ein großes Angebot an Pflanzen macht häufig die Auswahl für einen kleinen Garten nicht einfach. Kugelförmige Bäume sind jedoch in jedem Fall geeignet.

Größe der Pflanzen, aber auch ihre Ansprüche an ihren zukünftigen Standort informieren. Einen großen Strauch zu kaufen und ihn dann durch regelmäßige Rückschnitte klein zu halten ist keine Lösung.

Die Pflanzenauswahl ist ein sehr spannender Teil in der Gartengestaltung. Zur besseren Überschaubarkeit sollte man sich besonders bei Gehölzen auf solche konzentrieren, die sehr langsam wachsen bzw. kleine, kugelige oder schmale Wuchsform oder lichtdurchlässige Kronen haben. Beschränken Sie sich bei der Auswahl auf wenige Arten und wählen Sie nur einige wenige große Gehölze für ein grünes Gerüst oder als Blickpunkt aus.

Für einen kleinen Sitzplatz im Schatten einer Baumkrone ist ein Kugel-Ahorn *(Acer platanoides* 'Globosum') genau richtig.

Wenn ein Teil davon aus Immergrünen besteht, wirkt der Garten umso abwechslungsreicher und interessanter.

Qualität kaufen

Ob man die Pflanzen in einer Staudengärtnerei selbst aussucht und gleich mitnimmt oder aus einem Katalog wählt und sie nach Hause geliefert bekommt – vor dem Einpflanzen sollte man unbedingt die Qualität überprüfen. Achten Sie darauf, dass die Pflanzen kräftig aussehen. Sind Schädlinge wie zum Beispiel Läuse oder Weiße Fliege an den Blättern oder Blattstielen zu sehen? Sind die Wurzeln hell und fest oder faul?

Notieren Sie vor dem Kauf auf einem Zettel die Wunschpflanzen getrennt nach Standorten: Sonne, Halbschatten und Schatten. Dann haben Sie es wesentlich einfacher, die jeweiligen Arten und Sorten für den Garten auszuwählen. In einer Gärtnerei oder Baumschule hat man den Vorteil, gut beraten zu werden, und man bekommt in der Regel qualitätsvolle Pflanzen angeboten. Und die Pflanzen haben sich bereits ein wenig an das örtliche Klima und damit an die Bedingungen des zukünftigen Standortes gewöhnt. Große Gartencenter bieten die Pflanzen oft zu günstigeren Preisen an und haben neben den Pflanzen auch noch weitere Gartenelemente wie Möbel und Geräte im Sortiment. Häufig ist die hier angebotene Pflanzenware jedoch nicht so hochwertig.

Wer keine Lust hat, vor Ort einzukaufen, kann zwischen einer Bestellung per Katalog oder über das Internet wählen. Allerdings fehlt dann das sinnliche Erlebnis: Umgeben von vielen wunderbaren Blättern, Blüten und Düften kommt man nämlich gleich in die richtige Stimmung, und das macht so richtig Lust aufs Gärtnern. Vor Ort kann man in Ruhe überprüfen, ob die angebotenen Pflanzen auch wirklich den Vorstellungen entsprechen, und bei Bedarf andere auswählen.

Pflanzen bestellen

Die meisten Staudenarten und -sorten sind über den Fachversand erhältlich. Für die Pflanzung im Frühjahr sollte man die Bestellung bereits im Herbst aufgeben, wenn die neuen Kataloge auf dem Markt sind. Allerdings darf man im angelieferten Paket keine allzu kräftigen Pflanzen erwarten, denn die meisten Stauden werden wurzelnackt und ohne Erde verschickt. Auch wenn sie auf den ersten Blick nicht gerade vielversprechend aussehen, beginnen sie – ordnungsgemäß gepflanzt und reichlich gewässert – bald zu sprießen.

Bäume für begrenzte Flächen

Achten Sie bereits beim Kauf darauf, welche Endgröße die Bäume erreichen und ob in Ihrem Garten genügend Platz dafür vorhanden ist. Wenn man einen kleinen Reihenhausgarten hat, ist es nicht sinnvoll, ein Gehölz mit ausladender Krone wie eine Magnolie oder Süßkirsche auszuwählen. Diese Bäume werden mit den Jahren sehr groß, verschatten einen kleinen Garten rasch und nehmen anderen Pflanzen das Licht zum Wachsen. Bäume wie der Tulpenbaum *(Liriodendron tulipifera)*, die sehr groß werden, müssen regelmäßig zurückgeschnitten werden. Und das bedeutet auch gleichzeitig mehr Pflegearbeit. Die kann man sich sparen, indem man kleinere und langsamwüchsige Gehölze verwendet.

Optimale Pflanzen für kleine Gärten

- Kaufen Sie nur Pflanzen, die mit dem Klima, Boden und Licht in Ihrem Garten zurechtkommen.
- Wählen Sie einige wenige große Pflanzen für ein grünes Gerüst oder als Blickpunkt aus.
- Ergänzen Sie das Sortiment durch immergrüne Gehölze.
- Kombinieren Sie Pflanzen unterschiedlicher Größe und Struktur.
- Pflanzen Sie heimische Arten und Wildstauden.

Spannungsreich wirkt ein kleiner Garten dann, wenn man ihn durch hohe Hecken in Räume unterteilt. Dadurch erscheint er größer und man kann ihn Stück für Stück entdecken.

Eine Hecke pflanzen

Im Villen- wie im Schrebergarten empfiehlt sich die Hecke als gestalterisches Element, aber auch zum Schutz der Privatsphäre. Hecken haben ähnliche Funktionen wie Mauern, sie trennen und begrenzen. Mit geschnittenen Hecken kann man Flächen aufteilen und Räume bilden. Daher sind sie ideal, um einen kleinen Garten zu strukturieren. Manchmal kann man sie sich auch mit dem Nachbarn teilen. Das verringert die Breite der Hecke auf jeder Seite, und jeder hat mehr Platz im Garten.

In einem langen, schmalen Garten sollten Hecken im Inneren zum Gliedern von Räumen verwendet werden. Eine Höhe von 1,00 bis 1,40 m eignet sich hierfür. Hat man dagegen einen breiten, kurzen Garten, kann man mit zwei parallel nebeneinander gesetzten Hecken in unterschiedlichen Höhen eine interessante Raumwirkung erzielen. Werden schmale, etwa 1,80 m hohe Hecken zur Einfassung einer Wegachse gepflanzt, entsteht ein schmaler Tunnel, der beim Durchqueren Spannung erzeugt. Eine kompakte hohe Heckenwand mit schmaler Öffnung oder einem Fenster lockt das Auge und lenkt den Blick auf den dahinterliegenden Gartenbereich.

Ideale Gehölze

Bei der Auswahl der Heckenpflanzen sollte man auf die Farben des Laubs bzw. der Nadeln achten. So kann der dunkle Farbton einer Buchshecke einen willkommenen Kontrast zu den hellen Grüntönen von Farnen und Gräsern bilden. Auch in Kombination mit einer bunten Staudenbepflanzung ist sie sehr gut geeignet, da das tiefe Grün der Blätter die Farben der Blumen zum Leuchten bringt.

Für eine Hecke eignen sich insbesondere immergrüne Pflanzen wie Buchsbaum und Eibe, die man auch zu einer schmalen Wand schneiden kann. Der wintergrüne Liguster *(Ligustrum vulgare)* bildet nicht nur eine preisgünstige Alternative zum Buchsbaum *(Buxus sempervirens* var. *arborescens)*, sondern ist auch schnellwüchsiger. Buchenhecken sorgen für Windschutz und Abgeschlossenheit auch während der Wintermonate, da sie ihre braunen Blätter bis zum Austrieb im Frühjahr behalten. Interessant wirkt die Kombination aus Hecken mit unterschiedlichen Blattfarben und -größen, zum Beispiel Blutbuche *(Fagus sylvatica* 'Atropunicea'), Spierstrauch *(Spiraea)*, Stechpalme *(Ilex crenata)* und Rotbuche *(Fagus sylvatica)*. Sie kann man parallel und in der Höhe versetzt anordnen. Im Frühjahr und Herbst bilden die Grüntöne der Blätter wunderschöne Farbmuster. Geschnitten werden müssen Hecken mindestens einmal pro Jahr, damit die kompakte Blätterwand erhalten bleibt.

Tipp

Eine platzsparende Alternative zu Laub- und Nadelgehölzhecken bildet die »Hecke am laufenden Meter«. Sie besteht aus pflanzfertigen Elementen mit Efeu oder ähnlichen Pflanzenarten. Ein Metallgitter sorgt dafür, dass die Rankpflanzen daran emporklettern und die Heckenelemente stabil sind. Die vorgezogenen grünen blickdichten Wände werden einfach aneinander gesetzt. Die Breite einer solchen »Fertighecke« variiert zwischen 20 und 40 cm.

Heckenpflanzen setzen

Da man für eine Hecke viele Pflanzen benötigt, ist es aus Preisgründen günstiger, junge, wurzelnackte Pflanzen zu kaufen, als Containerware.

Parallel gespannte Schnüre ermöglichen einen geraden Verlauf des Heckengrabens. Die Pflanzen sollten tief genug gesetzt werden, damit der Ballen ausreichend mit Boden überdeckt ist.

Heben Sie einen breiten, tiefen Graben aus und lockern Sie die Grabensohle auf, damit das Gieß- und Regenwasser leicht versickern kann. Anschließend arbeitet Sie organisches Material unter. Bei niedrigen Hecken sollten die Pflanzen 15–30 cm auseinander stehen, bei mittelgroßen Hecken 30–45 cm, bei hohen Hecken 45–60 cm. In der Regel wird nur eine Reihe gepflanzt. Die Hecke wird jedoch dichter, wenn man zwei Reihen versetzt anlegt. Und die Pflanzen werden buschiger, wenn man die Haupttriebe von Laubgehölzen um ein Drittel einkürzt und die Spitzen von Nadelgehölzen abschneidet. Andernfalls wächst die Hecke schmaler, ist aber nur spärlich beblättert.

Sollen große Pflanzen gesetzt werden, um möglichst rasch einen kompletten Sichtschutz zu haben, kann man sie sich von der Gärtnerei anliefern lassen. Die Pflanzarbeiten sollte man zu zweit durchführen. Berücksichtigen Sie immer den **Grenzabstand der Hecke zum Nachbarn** – er richtet sich nach der Höhe der Hecke sowie nach den Regelungen des jeweiligen Bundeslands. Bei der Gemeinde- oder Stadtverwaltung bekommen Sie darüber Auskunft.

Die Breite des Heckengrabens sollte man vorher markieren. Hierzu spannt man parallel zwei Schnüre, die so breit sind wie die Ballen der Pflanzen. Die Tiefe des Grabens richtet sich nach der Höhe des Ballens, sollte aber so viel Platz bieten, dass die Wurzeln mit genügend Erde überdeckt sind. Nachdem der Graben ausgehoben ist, lockert man die Grabensohle auf. Bei sehr lehmigen Böden füllt man zusätzlich eine 5 cm starke Schicht aus Kies als Drainage ein. In der Regel werden je laufenden Meter drei Pflanzen in der Größe 50 bis 60 cm gesetzt, danach der Boden aufgefüllt. Sollen niedrige Einfassungshecken mit Buchsbaum *(Buxus sempervirens* 'Suffruticosa') gestaltet werden, sind sechs bis sieben Stück der kleinen Pflänzchen (10–20 cm) pro Meter zu setzen. Anschließend bildet man einen Gießrand aus, damit beim Bewässern das Wasser seitlich nicht wegfließen kann. Danach wird eine etwa 3 cm starke Schicht aus Rindenmulch aufgefüllt, oder man setzt Bodendecker, um sich das mühsame Jäten unter der Hecke zu ersparen.

Tipp

Vermeiden Sie schnellwüchsige Arten wie die Lawson-Zypresse *(Chamaecyparis lawsoniana)* oder die Leyland-Zypresse (×*Cupressocyparis leylandii)*, da diese sich rasch ausbreiten und einen schmalen Gartenraum zu stark einengen.

Gehölze pflanzen

Achten Sie aber darauf, dass beim Pflanzen von Gehölzen der Bodenanschluss identisch mit der vorherigen Bodenhöhe ist. Das erkennt man leicht an der verfärbten Rinde. Bei neu gekauften Pflanzen können das Ballentuch aus Jute sowie der Drahtballierung im Pflanzloch verbleiben.

Nach dem Einpflanzen werden die Pflanzen reichlich gegossen, damit alle Wurzeln komplett mit Erde eingeschlämmt werden und sich an ihrem neuen Standort besser etablieren können. Frisch gepflanzte Bäume und Großsträucher sollten

Das Pflanzloch sollte etwa ein Drittel größer sein als der Wurzelballen, damit man genügend Bodenaushub wieder einfüllen kann.

mit schrägen Baumpfählen oder vertikal aufgestellten Pfählen, so genannten Dreiböcken, versehen werden. Das gibt Standfestigkeit, und die Wurzeln können besser anwachsen. Binden Sie die Gehölze mit Kokosstrick an die Pfähle, damit der Baum nicht ins Wanken gerät. Kletterpflanzen sollten mit Hilfe von Bast oder Draht am Rankgerüst befestigt werden, damit sie möglichst rasch ein dichtes Blätter- oder Blütendach bilden. Stauden und Bodendecker werden je nach Sorte in Gruppen von neun bis zwölf Stück je Quadratmeter gesetzt. So bilden sie rasch eine dichte Pflanzendecke aus, und Unkräuter haben keine Chance.

Gehölze pflegen und schneiden

Kleine Gärten sind zwar weniger zeitaufwändig als große, etwas Pflege brauchen sie aber auch. Damit alles optimal gedeiht, sollten Sie die Ansprüche Ihrer Pflanzen kennen und zur rechten Zeit die richtige Pflege durchführen. Berücksichtigen Sie die unterschiedlichen Ansprüche an Bewässerung und Düngung. Außerdem benötigen manche Pflanzen einen Winterschutz. Immerhin ist der Umfang der anfallenden Arbeiten in einem kleinen Garten überschaubar.

Regelmäßiger Schnitt

Viele Pflanzen behalten ihre Form, wenn sie regelmäßig geschnitten werden; außerdem lassen sie sich dadurch so klein halten, dass sie sich auch für den kleinsten Raum eignen.
Wählen Sie für die Pflege stets qualitätsvolle Werkzeuge aus, da sie die Arbeit im Garten enorm erleichtern. Häufig lohnen sich die Mehrkosten für gute Geräte, denn mit ihnen lässt sich nicht nur bequem schneiden, sondern sie sind auch langlebiger. Verwenden Sie für kleine Sträucher scharfe Gartenscheren; für hohe Gehölze und dicke Zweige benötigen Sie Astscheren mit langen Griffen.
Die Schnitte sollten sauber ausgeführt und unsaubere Ränder mit einem scharfen Messer geglättet werden, damit Krankheiten wie Pilzbefall keine Chance haben.
Kleine Bäume lichtet man am besten mit einer Säge aus. Der Schnitt sollte dabei möglichst nah am Stamm liegen, damit die Wunde leicht verheilt, der Baum schnell regenerieren und an anderer Stelle neue Triebe ausbilden kann.
In der Regel schneidet man Gehölze einmal pro Jahr zurück. Der Rückschnitt fördert den Austrieb der Blüten und Blätter, regt die Fruchtbildung an und erhält die Form. Schneidet man den Haupttrieb zurück, verzweigen sich Seitentriebe, an denen häufig die meisten Blüten und Früchte wachsen. Das Abschneiden von kranken und verletzten Zweigen schützt die Pflanze vor Fäulnis und Pilzerkrankungen. Bei Gehölzen schneidet man Zweige möglichst dicht am Stamm ab. Der Schnitt muss glatt sein und etwa in einem Winkel von 45° schräg nach unten ausgeführt werden, damit das Regenwasser vom Zweig abfließen kann. Bei Pflanzen mit Knospen muss unmittelbar vor der Knospe geschnitten werden.

Große Bäume schneiden

Das Schneiden von großen Bäumen erfordert etwas Geschick. Damit ein Baum mit den Jahren eine für ihn typische Form ausbilden kann, überlässt man diese Arbeit besser einer Fachfirma oder investiert in ein Fachbuch, um die entsprechende Vorgehensweise zu erlernen. Generell werden Laub-

Um einen vertrockneten Zweig zu entfernen, sägt man ihn möglichst dicht am Stamm mit einer scharfen Astsäge schräg ab.

bäume im Spätherbst oder nach der Blüte geschnitten. Beim Entfernen von großen und schweren Ästen schneidet man eine Kerbe in die Unterseite des Astes. Dadurch wird auch ein Abreißen der Rinde verhindert. Anschließend wird der Ast von oben durchgesägt. Größere Bäume wollen generell ihre Ruhe und brauchen nur dann einen Schnitt, wenn ihre Äste durch Schneelast und Sturm gebrochen sind. Aber auch Zweige, die über den Gartenzaun bis auf die Straße hängen, müssen bis zum Stamm eingekürzt werden.

Beim Auslichten schneidet man ältere und sich kreuzende Zweige am Ansatz oder etwa 30–40 cm über dem Boden ab (links). Alle paar Jahre werden zudem überalterte Zweige bodennah herausgeschnitten (rechts).

Sträucher auslichten

Damit Sträucher jung bleiben und möglichst viele Blüten hervorzaubern, werden sie in ihrer Ruhephase, also im Winter oder zeitigen Frühjahr, ausgelichtet. Frühlingsblüher wie Zaubernuss *(Hamamelis mollis)*, Mandel *(Prunus triloba)* oder Forsythie *(Forsythia × intermedia* 'Lynwood') werden erst geschnitten bzw. ausgelichtet, wenn ihre Blüten verwelkt sind. Sonst würden zu viele Blütenansätze entfernt werden und die Zweige im Folgejahr nur wenig blühen.
Etwa alle fünf Jahre sollten Sträucher ausgelichtet werden. Dabei entfernt man die alten und zu dicht stehenden Äste möglichst bodennah oder direkt am Ansatz sowie abgestorbene Zweige ganz. Diese sind leicht an ihrer dunklen Farbe zu erkennen. Sollten sich zwei Äste innerhalb eines Gehölzes gegenseitig behindern, entfernt man stets den Schwächeren. Der Schnitt regt die Pflanzen zu neuem Wachstum an, außerdem setzen sie im darauf folgenden Jahr mehr Knospen an. Um ältere Gehölze zu verjüngen, greift man am besten im Winter und möglichst an frostfreien Tagen zur Astschere und schneidet sämtliche Triebe bis in das alte Holz zurück. Kürzen Sie Sträucher nie einheitlich auf eine Höhe ein; vielmehr gilt es, die natürliche Wuchsform des jeweiligen Gehölzes zu berücksichtigen.

Tipp

Eine Ausnahme beim Schnitt bildet der Schmetterlingsstrauch *(Buddleja davidii)*, der von Sommer bis zum Frühherbst blüht. Würde man seine Äste nach der Blüte schneiden, wären die frischen Triebe den Frösten ausgesetzt. Daher schneidet man die abgeblühten Triebe im Frühling scharf zurück, bevor die Zweige Knospen treiben.

Verjüngungsschnitt

Mit den Jahren vergreisen Gehölze. Man erkennt das daran, dass am Stammaustrieb keine Blätter mehr wachsen, sehr viele abgestorbene Zweige vorhanden sind und sich allgemein kaum noch neue Triebe bilden. Durch einen Verjüngungsschnitt lässt sich so manches Gewächs wieder zu neuem Leben erwecken. Sämtliche kahlen Sträucher werden auf eine Höhe von 30–40 cm über dem Boden kuppelförmig abgesägt. Nach ungefähr fünf Jahren wird das Gehölz wieder zu seiner alten Größe herangewachsen sein.

Heckenrückschnitt

Immergrüne und Laub abwerfende Hecken müssen 1- bis 2-mal im Jahr zurückgeschnitten werden. Der Schnitt sollte an den Seiten nicht senkrecht verlaufen, sondern nach oben hin etwas schmaler werden (trapezförmig). Das hat den Vorteil, dass mehr Licht an die unteren Pflanzenpartien gelangt und die Hecke gleichmäßig dicht wächst. Die Krone kann, je nach Geschmack, gerade, gerundete oder spitz zulaufende Form haben.

Der Rückschnitt einer Hecke sollte trapezförmig ausgeführt werden, damit noch genügend Licht an die unteren Triebe gelangt.

Kletterpflanzen setzen

Kletterpflanzen sind in einem kleinen Garten von unschätzbarem Wert, da sie harte Begrenzungen wie Mauern und Zäune auflockern. Kletterpflanzen nutzen den vertikalen Raum, um mit Blüten und Düften den Garten zu verzaubern. Pergolen, Bögen und Rankseile bieten ihnen reichlich Halt. Aber auch Wände und Zäune schaffen Flächen zum Ausbreiten. Mit einer begrünten Blätterwand wird das Wohnhaus optisch mit dem Garten verbunden. Für die Bepflanzung sollten Sie besondere Pflanzenarten wählen oder zwei Arten mit unterschiedlich strukturiertem Laub und verschiedenen Blüten kombinieren. Besonders reizvoll sind zeitlich versetzte Blühabfolgen und früchtetragende Pflanzen sowie solche mit einer prächtigen Laubfärbung. Mit ihrer grünen Hülle sowie einem farbigen Blütentuch machen sie selbst aus kargen Wänden oder einem langweiligen Holzschuppen einen attraktiven Blickfang.

Blätterwände

Hauswände sind immer im Zusammenhang mit der Architektur des Gebäudes zu betrachten. Die Wand zu begrünen bedeutet nicht nur unschöne Oberflächen zu kaschieren, sondern auch eine enge Verknüpfung mit dem Garten herzustellen. Einfarbige und nüchterne Fassaden können zu lebendigen und individuellen Objekten werden, wenn man sie bewusst mit einer Pflanzenart beranken lässt. Will man dagegen Akzente setzen und nur einen Teil der Fassade sichtbar lassen, sollten in regelmäßigen Abständen Rankseile befestigt werden, damit Pflanzen daran hochklimmen können. Man kann sie sowohl senkrecht als auch waagerecht anbringen.
Zur Begrünung eignen sich großblättrige Kletterpflanzen wie Prunkwinde *(Ipomoea purpurea)* oder Pfeifenwinde *(Aristolochia macrophylla)*. Liegen Hauswände dauerhaft im Schatten, schaffen es nur wenige Pflanzen, sie zu begrünen; dazu gehören Efeu *(Hedera hibernica)* und Kletterhortensie *(Hydrangea petiolaris)*. Ost- und Westseite eines Gebäudes werden mindestens einmal am Tag besonnt. Hier können relativ viele Arten wie etwa Schlingknöterich *(Polygonum aubertii)*, Geißblatt *(Lonicera × brownii* 'Dropmore Scarlet') oder Wilder Wein *(Parthenocissus tricuspidata* 'Veitchii') emporranken.

Blümchentapeten

Stein- oder Betonmauern wirken häufig kahl und abweisend. Mit der Zeit wird das Fugenmaterial zudem brüchig, der Putz bröckelt. Zum Verdecken dieser unschönen Stellen eignen sich Kletterpflanzen.

Um eine Mauer beranken zu lassen, sollte man in gleichmäßigem Abstand Edelstahldrähte waagerecht bzw. senkrecht anbringen.

Außerdem profitieren sie vom Schutz der Mauer und ihrer zurückstrahlenden Wärme. Eingehüllt von Blättern, weichen die harten Konturen einer Mauer auf und scheinen sich aufzulösen.
Je nach Pflanzenart können ganz unterschiedliche Effekte erzielt werden. So lässt etwa die Waldrebe mit tausenden von anemonenähnlichen Blüten eine Backsteinmauer im Frühjahr wie eine fröhliche Blumentapete wirken. Und der Wilde Wein bringt eine graue Betonwand im Herbst mit seinen glutroten Blättern zum Leuchten.
Auch Rosen verzaubern mit ihren dekorativen Blüten und betörenden Düften Hausfassaden und Klettergerüste und verleihen dem Garten eine besondere Atmosphäre. Gerade dort, wo der Raum begrenzt ist und für so manches Blumenbeet der Platz fehlt, sind Kletterrosen willkommen. Rosen müssen allerdings an einer Rankkonstruktion festgebunden werden. Andere Rankpflanzen, die wie Wilder Wein und Efeu Haftwurzeln bilden, befestigen sich selbständig an einer Wand.

Wandschmuck mit Früchten

Gibt es keinen Platz für einen Obstbaum im Garten, findet sich an einer Mauer bestimmt ein Fleckchen. Zu einem Spalier gezogen, sorgt er dafür, dass man auch auf kleinstem Raum nicht auf Früchte zu verzichten braucht. Es muss nur ausreichend Licht zur Verfügung stehen.
Um ein Obstgehölz in einer bestimmten Form an der Mauer zu ziehen, werden zunächst im Abstand von 40 cm horizontale Drähte gespannt. Bei einem Spalier besteht das Ziel darin, einen

Stamm aufzubauen, dessen Zweige horizontal direkt an der Wand liegen. Ähnlich kann man die Zweige an vertikalen Pfosten ziehen, die an der Hausfassade befestigt sind. Diese sollten südlich oder südwestlich ausgerichtet sein. Mehr Platz als diese Form benötigen Fächer. Hierfür werden die Zweige, ausgehend vom Stamm, strahlenförmig erzogen, sodass sie einen Fächer bilden – ein besonders schöner Blickpunkt in einem kleinen Garten. Sowohl Apfel- als auch Birnbäume gibt es als Spalier zu kaufen.

Effektvoll: farbenfrohe Zäune

Wenn der Platz für eine Hecke im Garten fehlt, kann man den Zaun mit Kletterpflanzen beranken. Dadurch erspart man sich nicht nur das mühsame Streichen, er wird auch zur blütenreichsten Hecke in der Nachbarschaft, bietet Wind- und je nach Höhe genügend Sichtschutz. Um ihn zu beranken, setzt man in einen 30 cm schmalen Pflanzstreifen entlang dem Zaun pro laufenden Meter drei Kletterpflanzen. Wer einen besonderen Effekt mit farbenfrohen Blüten erzielen will, sät einjährige Arten wie Feuerbohnen, Prunkwinden, Kapuzinerkresse und Duftwicken direkt am Zaun aus. Ob vorübergehend oder dauerhaft – mit blühenden oder immergrünen Kletterpflanzen wird der Zaun schnell belebt. Je nach Art und Sorte ist schnell ein unattraktiver Maschendrahtzaun oder ein müder Holzzaun kaschiert und die starre Grenze aufgelockert. Einjährige Kletterpflanzen wachsen schnell zu einer dichten Blütenhecke heran, ohne viel Platz zu beanspruchen. Auch wenn sich nach und nach immer mehr Blüten und Blätter ausbreiten, dieser grüne Mantel wird kaum dicker als 30 cm. Ausdauernde Kletterpflanzen sind besonders pflegeleicht, da sie immer wieder an ihren Ranken neu austreiben. Echtes Geißblatt *(Lonicera caprifolium)* und Wilder Wein lassen so manchen Zaun aufleben und brauchen keine Pflege. Man schneidet nur die zu langen Ranken zurück.

Einjährige Rankpflanzen wie die Kapuzinerkresse *(Tropaeolum majus)* verwandeln einen Weidenflechtzaun rasch in einen lebendigen Blütenteppich.

Ist der Raum begrenzt, lässt sich an einer nach Süden ausgerichteten Mauer ein Spalierobstgehölz an Holzsprossen ziehen.

Stauden pflanzen

Stauden, die Jahr für Jahr von Neuem austreiben und mit der Zeit immer üppiger blühen, sorgen für Abwechslung im Garten. Sind sie dicht genug gesetzt und mit der Zeit eingewachsen, machen sie kaum Arbeit.

Bevor Sie mit dem Pflanzen beginnen, wässern Sie die gekauften Stauden zunächst gründlich in ihren Töpfen. Bereiten Sie danach den Boden vor und verbessern Sie ihn, wenn nötig, durch die Zugabe von Humus bzw. Torf oder Sand. Markieren Sie die Pflanzstellen mit Steinen, damit jede Staude an ihren richtigen Platz kommt. Beginnen Sie mit dem Pflanzen vom hinteren Teil des Beetes aus und arbeiten Sie sich nach vorne vor. Mit der Schaufel graben Sie die Löcher, die groß genug für den Umfang der Wurzelballen sein müssen. Für eine geschlossene Pflanzendecke setzen Sie die Pflanzen (je nach Sorte 5 bis 9 Stück pro m^2) möglichst dicht, um sich auch das spätere Unkrautjäten zu ersparen. Stellen Sie die Pflanze mit dem Ballen in das Pflanzloch und füllen Sie soviel Erde wieder ein, dass der Pflanzballen bis zu einem Drittel in der Erde steckt. Gießen Sie, um den Ballen und die Wurzeln einzuschlämmen. Geben Sie dann den Rest der Erde in das Pflanzloch, drücken diese leicht an und formen Sie um die Staude eine kleine Mulde, damit das Wasser nicht seitlich abläuft. Nach dem Pflanzen sollen die Stauden so tief im Pflanzloch sitzen, dass die Oberkante des Ballens mit dem Bodenniveau abschließt. Abschließend gießen Sie jede Staude nochmals reichlich und streuen die Flächen mit Mulch ab.

Vor dem Pflanzen werden die Stauden in den Töpfen gründlich gewässert. Danach setzt man sie in das ausgehobene Pflanzloch.

Kübelpflanzen

Kübelpflanzen sind sehr dekorativ und schmücken jeden Garten, denn sie bringen Farben und Düfte an Wegränder oder auf die Terrasse. Kurz: Sie ermöglichen das Gärtnern in Miniaturform.
Dort wo kein Boden beziehungsweise kein Platz ist, hat man mit Kübelpflanzen eine gute Möglichkeit, besondere Akzente zu setzen. Architektonische Pflanzen wie zu einer Kugel geschnittener Lorbeer *(Laurus nobilis)* oder Rosenhochstämme wirken als Solitäre am besten. Ihre skulpturale Gestalt wirkt äußerst attraktiv. Für andere Pflanzen dagegen empfiehlt sich der Kübel aus rein praktischen Gründen, entweder weil sie nicht winterhart sind und ins Haus gebracht werden müssen oder weil sie besondere Bodenbedingungen benötigen, die der Garten nicht bietet.

In Szene setzen

Für den Topfgarten findet sich immer ein Platz. Auf der Terrasse kommen die Kübelpflanzen am besten zur Geltung, wenn man sie als Gruppe arrangiert oder in einer Reihe aufstellt. Gleiches gilt am Rand eines Wasserbassins oder in einer sonnigen Ecke am Gartenhäuschen. Pflanzen in Kübeln sind sehr mobil. Man kann sie nach Lust und Laune immer wieder neu arrangieren.
Wo Flächen befestigt sind, zum Beispiel in einem gepflasterten Innenhof, oder wo der Boden zu trocken ist, sind Pflanzen im Kübel sogar die einzige Möglichkeit, den Raum zu beleben und zu einem reizvollen Aufenthaltsort zu gestalten. Häufig genügen bereits zwei

Farbe und Form des Keramiktopfes bildet zusammen mit dem zu einer Kugel geschnittenen Buchsbaum eine harmonische Einheit.

bis drei Kübel, um eine triste Stelle aufzuheitern.
Kübelpflanzen kommen aber auch als Gartenschmuck und zur Betonung der Eckpunkte von Beeten und rechtwinkligen Wasserbecken sowie entlang von Wegekreuzen zum Einsatz. Terrakottagefäße mit Schmucklilien *(Agapanthus praecox)* wirken zauberhaft in einer Reihe entlang einem schmalen Wasserband. Eine einzelne Kübelpflanze, die auf einem Sockel steht – etwa ein Zitronenbäumchen in einen mediterran gestalteten Garten –, kann am Ende einer Wasserrinne ebenso wie vor einer immergrünen Hecke einen herrlichen Blickpunkt schaffen.

Harmonisches Miteinander

Am schönsten sieht es aus, wenn man Gefäße derselben Farbe verwendet. Diese sind allerdings häufig selbst schon ein Blickfang und sollten den Pflanzen nicht die Schau stehlen. Bevorzugen Sie verschieden große Gefäße, wenn Sie sie zu einer Gruppe von drei oder fünf Kübeln arrangieren. Die Pflanzen können ganz unterschiedliche Eigenschaften haben, das wirkt sehr lebendig. Sollen Töpfe zu beiden Seiten einer Wegachse aufgestellt werden, nimmt man gleich große Kübel; das verstärkt die Symmetrie und lenkt den Blick ans Ende des Weges. Pro Kübel rechnet man eine bis maximal zwei verschiedene Pflanzen.

Richtig Pflanzen

Zum idealen Behälter gehört natürlich auch die richtige Pflanzerde. Sie muss durchlässig sein, damit keine Staunässe entsteht, andererseits aber genügend Feuchtigkeit aufnehmen und speichern, um die Wurzeln zu versorgen. Normale Blumenerde ist für die meisten Kübelpflanzen nicht nahrhaft genug. Mischen Sie deshalb die Blumenerde zur Hälfte mit Gartenkompost oder füllen Sie die Kübel direkt mit Gartenerde auf. Wenn Sie lange Freude an Ihren Kübelpflanzen haben und nicht jedes Jahr umtopfen möchten, sollten Sie für die Bepflanzung dauerhafte Arten wie zum Beispiel Immergrüne vorsehen. Besonders dekorativ wirken Buchsbaum *(Buxus microphylla* 'Faulkner') oder Lebensbaum *(Thuja occidentalis* 'Danica') in einem schönen Gefäß. Dauerhaft bepflanzte Kübel müssen einmal jährlich gedüngt werden. Verwenden Sie hierfür am besten Depotdünger. Die Düngestäbchen werden zu Beginn der Saison im Frühling einfach in die Erde gesteckt und geben ihren Inhalt nach und nach ab.

Fehlt das Wasserabzugsloch, füllt man vor dem Bepflanzen Kies auf den Boden Pflanzgefäßes ein, damit keine Staunässe entsteht.

Häufig stellt sich die Frage: Wohin mit den Pflanzen im Winter? Im Wohnhaus entsprechen die Temperaturen nicht den Ansprüchen der Pflanzen, im Keller gibt es nicht genügend Platz. Wählen Sie deshalb nur Pflanzen, die den Winter im Freien verbringen können. Einige Pflanzen sind frosthart (etwa bestimmte Bambusse), andere müssen mit Leinensäcken oder Luftpolsterfolie vor der Wintersonne und dem Frost geschützt werden.

Nur noch wässern

Sind die richtigen Pflanzen erst einmal im Topf, hat man in der Regel wenig Arbeit mit ihnen. Die

Pflanzen optimal anordnen

Schneefeder-Funkien *(Hosta undulata* 'Univittata') in Kübeln markieren den Eingang zu einer kleinen, ovalen Rasenfläche, die von einem Heckenbogen umspannt wird. Die hellgrünen Blätter wirken zurückhaltend und erzeugen einen schönen Kontrast zu dem dunklen Grün der Buchsbaumhecke. Den Mittelpunkt der offenen Fläche betont eine Schmucklilie *(Agapanthus praecox)*. Mit dem kühlen Blau ihrer Doldenblüten scheint sie sich optisch eher zurückzuziehen, wodurch der begrenzte Raum großzügig wirkt.

Pflege beschränkt sich lediglich auf das Wässern und Düngen bei Blühpflanzen. Will man möglichst wenig Zeit damit verbringen, sollte man die Kübel zusammenstellen, dann geht das Gießen leichter von der Hand. Entscheidend ist vor allem, dass die Kübel nicht zu klein sind. Große Behälter müssen seltener gegossen werden als kleine, und in Materialien wie Ton oder Terrakotta verdunstet die Feuchtigkeit schneller als in Keramiktöpfen. Verwenden Sie auch keine flachen Kübel oder Töpfe, denn diese können nur geringe Mengen Wasser aufnehmen.

Damit die Pflanzen kontinuierlich und ausreichend mit Wasser versorgt sind, kann man eine **automatische Bewässerung**, möglichst mit Feuchtefühler, installieren; dann wird den Pflanzen nur bei Trockenheit Wasser zugeführt. Ein Bewässerungssystem mit Zeitschaltuhr hat den Vorteil, dass es die Pflanzen zu einer bestimmten Zeit wässert, zum Beispiel in den heißen Sommermonaten erst am Abend.

Mit einer Rasenfläche schafft man eine helle offene Fläche, die für viele Funktionen genutzt werden kann oder auch nur zum ruhigen Betrachten einlädt.

Eine Rasenfläche anlegen

Eine Rasenfläche ist der wichtigste Freiraum im Garten, da sie in vielerlei Hinsicht genutzt werden kann. Kein anderes Gartenelement ist so zurückhaltend und unaufdringlich wie dieser geschlossene grüne Teppich.

Rasen ist überall dort sinnvoll, wo eine größere Fläche im Garten begehbar sein oder für andere Aktivitäten genutzt werden soll. Der Anblick eines Rasens ist besonders in einem städtischen Umfeld kaum zu übertreffen, da er natürlichen Charme verbreitet.

In einem kleinen Garten sollte die Form des Rasens so schlicht wie möglich gestaltet werden. Komplizierte Formen wie Bögen und verwinkelte Ecken lassen sich zudem nur mühsam pflegen. Falls die Rasenfläche an Stufen oder ein Hochbeet angrenzt, ist eine Mähkante aus einer Reihe Pflaster- oder Ziegelsteine sinnvoll.

Die Verlockung, eine **Blumenwiese** anzulegen, ist groß, denn mit den Blüten kommen auch Schmetterlinge in den Garten. Die ökologische Vielfalt sowie der geringe Pflegeaufwand sind überzeugende Argumente für eine Wiese. Dennoch hat eine Rasenfläche weit mehr Vorteile. Besonders wo Kinder zu Hause sind, Ballspiele viel Platz benötigen und vielleicht auch mal ein Zelt oder ein Wasserbassin aufgebaut werden soll, ist der Rasen ein idealer Freund. Auch

Ist der Boden aufgelockert und glatt gezogen, verteilt man gleichmäßig mit dem Säwagen die Rasensaat. Per Hand geht's auch. Danach walzt man die Saatkörner in den Boden ein oder drückt sie mit einer flachen Schaufel an. Jetzt nur noch ausgiebig wässern, dann beginnen die Samen bald auszutreiben, und mit etwas Geduld wächst in ein paar Wochen ein grüner dichter Flor.

für die alltägliche Entspannung im Garten ist eine großzügige Fläche nützlich. Und nicht zuletzt beruhigt der Blick, der vom Sitzplatz am Haus über das dichte Grün schweift, die Sinne.

Groß genug

Eine ungleich hoch wachsende Wiese verwischt die Konturen eines Grundstücks leichter als eine regelmäßig kurz geschnittene Rasenfläche. Allerdings passt sie nicht in einen formalen Garten, sondern ist eher ein klassisches Element des naturnahen Gartens. Einen Nachteil hat die Wiese allerdings: Sie ist zeitweise nicht begehbar, es sei denn, man schneidet einen schmalen Pfad, der hindurchführt, regelmäßig kurz.

Steht wenig Platz zur Verfügung, müssen die Funktionen und Nutzungen sinnvoll aufgeteilt werden. Handelt es sich um ein etwa 100 m^2 großes Gartengrundstück, sollte der Rasen mindestens ein Viertel einnehmen. Rasen bildet immer eine helle, offene Fläche, die als Mittelpunkt des Grundstücks ganz unterschiedliche Räume verbinden kann. Ein kleiner Gartenraum wirkt größer, wenn ihn eine grüne, ebene Fläche durchzieht.

Einen grünen Teppich mit Tausenden von Gänseblümchen kann man leicht selber anlegen.

Rasenfläche herstellen

Bei jeder Neu- oder Umgestaltung eines Gartens steht die Rasenansaat immer am Ende in der Reihenfolge der Arbeiten. Erst wenn das Gelände nicht mehr betreten werden muss, erfolgt die Anlage der Rasenfläche. Die beste Zeit für eine Rasenansaat ist bei mildem Wetter mit gelegentlichen Regenschauern im Frühjahr, wenn keine Fröste mehr vorherrschen, oder im Spätsommer. Bei den Arbeiten sollte der Boden trocken sein. Wurde er beim Hausbau stark verdichtet, ist eine tiefgründige Lockerung empfehlenswert, da sonst das Regenwasser schlecht versickern kann und Pfützen entstehen.

Die Anlage von Rasen auf einer kleineren Fläche kann in Handarbeit erfolgen. So genügt spatentiefes Umgraben, um den Boden aufzulockern. Mit dem Spaten oder der Grabegabel lassen sich Bodenverdichtungen besser durchbrechen als mit einer Fräse. Der Boden wird zunächst grob mit dem Rechen geebnet. Dabei zerkleinert man die Schollen und recht Steine ab. Am besten eignet sich dazu ein einfacher Holzrechen mit geraden Zinkenbalken. Beim Abziehen bil-

den sich feine Krümel, die locker durch die Rechenzinken rieseln. Sobald die Rasenfläche grob geebnet ist und die gewünschte Form hat, wird der Boden ein zweites Mal mit dem Rechen überarbeitet. Dabei werden nur noch geringere Unebenheiten ausgeglichen und grobe Erdbrocken zerkleinert.
Falls nötig, lässt sich der Boden vor der Rasenanlage mit guter Gartenerde oder Kompost verbessern.
Wenn der Boden verbessert, gelockert und planiert ist, steht der Aussaat nichts mehr entgegen. Je nach Lage und Nutzung wird eine passende Rasensamen-Mischung besorgt und in die vorbereitete Fläche eingesät. Es empfiehlt sich, einen robusten Gebrauchsrasen zu verwenden. In der Regel rechnet man 40–50 g Saatgut pro m^2 bei der Aussaat von Hand.
Die Aussaat sollte bei windstillem Wetter durchgeführt werden. Danach wird die Saat mit dem Rechen eingeharkt und mit selbst gebastelten Brettschuhen angedrückt. Anschließend feuchtet man den Boden mit dem Sprühkopf des Gartenschlauchs an, sodass die Samen keimen. Grassamen können zwar wochenlang trocken auf dem Boden liegen, ohne Schaden zu nehmen. Sobald sie aber einmal angefeuchtet und zur Keimung angeregt wurden, brauchen sie ständig Feuchtigkeit. Dann treiben sie, wurzeln, und schon bald zeigen sich die ersten feinen grünen Blättchen.

Von der Rolle

Wer schnell eine schöne dichte Rasenfläche haben möchte, ist mit Rollrasen bestens bedient. Er lässt sich nach der Anlage sofort nutzen – ein großer Vorteil, wenn zum Beispiel die Kinder nach dem Hausbau gleich ein Stück Rasen zum Spielen haben sollen. Allerdings ist Rollrasen im Verhältnis zu einer in Handarbeit angelegten Fläche relativ teuer. Ob man sich für Rollrasen oder ein Rasenvlies (siehe unten) entscheidet – die Vorbereitung ist dieselbe und relativ zeitaufwendig. Bei zu knapper Zeit kann eine Gartenbaufirma aushelfen. Allerdings sollte man den Kostenaufwand nicht unterschätzen.
Mit Rollrasen lässt sich schnell und einfach eine kleine Fläche begrünen. Der auf einer Matte vorgezogene Rasen wird samt Wurzeln zu einer Rolle gewickelt angeliefert. Die einzelnen Bahnen braucht man dann nur noch auf den vorbereiteten Boden nebeneinander auslegen und ausgiebig wässern – fertig. Allerdings darf beim Verlegen kein Frost herrschen.

Rasenvlies

Ein Textilvlies, das bereits Grassamen und Dünger beinhaltet, ist eine preisgünstige Alternative zum Rollrasen – allerdings auch nicht sofort nutzbar. Wie bei einer gewöhnlich angelegten Rasenfläche vergehen ein paar Wochen, bis sich eine dichte grüne Fläche ausgebildet hat. Das Vlies besteht aus Zellulose, ist biologisch abbaubar und löst sich mit der Zeit auf. Es eignet sich besonders für kleinere Flächen und ist zudem leicht zu handhaben. Wenn Sie das Vlies verlegen wollen, darf kein Frost herrschen, und es sollte auch nicht zu heiß sein. Das Vlies wird auf den vorbereiteten Boden verlegt und mit Steinen beschwert oder mit Holzpflöcken befestigt, um den Bodenkontakt herzustellen.
Mit einer Schere schneidet man die Rasendecke zurecht und passt die angrenzenden Flächen wie Staudenbeete oder Natursteinplatten an. Nach dem Auslegen sollten Sie das Rasenvlies reichlich wässern. Der Vorteil des Vlieses ist, dass die Saat nicht weggespült werden kann oder gar vom Wind verweht wird. Nach zwei Wochen Ruhe beginnen die Samen allmählich zu keimen und sich zu einer Grasfläche zu verdichten.

Schneller kommt man mit einem Rollrasen zu seinem Traum vom Grün. Die Bahnen werden hierzu einfach wie ein Teppich ausgerollt und danach ausgiebig gewässert.

Kurz und gut

Ein Rasen muss immer kurz gehalten werden. Gebrauchsrasen ist äußerst robust und macht nicht gleich schlapp, wenn Ihre Kinder darüber laufen. Bei allzu starker Nutzung können jedoch kahle Stellen entstehen, die sich aber leicht ausbessern lassen.
Bei der Pflege Ihres Rasens können Sie mit einfachen Tricks Zeit sparen. Häufig bereitet besonders das Kantenschneiden viel Mühe. Verlegen Sie deshalb zwischen Rasen und Pflanzfläche eine etwa 10 bis 20 cm breite Mähkante aus Pflastersteinen oder Betonplatten. So erreichen die Messer des Mähers auch am äußersten Rand die letzten Grashalme.
Wenn nur wenig Platz zum Verstauen von Rasenmäher und Zubehör vorhanden ist, sollten Sie einen Akku-Mäher verwenden; das erspart Benzinkanister und Kabeltrommel. Ein Mulchmäher ist ebenfalls praktisch, weil man den Rasenschnitt liegen lassen kann, anstatt ihn zu entsorgen bzw. auf dem Komposthaufen zu verteilen.
Arbeit kann man sich auch beim Mähen sparen. Wandeln Sie Ihren Rasen doch einfach in einen Blumenrasen um. Er entsteht fast von selbst – denn sobald Sie das Düngen einstellen, wachsen Gänseblümchen und Kräuter ganz von alleine.

Tipp

Verkleinern Sie ihre Rasenfläche und pflanzen Sie vom äußeren Rand her pflegeleichte Stauden oder Boden bedeckende Pflanzen. Diese müssen nur gelegentlich zurückgeschnitten werden.

Die richtigen Gartengeräte

Häufig gibt es in einem kleinen Garten nur wenig Platz, um Gartengeräte zu verstauen. Daher ist es besonders wichtig, bereits bei der Planung Fläche für einen Abstellraum oder Gartenschrank vorzusehen. Selbst wenn sich die Arbeiten in Grenzen halten, braucht man doch immer einmal eine kleine Handgabel und eine Pflanzschaufel, eine Grabegabel, sowie einen Spaten, eine Gartenschere und eine Gießkanne. Außerdem benötigt man einen Besen und eine Kehrschaufel, um das Pflaster zu fegen. Eine Baumsäge ist sinnvoll, wenn man den Rückschnitt der Gehölze selbst ausführen möchte. Für die Gartenabfälle empfiehlt sich ein zusammenklappbarer Kunststoffsack, für den Transport von Pflanzen und Gehölzschnitt eine zusammenlegbare Schubkarre.

Arbeitsersparnis

Mit guten Geräten bekommt man die Gartenarbeit rasch in den Griff, sie sind unentbehrlich und erleichtern die Arbeit. Dabei braucht die Ausstattung gar nicht umfangreich zu sein. Nur in der Phase der Umgestaltung benötigt man unter Umständen ein größeres Sortiment. Manchmal kann man sich auch das entsprechende Werkzeug vom Nachbarn ausleihen.
An der Qualität sollten Sie nicht sparen; Geräte aus rostfreiem Stahl zahlen sich langfristig aus, denn sie sind sehr langlebig, vor allem, wenn man sie draußen unterbringen muss. Behandelt man das Werkzeug pfleglich, ist es umso länger einsetzbar. Reinigen Sie es nach der Gartenarbeit und ölen Sie die Metallteile ein; Scheren und Messer müssen regelmäßig geschliffen werden.

Die wichtigsten Gartengeräte

Kleine Handgabel: Eine kleine Handgabel ist hilfreich, um die Erde in den Pflanzkübeln regelmäßig aufzulockern.
Pflanzschaufel: Sie braucht man, um Löcher für kleine Pflanzen und Zwiebeln auszuheben sowie Unkräuter auszustechen. Kaufen Sie sich ein Modell, das gut in der Hand liegt.
Spaten: Zum Umgraben sowie zum Pflanzen von Gehölzen benötigt man einen Spaten. Das Blatt sollte aus Edelstahl sein und eine breite Auftrittskante haben, damit man die Fußsohle nicht zu stark beansprucht. Die ideale Länge des Spatenstiels ist von der Körpergröße abhängig. Er sollte vom Boden bis 10 cm über die Hüfte reichen.
Grabegabel: Sie ist sehr hilfreich, um den Boden aufzubrechen und Kompost einzuarbeiten. Die Zinken sollten aus rostfreiem Stahl sein.
Gartenschere: Eine Gartenschere mit geschwungenen Klingen braucht man zum Schneiden von Stauden, Sträuchern und Rosen. Sie ist unverzichtbar zum Auslichten von Pflanzen und zum Abschneiden der Blüten. Es gibt auch Scheren mit Hebelwirkung; sie sind besonders praktisch, weil man sie auch mit wenig Kraft leicht betätigen kann.
Besen und Kehrschaufel: Befestigte Flächen im Garten müssen regelmäßig gesäubert werden. Daher empfiehlt sich ein Besen mit Kehrschaufel. Diese Geräte sollten nicht im Wohnhaus, sondern nur im Freien eingesetzt werden.

Dieses umfangreiche Werkzeug-Sortiment brauchen Sie zwar nicht, aber Geräte wie ① Gießkanne, ② Spaten, ③ Grabegabel, ④ Heckenschere, ⑤ Baumsäge, ⑥ Gartenschere, ⑦ Handgabel sowie Besen und Kehrschaufel sollten nicht fehlen, um Ihre Arbeit im Garten zu erleichtern.

Baumsäge: Eine Baumsäge mit verstellbarem Sägeblatt garantiert leichte Handhabung bei dem Schnitt von Bäumen und Sträuchern im Herbst.

Heckenschere: Bei mehr als 5 m Heckenlänge lohnt sich bereits eine elektrische Heckenschere. Vielleicht kann man sich diese auch vom Nachbarn ausleihen oder gemeinsam eine anschaffen, da es sich in der Regel nur um einen bis maximal zwei Rückschnitte pro Jahr handelt.

Flexible Gartentasche: Ein großer Falteimer aus Kunststoffgewebe eignet sich, um Gartenabfälle und Laub zu transportieren, und lässt sich nach der Arbeit wieder leicht verstauen.

Faltbare Schubkarre: Zum Transportieren von Gartengeräten sowie Pflanzen ist eine Schubkarre unverzichtbar; sie erleichtert die Arbeit und schont den Rücken. Eine faltbare Schubkarre aus Kunststoffgewebe kann bis zu 160 kg transportieren und benötigt nicht viel Platz.

Rasenmäher: Der Rasenmäher sollte auf die Größe der Rasenfläche und die eigenen Bedürfnisse abgestimmt sein. So eignen sich Elektromäher für kleine Parzellen bis etwa 50 m^2, außerdem sind sie sehr leise. Da es in einem kleinen Garten häufig keinen Platz für

Die Schubkarre ist aus robustem Textil und sehr flexibel. Nach Gebrauch faltet man sie zusammen und verstaut sie im Schrank.

Mit einem dehnbaren Schlauch kann man viele Pflanzen erreichen. Nach dem Wässern zieht er sich von ganz alleine wieder zusammen.

einen Komposthaufen gibt, ist ein Modell mit Auffangkorb oder ein Mulchmäher empfehlenswert. Der Mulchmäher zerkleinert das Schnittgut sehr fein, und man kann es als Mulchschicht liegen lassen, denn es fällt zwischen die kurz geschnittenen Halme und düngt den Rasen.

Dehnbarer Gartenschlauch: Mit dehnbaren Wasserschläuchen lassen sich Beete und Töpfe gut erreichen, und das bis zu einer Länge von 15 m. Dadurch erspart man sich nicht nur das Gießkannenschleppen, sondern auch den Platz, um sie zu verstauen. Dafür benötigt man eine Außenwasserzapfstelle. Praktisch ist auch ein automatisches Bewässerungssystem. Hierbei braucht nicht ein Meter Schlauchlänge verstaut zu werden, denn die kleinen Schläuche werden direkt am Pflanzkübel befestigt.

Gut versteckt und griffbereit

Sämtliche Gartengeräte sowie Pflanztöpfe, Spielzeug und Möbel müssen, wenn sie nicht in Gebrauch sind, sinnvoll im Garten verstaut werden. Man kann diese Dinge hinter einer farbigen Holzwand oder einem berankten Spalier verschwinden lassen. Auch ein Schuppen erfüllt diesen Zweck, und er braucht nicht einmal in der hintersten Ecke des Grundstücks stehen. Mit einem farbigen Anstrich oder einer blühenden Kletterpflanze kann er zu einem besonderen Blickfang im Garten werden. Rückt man den Schuppen weiter nach vorne, kann dahinter auch einiges verstaut werden, etwa der Komposthaufen. Für Fahrräder oder Klappmöbel findet sich oft ein trockener Platz unter dem Dachüberstand.

Schöne Gartenmöbel

Ob Kunststoff, Teakholz, Aluminium, Schmiedeeisen oder Bambus – die Möbel für den Freiraum sollten aus langlebigen Materialien sein und, falls man keinen Keller oder Schuppen hat, auch das ganze Jahr über draußen bleiben können. Erfüllen die ausgewählten Möbel diese Eigenschaft, spart man sich zudem jede Menge Arbeit mit dem Auf- und Abbauen, Einlagern sowie der Pflege. Sind die Gartenmöbel nicht wetterfest, muss ein Unterstellplatz vorhanden sein, um sie vor Regen zu schützen. Gartenmöbel sollten immer zu der Fläche passen, auf der sie stehen. Häufig kommen sie besser zur Geltung, wenn ihre Materialien einen Kontrast zu dem Bodenbelag bilden. Möbel aus Aluminium wirken gut auf einer Holzterrasse, Möbel aus Holz und Bambus kommen herrlich auf einem Steinboden zur Geltung. Die Materialien und Farben sowie das Design der Möbel haben einen wesentlichen Anteil an der Atmosphäre im Garten. Das Mobiliar sollte auf die Gestaltung des Gartens abgestimmt sein und sich nicht in den Vordergrund drängen oder gar den Pflanzen die Schau stehlen – es sei denn, man möchte mit den Möbeln besondere Akzente setzen. Eine knallrote Holzbank etwa sorgt in einem immergrünen Garten nicht nur für Abwechslung, sondern ist gleichzeitig ein Blickpunkt. In einen farbenprächtigen Staudengarten fügen sich dezente Bambussessel mit hellen Kissen oder Stühle und Tische aus feinverziertem Gusseisen harmonisch ein.

Hat man nur wenig Platz, um Gartenmöbel zu Verstauen, sollte man zusammenklappbare oder wetterfeste Modelle wählen. Ansonsten deckt man sie mit einer Plane ab.

Klappmöbel

Zusammenklappbare Möbel sind dort sinnvoll, wo es auch Platz für sie zum Unterstellen gibt, etwa im Keller, in der Garage oder einem Schuppen. Beim Kauf der Gartenmöbel sollte man auch die Kosten berücksichtigen: Eine Biergartengarnitur aus lackiertem Fichtenholz ist preiswert und zwar nicht wetterfest, aber im Handumdrehen aufgebaut. Mit solchen Möbelstücken kann man sich spontan und für kurze Zeit einen zweiten Sitzplatz im Garten einrichten, zum Beispiel unter einer blühenden Baumkrone. Wenn es regnet, sind sie schnell zusammengeklappt und unter dem Dachüberstand am Haus abgestellt. Klappmöbel aus Metall und Lärchenholz sind relativ günstig und wetterfest, lassen sich aber auch platzsparend verstauen.

Kunststoffmöbel sind wetterfest und zudem recht preisgünstig, bekommen aber bei zu viel Feuchtigkeit eine gräuliche Oberfläche. Außerdem ist das Material auf die Dauer nicht beständig gegen UV-Licht; die Farben verblassen. Auch Bambus- und Korbmöbel können nicht das ganze Jahr über draußen bleiben. Sie werden mit der Zeit unansehnlich, wenn sie dauernd im Regen stehen, dafür sind sie leicht zu transportieren. Aluminium rostet nicht und kann daher über den Winter draußen bleiben. Klappmöbel aus Tropenhölzern wie Teak sind zwar relativ teuer und schwer zu transportieren, aber wetterbeständig.

Möbel, die draußen bleiben

Wenn es nicht genügend Platz zum Unterstellen der Gartenmöbel gibt, müssen sie das ganze Jahr über draußen bleiben. Tisch und Stühle sollten dann unbedingt wetterfest sein und aus behandeltem Holz oder Metall bestehen. Harthölzer wie Eiche oder Tropenholz benötigen keine weitere Pflege. Teakholz ist besonders beliebt. Die Möbel sehen edel aus und sind sehr robust. Sie können bei Regen und über die Wintermonate auf der Terrasse stehen bleiben. Das Wetter kann dem Holz nicht viel anhaben. Es verblasst lediglich und bekommt mit der Zeit eine silbrig graue Oberfläche. Wer die Holzfarbe erhalten will, muss diese Stücke regelmäßig säubern und ölen. Gartenmöbel aus Stein können immer draußen stehen. Allerdings nimmt das Material mit der Zeit

Farbige Klappmöbel aus leichtem Metall sind ideal: Sie sind attraktiv, wetterfest, einfach zu transportieren und schnell verstaut.

eine grünliche Patina an. Bewusst an einem schattigen Ort eingesetzt, schaffen diese leicht vermoosten Möbel jedoch eine besondere Atmosphäre im Garten.
Eine Steinbank eignet sich besonders gut als Blickpunkt. In einer Heckennische und zu beiden Seiten von Kübelpflanzen eingerahmt, lädt sie beim Durchwandeln des Gartens sogleich zum Verweilen ein. Will man allerdings darauf sitzen, müssen die Oberflächen regelmäßig gereinigt werden. Stein und Metall haben im Vergleich zu Holz eine kühle Oberfläche. Entweder man legt Sitzkissen auf die Stühle und Bänke oder verwendet Sitzmöbel aus einem Gusseisengestell mit Holzauflage. Leicht zu bauen sind Bänke und Tische aus Klinker oder Ziegelstein. Die Seitenwände werden im Verband gemauert, darauf wird eine Holzplatte gelegt, die mit Schrauben befestigt wird.

Tipp

Manches Mobiliar verträgt kaum einen Regentropfen und muss bei ungünstiger Witterung ins Haus gebracht werden. Ist dort kein Platz vorhanden, sollte man es mit Folien abdecken.

Möbel und Stauraum

Möbel können auch als Stauraum nützlich sein. Steht wenig Platz zur Verfügung, sollte man Möbel verwenden, die sich vielseitig nutzen lassen. Sie müssen dazu aus imprägnierten Hölzern oder Hartholz sowie im Inneren mit Folie vor Regenwasser geschützt sein. So kann man zum Beispiel in einer Holzkiste Spielzeug verstauen und sie gleichzeitig als Sitzgelegenheit nutzen.

Gewächshaus oder Holzschuppen?

Ein Gewächshaus oder Wintergarten ist für einen echten Pflanzenliebhaber fast unentbehrlich: ein Ort, wo man Pflanzen züchtet und überwintert und sich zum Entspannen zurückzieht. Bei der Bauweise ist darauf zu achten, dass den Pflanzen genügend Licht zur Verfügung steht.
Ist der Platz im Garten begrenzt, muss man sich häufig entscheiden. Will man ein kleines Gewächshaus haben, bleibt meist der Schuppen auf der Strecke, und man muss in wetterfeste Möbel investieren.
Geräte und Werkzeug können auch in einem alten Holzschrank oder einem ausrangierten Regal auf der Terrasse untergebracht werden. Mit Regalbrettern unterteilt, lassen sich hier Blumentröpfe übereinander stapeln und das Werkzeug übersichtlich anordnen. Der Schrank sollte regentauglich sein und aus imprägniertem Holz bestehen. Ansonsten dichtet man das Dach mit Folie ab oder stellt den Schrank unter den Dachüberstand am Haus.

Ein Holzschuppen in einem Garten ist nicht nur ein schöner Blickfang. Hier gibt es auch genügend Platz, um Werkzeug und Geräte, Möbel und Pflanzen abzustellen.

Elektro- und Wasserinstallationen

Mit einer Tröpfchenbewässerung werden kleine Mengen Wasser kontinuierlich an die Pflanzen abgeben. So sind sie den ganzen Tag über ausreichend versorgt.

Elektrischer Strom ist im Garten unentbehrlich. Man braucht ihn für die Beleuchtung, Pumpen im Teich oder die Steckdosen im Gewächshaus.
Es ist sinnvoll, die Leitungen vor dem Verlegen von Pflaster oder anderen Belägen zu installieren. Die Kabel werden gewöhnlich in Leerrohren verlegt, die sie gegen Beschädigungen schützen. Strom im Freien birgt ein weit größeres Gefahrenpotenzial als die Elektrizität im Haus. Sämtliche Anschlüsse und Kabel müssen daher optimal gegen Feuchtigkeit geschützt sein. Elektroinstallationen sollten nur vom Fachmann ausgeführt werden.

Automatische Bewässerung

Automatische Bewässerungssysteme erleichtern die Gießarbeit erheblich und versorgen die Gewächse gleichmäßig mit Wasser. Ein Bewässerungssystem ist leicht zu installieren und sehr effektiv. Es ist in verschiedenen Ausführungen erhältlich und flexibel erweiterbar. So können einzelne Gartenbereiche den ganzen Sommer über optimal mit Wasser versorgt werden. Für die Installation benötigen Sie lediglich einen Außenwasseranschluss, an den ein Schlauch angekoppelt wird. Für kleine Gärten reicht freilich oft auch schon ein Gartenschlauch, um sich die Arbeit zu erleichtern.
Tropfbewässerungssysteme und Sprühregner erledigen das Bewässern, damit Sie sich in Ihrem Garten nur noch zurücklehnen brauchen.

Tröpfchen für Tröpfchen

Eine Tropfbewässerung empfiehlt sich bei neu gepflanzten großen Gehölzen und Heckenpflanzen, die in den ersten Monaten der Anwuchsphase kontinuierlich mit Wasser versorgt sein müssen. Aber auch für Kübelpflanzen ist dieses System ideal. Bei diesem Bewässerungssystem können mehrere Gefäße angeschlossen und etliche Pflanzen gleichzeitig mit Wasser versorgt werden.
An einem Kunststoffschlauch befinden sich mehrere Tropfer, die in den Boden der Kübelpflanzen gesteckt werden. Mit Hilfe einer Zeitschaltuhr wird der Zulauf geregelt und je nach Einstellung das Wasser an die Pflanzen abgegeben und somit Tropfen für Tropfen der Wurzelballen feucht gehalten – pro Kübel und Stunde bis zu zwei Liter. Sie sparen sich damit nicht nur Arbeit, sondern auch Geld, da nichts von dem kostbaren Nass verschwendet wird. Außerdem lässt sich durch verschiedene Aufsätze individuell regeln, wie viel jede einzelne Pflanze an Wasser erhalten soll.

Beregnen lassen

Sprühregner verteilen das Wasser wie feinen Nebel und bewähren sich vor allem zur Bewässerung von größeren Rasenflächen. Sie werden an den Gartenschlauch angeschlossen und über den Wasserdruck betrieben. Natürlich kann man sie auch in Pflanz- oder Gemüsebeeten einsetzen. Die Fläche, die bewässert werden soll, lässt sich mit Hilfe eines Regulierventils variieren. Allerdings verbrauchen sie im Vergleich zur Tröpfchenbewässerung relativ viel Wasser und benetzen auch das Laub der Pflanzen. Dadurch können die Blätter bei starker Sonneneinstrahlung verbrennen, bei zu hoher Luftfeuchtigkeit sind Schimmel- und Pilzbefall möglich.

Ein Regner verteilt gleichmäßig und über einen längeren Zeitraum feinsten Sprühregen auf der Rasenfläche. Der Rasen bedankt sich mit saftigem Grün.

Mit Viereck- oder Pendelregnern lassen sich rechteckige Flächen benetzen. Kreisregner dagegen verteilen das Wasser gleichmäßig auf einer runden Fläche. Impulsregner benetzen in einem bestimmten Takt einen kreisförmigen Bereich.

Tipp

Führen Sie einen Probelauf der automatischen Bewässerungsanlage durch, damit die Pflanzen während Ihres Urlaubs nicht auf dem Trockenen sitzen.

Pumpen und Technik

Wasserpumpen brauchen Strom. Am sichersten führt ein im Boden eingegrabenes Kabel zum Anschluss im Haus. Über Nacht, bei längerer Abwesenheit (Urlaub) und während der Wintermonate sollte man die Pumpe allerdings ausschalten. Bevor die kalte Jahreszeit Einzug hält, muss das Wasser aus dem Becken herausgepumpt werden. Hierzu kann man ganz einfach die Unterwasserpumpe verwenden, indem man den Kunststoffschlauch über den Rand des Brunnenbeckens legt und die Pumpe startet.

Ein geschlossener Wasserkreislauf ist die Voraussetzung, damit Steine sprudeln. Hierfür benötigt man ein unterirdisches Wasserbecken, das groß genug ist, um eine Tauchpumpe darin unterzubringen. Es muss so eingegraben sein, dass der Rand des Gefäßes mit der Erdoberfläche abschließt. Im Boden versenkt, wird es mit Wasser gefüllt. Die Pumpe wird auf den Beckengrund gestellt und der Verbindungsschlauch nach oben geführt. Danach legt man einen Gitterrost auf den Rand, führt auch das Stromkabel nach oben durch den Rost, zieht es über den Rand und verlegt es im Boden zum Anschluss im Haus. Ein Vlies auf dem Gitter schützt das Wasser vor Verunreinigung und gleichzeitig die Pumpe. Ist die Pumpe angeschlossen und angeschaltet, befördert sie Wasser nach oben. Das Wasser rieselt dann über einen Quellstein, plätschert aus einem Brunnen oder sprudelt heiter aus einer Fontäne. Am Ende landet es wieder im Auffangbecken und wird erneut nach oben gepumpt. Dieses geschlossene System läuft unproblematisch. Man sollte jedoch ab und zu den Wasserstand kontrollieren und ggf. nachfüllen, damit die Pumpe nicht heiß läuft.

Fit für den nächsten Sommer

Unterwasserpumpen brauchen Winterschutz. Sie müssen aus dem Wasserbehälter entfernt und fachgerecht eingelagert werden. Vorher sollten sie jedoch unter fließendem Wasser gründlich gereinigt werden. Friert die Pumpe im Winter ein, kann das Pumpengehäuse platzen. Auch Schläuche und Zuleitungen müssen entleert und ausgebaut werden, da das Material sonst spröde wird. Damit die feinen Lager der Pumpe nicht austrocknen, lagert man die Pumpe über die Wintermonate in einem mit Wasser gefüllten Eimer. Vor einem erneuten Einsatz sollte man zunächst den Quirl mit dem Finger betätigen und die Pumpe danach einschalten, um sich von ihrer Funktionstüchtigkeit zu überzeugen. Vorausgesetzt, man lagert sie richtig, haben Unterwasserpumpen in der Regel eine sehr lange Lebensdauer.

Ein solcher Stein kann mit etwas Technik zum Wasserspiel werden. So dient das Wasser als Blickfang und ist stets zum Greifen nah.

Tipp

Elektroinstallationen sollte man immer von einem Fachmann ausführen lassen. Empfehlenswert ist ein Fehlerschutzschalter, der bei der kleinsten undichten Stelle den Strom abschaltet.

Anhang

Bezugsquellen, Adressen*

Bodenuntersuchung

Bodenuntersuchungs-
institut Koldingen
Ehlbeek 2
30938 Burgwedel

Landesamt
für Verbraucherschutz
und Landwirtschaft
Templiner Straße 21
14473 Potsdam

Gartengeräte und Zubehör

Wolf-Garten
GmbH & Co. KG
Industriestraße 83–85
57518 Betzdorf / Sieg
Fon 0 27 41 / 28 10
www.wolf-garten.de

Pflanzen

Diese Gärtnereien
versenden Pflanzen:

Gehölze

Baumschulen
Bruns-Pflanzen-Export
GmbH & Co. KG
26160 Bad Zwischenahn
Fon 0 44 03 / 6 01-0
Fax 0 44 03 / 60 11 35
www.bruns.de

Lorenz von Ehren GmbH
Maldfeldstraße 4
21077 Hamburg
Fon 0 40 / 76 10 80
Fax 0 40 / 76 10 81 00
www.lve.de

Hecken

Hecken am laufenden Meter
Helix Pflanzen GmbH
Lichtendorfer Straße 129
58239 Schwerte
Fon 0 23 04 / 96 62 0
Fax 0 23 04 / 96 62 20
www. helix-pflanzen.de

Stauden

Staudengärtnerei
Heinz Klose
Rosenstraße 10
34253 Lohfelden
Fon 05 61 / 51 55 55
Fax 05 61 / 51 51 20
www.staudengaertner-
klose.de

Staudengärtnerei
Dieter Gaißmayer
Jungviehweide 3
89257 Illertissen
Fon 0 73 03 / 72 58
Fax 0 73 03 / 4 21 81
www.staudengaissmayer.de

Rosen

W. Kordes' Söhne
Rosenstraße 54
25365 Klein Offenseth-
Sparrieshoop
Fon 0 41 21 / 4 87 00
Fax 0 41 21 / 8 47 45
www.kordes-rosen.com

Rosengärtnerei Kalbus
90518 Altdorf-Hagenhausen
Fon 0 91 87 / 57 29
www.rosen-kalbus.de

Kübelpflanzen

Maria u. Christoph Köchel
Flora Mediterranea
Königsgütler 5
84072 Au/Hallertau
Fon 0 87 52 / 12 38
Fax 0 87 52 / 99 30
www.flora-mediterranea.de

Zwiebelblumen

Blumenzwiebel Großhandel
Horst Gewiehs
27356 Rotenburg (Wümme)
Fon 0 42 61 / 6 28 18
Fax 0 42 61 / 6 37 55
keine Webadresse

Gartenspezialist und
Blumenhandel Bakker
Fon 0 41 02 / 499 1 11
Fax 0 41 02 / 499 1 22
www.bakker-holland.de

Rasen

Rasenmischungen

Wolf Garten
GmbH & Co. KG
Industriestraße 83–85
57518 Betzdorf
Fon 0 27 41 / 2 81-0
Fax 0 27 41 / 2 81-210
www.wolf-garten.de

Rollrasen

Norddeutsche Rasenschule
Lohe 61
22397 Hamburg
Fon 0 40 / 60 71 55 1
Fax 0 40 / 60 72 19 8
www.norddeutsche-
rasenschule.de

Rasenvlies

www.viresco.net

Rasenmäher

SABO-Maschinenfabrik
GmbH
John Deere Company
Auf dem Höchsten 22
51645 Gummersbach
Fon 0 22 61 / 70 40
Fax 0 22 61 / 70 41 02
www.sabo-maschinen.de

Viking
STIHL Vertriebszentrale
AG & Co. KG
64807 Dieburg
Fon 0180 / 67 12 43
www.stihl.de

Dünger

Compo GmbH & Co. KG
Postfach 2107
48008 Münster
www.compo.de

W. Neudorff GmbH KG
An der Mühle 3
31860 Emmerthal
www.neudorff.de

Bewässerungsanlagen

Gardena International
GmbH
89070 Ulm
www.gardena.com

Tensio-Technik
Peter-Spring-Straße 18
65366 Geisenheim
Fon 0 67 22 / 97 21 68
Fax 0 67 22 / 75 1 57
www.blumat.info

Wasserbecken/Teiche

Folien

Köster Bauchemie GmbH
Dieselstraße 3–10
26607 Aurich
www.koester-bauchemie.de

Natur und Garten
Riesenbecker Straße 63–65
49479 Ibbenbüren-
Dörenthe
Fon 0 54 51 / 59 34-0
Fax 0 54 51 / 59 34-19
www.naturagart.com

Pumpen, Filteranlagen

Heissner AG
Schlitzer Straße 24
36341 Lauterbach
Fon 0 66 41 / 86-0
Fax 0 66 41 / 86-299
www. heissner.de

Oase GmbH
48477 Hörstel
Fon 08 00 / 6 27 37 58
www.oase-pumpen.com

Gartenhäuser und Pavillons

Osmo Holz und Color
GmbH & Co. KG
Affhüppen Esch 12
48231 Warendorf
Fon 0 25 81 / 9 22-1 00
Fax 0 25 81 / 9 22-2 00
www.osmo.de

*) Diese Auswahl an Adressen und Bezugsquellen stellt keine Wertung dar und erhebt keinen Anspruch auf Vollständigkeit.

Gartenmöbel

Garpa – Garten & Park Einrichtungen GmbH
Kiehnwiese 1
21039 Escheburg
bei Hamburg
Fon 0 41 52 / 92 52 00
Fax 0 41 52 / 92 52 50
www.garpa.de

Sky Chair
Pimiento OHG
Joseph-Dollinger-Bogen 13
80807 München
Fon 0 89 / 32 22 85 33
Fax 0 89 / 32 22 85 30
www.pimiento.de

Geräteschränke

Heine-Versand
Fon 0180 / 5 36 36
www. heine.de

Spielgeräte

Kinderbauwagen

www.flora-garten.de/110

Zäune

Weidenflechtzäune

Flechtwerk
Astrid Lange,
Christian Kobylinski
Sorbenstraße 57
20537 Hamburg
Fon 040 / 25 49 24 63
Fax 040 / 25 49 24 63
www.flechtwerk-hamburg.de

Garten-Versandhandel

Gartenbedarf-Versand
Richard Ward
Günztalstraße 22
87733 Markt Rettenbach
Fon 0 83 92 / 16 46
Fax 0 83 92 / 12 05
www.gartenbedarf-versand.de

Gärtner-Pötschke
Beuthener Straße 4
41564 Kaarst
Fon 0 21 31 / 7 93 333
Fax 0 21 31 / 7 93 444
www.gaertner-poetschke.de

OBI@OTTO
Alter Teichweg 25
22081 Hamburg
Fon 0180 / 503 00 03
www.obiatotto.de

Country Garden
Versand für Garten- und Wohnkultur GmbH
Nagolder Straße 27
72119 Ammerbuch-Pfäffingen
Fon 0 70 73 / 23 72
Fax 0 70 73 / 91 51 29
www.country-garden.de

Interessante Internet-Adressen rund um den Garten

www.garden.com

www.gartenbau.de

www.infoholz.de

Stichwortverzeichnis

Zahlen mit * verweisen auf Abbildungen

Bildnachweis:

Allsop/epr: 150o
Borstell:1, 11, 12, 13, 17, 19, 26, 28, 30r, 32, 33, 36, 37, 39, 42, 44, 45, 46, 50, 51, 54, 56, 65, 66, 68, 71, 73l, 73r, 95o, 101, 108, 115, 118, 119, 128, 130, 133, 136, 142u, 142o, 152
Cazals, J./ StockFood: 53
Christmann: 14
Fiedler: 123
Gardena: 150u, 153
Hoppe: 78, 96
Pforr: 24, 52, 86r, 129
Redeleit: 122, 124, 125, 135, 145, 146o, 147, 151u
Reinhard: 95u, 126o, 127, 139o, 143, 149, 151o, 154
Rogers: 2/3, 4, 5, 6, 7, 8, 9, 15, 16, 18, 20, 21, 22, 23, 27, 30l, 38, 40, 43, 47u, 47o, 48, 49, 57, 58, 59, 60, 61, 63, 64, 69, 72, 74, 75, 76, 79, 80r, 83, 83u, 85, 86l, 89, 92, 93, 99, 102, 104, 105, 107, 109l, 109r, 112, 113, 116, 121o, 121u, 131, 137, 144u
Schleitzer Erlebnisgarten: 114
Seidl: 25, 90, 146u
Stangl: 126u
Stork: 139u,

Bibliographische Information der Deutschen Bibliothek

Die Deutsche Bibliothek verzeichnet diese Publikation in der Deutschen Nationalbibliographie; detaillierte bibliographische Daten sind im Internet über http://dnb.ddb.de abrufbar.

BLV Buchverlag GmbH & Co. KG
80797 München

Grafiken: Sylvia Bespaluk

Umschlaggestaltung: fuchs_design, Sabine Fuchs, Ottobrunn

Umschlagfotos:
Vorderseite: Ruckszio (oben), Borstell (unten)
Rückseite: Rogers (links), Borstell (rechts)

Lektorat: Dr. Thomas Hagen
Herstellung: Hermann Maxant

Layout: Anton Walter, Gundelfingen
Satz: agentur walter, Gundelfingen

Gedruckt auf chlorfrei gebleichtem Papier

Printed in Germany · ISBN-10: 3-8354-0094-0
ISBN-13: 9-783-8354-0094-8

Eine kleine Auswahl aus unserem Programm

Wolfram Franke
Gartenteich-Träume
Faszination Wassergarten: Inspiration in opulenten Bildern; traumhafte Wassergarten-Beispiele bis hin zu Bachlauf und Schwimmteich; Praxis: Anlage, Pflanzenauswahl, Bepflanzung, Technik, Pflege.
ISBN 3-8354-0042-8

Marie-Luise Kreuter
Der Biogarten
Das Original – jetzt als Neuausgabe: das unentbehrliche Standardwerk, verfasst von Deutschlands bekanntester Biogärtnerin; mit Beilage »Pflanzenschutz-Kompass« zum schnellen Bestimmen und Abwehren von Schädlingen und Krankheiten.
ISBN 3-405-16674-8

Dorothée Waechter
Mein Wellness-Garten
Der Garten als Refugium für die Seele: Sicht- und Sonnenschutz, Rückzugsräume im Grünen, Feng Shui, Sitz- und Liegeplätze, Licht-Ideen, Pflanzen zum Fühlen und Be-Greifen, Wellness für den Gaumen, Wohlfühlfaktor Wasser usw.
ISBN 3-8354-0029-0

Ursel Borstell/Text: Silke Kluth
GartenBlicke
Vom Zauber schöner Gärten: der Geschenkband mit brillanten Fotos; Beete, Pflanzen, Gestaltungen, Blüten – gesehen aus ungewohnten Perspektiven; mit Hintergrundinfos zu den Motiven.
ISBN 3-405-16965-8

Tobias Gold/Martina Bäumler
Lazy – So leicht kann Gärtnern sein
Genießen statt schwitzen – schöne Gärten mit wenig Aufwand: einfache Gestaltungsideen auch für Anfänger, pflegeleichte Pflanzen, die wichtigsten Gartenarbeiten Schritt für Schritt, Feste feiern im Garten.
ISBN 3-405-16098-7

Robert Markley
Rosen für jeden
Kompakte Infos, beste Fotos – das optimale Einsteiger-Buch; alle Rosengruppen im Porträt von den Alten Rosen bis zu Edelrosen; Rosenpraxis: Standort, Auswahl, Pflanzung, Pflege, Schnitt; spezielle Expertentipps zu allen Rosengruppen.
ISBN 3-8354-0031-2

Die zuverlässigen Berater

BLV Bücher bieten mehr:

- mehr Wissen
- mehr Erfahrung
- mehr Innovation
- mehr Praxisnutzen
- mehr Qualität

Denn 60 Jahre Ratgeberkompetenz sind nicht zu schlagen!

Dass Sie sich gut beraten fühlen – das ist unser Ziel. Falls Sie Fragen und/oder Anregungen haben, schreiben Sie uns bitte:

BLV Buchverlag GmbH & Co. KG
Lektorat · Lothstraße 19
80797 München
Postfach 40 02 20
80702 München
Telefon 089/12705-0 · Fax -545
E-mail: blv.verlag@blv.de

Unser Buchprogramm umfasst rund 800 Titel zu den Themen **Garten · Natur · Heimtiere · Jagd · Angeln · Sport · Golf · Reiten · Alpinismus · Fitness · Gesundheit · Kochen.** Ausführliche Informationen erhalten Sie unter **www.blv.de**

blv

Mehr Erlesen!